Ivan KIRIOW

L'énigme Robert Oppenheimer

Partez à la découverte
de ce grand scientifique,
qui fut autant célébré que stigmatisé

LAROUSSE

ISBN 978-2-03-605117-1

Sommaire

Avant-propos
En compagnie d'Oppie 5

Chapitre 1
Enfance dorée, enfant choyé 9

Chapitre 2
Sur le chemin de la physique : les années de formation 35

Chapitre 3
Au bord de la folie : la crise de Cambridge 59

Chapitre 4
La consécration : « Niels Bohr était dieu
et Oppie était son prophète » 83

Chapitre 5
Sur le chemin de Los Alamos : vers la conception
de la première bombe atomique 111

Chapitre 6
À la tête du projet *Y* : *Trinity* ou les métamorphoses
de Vishnou 137

Chapitre 7
Bombes et retombées : d'Hiroshima à la bombe H
– Et après (s'il y a un après !) 187

Chapitre 8
La disgrâce et la chute : le « procès » de 1954 219

Chapitre 9
Que reste-t-il d'Oppie ? 261

Robert Oppenheimer, un brillant chercheur épris de culture et d'humanisme, mais aussi artisan de la bombe atomique (ici, en 1958).

Avant-propos

EN COMPAGNIE D'OPPIE

À l'exception notable d'Albert Einstein, qui n'est pas seulement un des scientifiques, mais un des hommes les plus célèbres de l'Histoire, peu de physiciens et même peu de savants ont autant attiré l'attention du grand public et nourri l'imaginaire collectif que Robert Oppenheimer. Il a été incarné à l'écran dans pas moins de trois films sortis en salles (sans compter de nombreux téléfilms), dont le premier, un docu-fiction de Norman Taurog qui retraçait l'aventure de la création de la première bombe atomique, sortit dès 1947 avec sa bénédiction.

Le dernier en date, à l'affiche en juillet 2023, est un biopic réalisé par Christopher Nolan et simplement intitulé *Oppenheimer*, avec dans le rôle-titre l'acteur irlandais Cillian Murphy. Sous le même titre, une minisérie télévisée de sept épisodes produite par la BBC retraçait en 1980 son histoire, de ses années d'enseignement à Berkeley à la révocation de son habilitation de sécurité, avec Sam Waterston dans le rôle d'Oppenheimer. Son personnage, incarné par Tom Rack, tient évidemment une place importante dans la série franco-canadienne *La Course à la bombe* de 1987. En 1989, c'est Dwight Schultz qui lui avait prêté ses traits dans le film de Roland Joffé *Les Maîtres de l'ombre* (*Fat Man and Little Boy* ou *Shadow Makers* en Angleterre) ; et la même année dans le téléfilm *Day One* de Joseph Sargent, il était joué par David Strathairn. Il a même été le personnage central d'un opéra, *Doctor Atomic*, monté en 2005 sur un livret de Peter Sellars et une musique de John Adams, et auparavant de plusieurs pièces de théâtre. La première, écrite par le dramaturge allemand Heinar Kipphardt, avait été publiée en 1964, diffusée à la télévision allemande et jouée sur scène plusieurs fois de son vivant, notamment en France par Jean Vilar. Intitulée *Le Dossier Oppenheimer*, elle s'intéressait à l'audition de sécurité menée en 1954, qui aboutit à la révocation de son habilitation de secret défense. Plus récemment, en 2015, la Royal Shakespeare Company a présenté *Oppenheimer*, une pièce où le dramaturge anglais Tom Morton-Smith (né en 1980) met en scène la vie du physicien et son rôle dans le projet *Manhattan*. Il a aussi inspiré plusieurs romanciers qui en ont fait le personnage principal de récits plus ou moins fidèlement inspirés de sa vie. Citons notamment, parus la même année 2018, *Trinity* de l'Américaine Louisa Hall et *Y* du Canadien Aaron Tucker (titre qui fait allusion au projet *Y*, nom de code de la partie scientifique du projet *Manhattan* et du laboratoire de Los Alamos, mais qui se prononce aussi comme *why*? « pourquoi ? » – bien qu'il ait été simplement traduit en français sous le titre *Oppenheimer*) ou plus récemment encore, en 2022, *Ils ont tué Oppenheimer* de la Française Virginie Ollagnier. En 2020, l'écrivain de science-fiction canadien Robert J. Sawyer avait imaginé une uchronie (une version de l'histoire qui diverge de la nôtre) à partir de l'histoire du projet *Manhattan* dans *The Oppenheimer Alternative*.

Successivement – et parfois même simultanément ! – célébré et stigmatisé comme « le père de la bombe atomique », Oppenheimer demeure mal connu, comme homme et comme scientifique. Son aspect physique en faisait pourtant une silhouette immédiatement reconnaissable (à l'instar ici encore d'un Einstein) : un petit homme à la maigreur presque maladive, la tête presque toujours coiffée de son emblématique *pork pie hat*, la cigarette ou la pipe toujours à la bouche ou dans la main. Son style vestimentaire, à la fois élégant et décontracté, lui donnait une allure quelque part entre le cow-boy et le privé de film noir, d'autant plus que les traits acérés de son visage lui auraient assuré une belle carrière cinématographique. On le représente presque toujours avec des cheveux courts qu'il n'a pas toujours eus, mais un trait de son visage demeure inchangé : ses yeux bleu clair, au regard à la fois intense et mélancolique, tour à tour perçant et implorant.

Mais qui se cache derrière cette image gravée dans l'Histoire ? Quand on cherche au-delà des clichés, on découvre un érudit raffiné, un dandy intellectuel, citant les textes sacrés de l'hindouisme aussi bien que les grands poètes français ou britanniques. Il fut aussi un chercheur brillant, un théoricien qui participa au développement de la physique quantique et à son enseignement et son rayonnement aux États-Unis, même si son œuvre scientifique, reconnue à juste titre dans la communauté savante, est à peu près complètement ignorée du grand public. Comment concilier ces qualités avec ce qui reste l'épisode de plus marquant de sa vie, celui pour lequel la postérité a retenu son nom : la conception et la construction de la première bombe atomique de l'histoire, qui ont ouvert l'ère nucléaire, celle des armes de destruction massive, associée à la terreur et à la folie ? Oppie, comme le surnommaient affectueusement ses amis et ses étudiants admiratifs (pour ne pas dire en adoration), était-il un de ces savants fous des mauvais films de science-fiction, aveuglé par les prouesses techniques et les innovations théoriques au point d'oublier les ravages qu'entraînerait son « invention » ? A-t-il été la victime du pacte faustien qu'il avait passé avec le complexe militaro-industriel, abandonnant un savoir au potentiel dévastateur en échange du prestige et de la reconnaissance ? Un outsider aveuglé par son patriotisme, qui avait trouvé dans ce projet militaire et scientifique sans précédent l'occasion qu'il rêvait de prendre place dans le rêve américain ?

C'est seulement en suivant son destin hors norme, en retraçant les origines de sa famille et la naissance de sa vocation, puis les étapes d'un parcours qui ne suivit ni la voie royale ni les sentiers battus, que l'on peut espérer répondre à quelques-unes de ces questions, dépasser les clichés et les idées reçues, et recomposer le portrait de ce personnage unique. Ce voyage en compagnie d'Oppie dans les tourments du XXe siècle sera-t-il suffisant pour élucider complètement l'énigme que fut sa vie ? Le mystère qu'il fut peut-être pour lui-même ?

Chapitre 1

ENFANCE DORÉE, ENFANT CHOYÉ

Pur produit de son siècle tourmenté, dont il traversa et partagea les progrès, les espoirs et les tragédies, Julius Robert Oppenheimer connut aussi un destin emblématique de l'Amérique, cette nation construite par des déracinés en quête d'une vie meilleure. Ses origines familiales et ses années d'enfance et d'apprentissage éclairent sur plus d'un point ses choix d'adulte, ses orientations et ses épreuves futures, ses forces et ses failles.

La communauté des émigrés juifs allemands aux États-Unis : espoirs et désillusions

En 1903, une plaque est ajoutée au pied de la statue de la Liberté, qui du haut de ses presque 100 mètres (46 mètres pour la statue elle-même, posée sur un socle de même hauteur, soit 93 mètres), domine depuis 1886 la petite île de Bedloe, au milieu du port de New York – rebaptisée depuis « île de la Liberté ». On peut encore aujourd'hui y lire, gravés dans le bronze, les derniers vers d'un sonnet écrit en 1883 par la poétesse Emma Lazarus (1849-1887), intitulé *The New Colossus*, « Le Nouveau Colosse » – parfois traduit au féminin, « La Nouvelle Colosse ». C'est en effet bien de *Lady Liberty* qu'il s'agit, comparée par l'auteure au colosse de Rhodes, « Ce géant d'airain de la renommée grecque / Dont le talon conquérant enjambait les mers. » Ce poème avait été commandé afin de promouvoir une œuvre de charité destinée à collecter des fonds pour la construction du piédestal de la statue. Descendante d'une des familles de Juifs séfarades qui, fuyant les persécutions et l'Inquisition qui sévissaient en Espagne et au Portugal, s'étaient installées en Amérique bien avant la guerre d'Indépendance, son auteure y célébrait la « Mère des exilés », cette « femme puissante » portant « une torche dont la flamme / Est l'éclair emprisonné ». C'est cependant surtout la fin du sonnet, immortalisée sur la plaque fixée au piédestal, qui passa à la postérité :

« Donnez-moi vos exténués, vos pauvres
Vos masses étouffées qui aspirent à respirer librement
Le surplus miséreux de votre rivage surpeuplé
Envoyez-les vers moi, les sans-logis, échoués par la tempête,
Je lève ma lampe devant la porte dorée ! »

Ces quelques lignes consacraient la grande dame verte – la corrosion des embruns ayant vite eu raison de l'éclat rutilant de ses plaques de cuivre – comme un symbole de la promesse d'accueil que représentaient les États-Unis d'Amérique, un véritable Nouveau Monde pour tous ceux que l'Ancien avait rejetés. Un an plus tard, à quelques kilomètres de là, un enfant vit le jour dans une famille qui illustrait à merveille la réalité de cette promesse. Toute sa vie, il fut hanté par un profond désir : celui de servir cette nation, sa seule patrie, dont la bonne fée l'avait, dès le berceau, éclairé de son célèbre flambeau. Il découvrira toutefois en chemin que la lumière, celle de la liberté et celle de la science, peut aussi aveugler et détruire, quand on parvient à libérer « l'éclair emprisonné » de sa flamme.

Premier enfant d'un couple de Juifs originaires d'Allemagne, Julius Robert Oppenheimer est né le 22 avril 1904 à New York. Son nom de famille situe l'origine de ses ancêtres dans la région de la Hesse, plus précisément dans la petite ville d'Oppenheim, qui se trouve aujourd'hui dans le Land de Rhénanie-Palatinat. C'est ainsi que furent nommés de nombreux Juifs vivant dans ces environs quand un décret napoléonien de 1808 les obligea à adopter un nom de famille – de nombreux territoires allemands, conquis par l'empereur des Français, étaient alors tombés sous le coup de cette législation.

Son père, Julius Seligmann Oppenheimer, né en 1871 à Hanau, près de Francfort, avait émigré aux États-Unis en 1888, à l'âge de 17 ans. Travailleur acharné, il avait prospéré dans la compagnie fondée par deux de ses oncles maternels, Solomon et Sigmund Rothfeld. En 1869, Sol et Sig, comme ils étaient surnommés dans leur famille, en avaient été les premiers membres à émigrer aux États-Unis, où ils avaient fini par fonder leur propre firme d'importation de tissus en provenance d'Allemagne et d'Angleterre. Le textile était alors un marché en plein essor, dynamisé par le développement du prêt-à-porter, qui offrait des prix attractifs aux membres des classes moyennes désireux de s'habiller élégamment. Parti du bas de l'échelle, Julius avait d'abord été engagé comme simple manutentionnaire. Cependant, son ambition, son sens des affaires et sa connaissance du marché lui avaient permis de gravir les échelons, et de finalement faire fortune à la tête de sa propre entreprise d'importation de textiles.

Pionniers dans leur famille, Solomon et Sigmund ont pourtant fait partie d'une des vagues tardives de l'immigration des Juifs allemands qui avaient connu leur essor entre 1840 et 1880. Cette communauté était marquée par la Haslaka (« éducation » en hébreu) – une vision du judaïsme imprégnée de l'esprit des Lumières et incarnée par le philosophe Moïse Mendelssohn (le grand-père du célèbre compositeur Felix Mendelssohn-Bartholdy), qui avait inspiré par la suite le mouvement du judaïsme réformé. Malheureusement, cette réforme avait vu ses espoirs d'intégration déçus par les législations discriminatoires qui régissaient les territoires allemands et la plupart des pays européens. Les États-Unis leur étaient alors apparus comme le seul pays où ils seraient considérés comme des citoyens à part entière, sur un pied d'égalité avec les chrétiens. Déjà détachés d'une observance trop stricte des rites religieux et de l'enfermement communautaire qu'elle impliquait à leurs yeux, désireux de se libérer des ghettos où l'Europe avait ostracisé leurs ancêtres, ces émigrés juifs d'Allemagne avaient été nombreux à prospérer dans leur nouveau pays. Souvent dans la banque ou le commerce, ils s'étaient intégrés à la haute société américaine. Les noms de Guggenheim, Seligman, Lehman, Goldman et Sachs sont les plus emblématiques de cet âge d'or de la communauté des Juifs allemands aux États-Unis.

L'utopie d'une vraie Terre promise, où les Juifs pourraient enfin vivre sans être mis à l'écart, fut de courte durée. La guerre de Sécession, qui éclata en 1861, marqua l'apparition des premiers signes d'un antisémitisme institutionnalisé, ce spectre hideux que les émigrés juifs avaient précisément espéré fuir en s'installant aux États-Unis. Durant la guerre civile, ce furent d'abord des mesures prises par le grand général nordiste et futur président Ulysses S. Grant, limitant les déplacements des Juifs vers les États confédérés, puis ordonnant leur expulsion du district militaire qu'il commandait (Mississippi, Kentucky et Tennessee), sous le prétexte qu'ils étaient soupçonnés de participer au marché noir du coton.

Ces décrets furent certes vite annulés par le président Abraham Lincoln à la suite de vives protestations. En 1868, Grant lui-même exprima des regrets pour avoir édicté ces ordres, et lorsqu'il fut à son tour élu à la présidence en 1869, il ne prit plus aucune mesure vexatoire à l'encontre des citoyens juifs. Mais ce scandaleux épisode fut suivi après le conflit par des mesures discriminatoires, prises cette fois-ci par des entreprises privées, qui montraient nettement que les Juifs n'étaient plus les bienvenus dans les hautes sphères de la société étasunienne.

Ce fut d'abord l'affaire Seligman, qui éclata en 1877 quand le banquier Joseph Seligman, représentant emblématique de la réussite des émigrés juifs allemands, se vit refuser l'accès au Grand Union, un hôtel de luxe de Saratoga Springs (dans l'État de New York), sous le prétexte explicite que l'établissement n'acceptait plus les Israélites. C'est sans doute une rivalité et une jalousie de longue date entre Seligman et Alexander Stewart, l'ancien propriétaire de l'établissement, qui fut à l'origine de cette vengeance. Elle fut cependant accomplie par son successeur, le juge Henry Hilton, qui assumait la gestion de son patrimoine depuis sa mort l'année précédente. Stewart semblait notamment envier la relation privilégiée que Seligman entretenait avec le président Grant. Ce dernier, qui n'avait donc rien d'un antisémite fanatique, avait même proposé à son ami le poste de secrétaire au Trésor (l'équivalent de notre ministre des Finances). Un honneur que Seligman avait toutefois décliné, officiellement à cause de sa timidité, mais peut-être aussi par crainte justement des réactions et des préjugés liés à sa judéité dans les hautes sphères du pouvoir. Stewart, qui était également un ami de Grant, s'était vu à son tour proposer le poste, mais ses liens avec Hilton, qui avait été impliqué dans des affaires de corruption, l'en avaient écarté. Hilton lui-même gardait une vieille rancune à Seligman, qui ne l'avait pas invité à un dîner organisé pour célébrer la victoire de Grant à la présidence.

Quelles qu'aient pu en être les causes réelles, cette insulte fut reçue comme une véritable gifle par tous les Juifs d'Amérique. Malgré le scandale qui s'ensuivit et les nombreux témoignages de soutien à Seligman – y compris hors de la communauté juive –, Hilton avait créé un odieux précédent, et d'autres hôteliers lui emboîtèrent le pas, déclarant leurs établissements fermés aux « Hébreux ». En 1879, c'est de toute la station balnéaire new-yorkaise de Coney Island (sur la côte de Manhattan), ses hôtels, mais aussi ses plages, que les Juifs se virent bannis, sous prétexte que leur présence aurait fait fuir les membres de la haute société qui en composaient la clientèle privilégiée !

C'est dans ce contexte troublé, fait de promesses d'ascension sociale, de désir d'intégration, d'une vision réformée du judaïsme, mais aussi d'une atmosphère alourdie par la menace d'un retour de l'antisémitisme, que Julius Oppenheimer commença sa nouvelle vie sur la « Terre des opportunités ».

Oppie pour les intimes

Fils de Benjamin Oppenheimer, un modeste paysan qui s'était par la suite lancé dans le commerce de grains et avait appris tout seul à lire, Julius était lui aussi plein de ressources. Il avait appris l'anglais, dont il ne parlait presque pas un mot à son arrivée en Amérique, en autodidacte. Avide de lectures, il avait acquis au fil des ans une culture vaste et raffinée dans sa nouvelle langue d'adoption. Il s'était employé par la suite à gommer toute trace de son accent germanique, en particulier après la Première Guerre mondiale qui avait exacerbé les sentiments antiallemands des Américains. Féru d'histoire, il était également passionné par la musique, les beaux-arts et… les artistes ! C'est donc sans doute en écumant les galeries d'art new-yorkaises qu'il fit la connaissance d'une jeune peintre nommée Ella Friedman. Également issue d'une famille de Juifs allemands, elle était quant à elle née aux États-Unis, où sa famille était installée depuis 1840. D'une beauté saisissante, Ella souffrait d'une malformation de naissance : sa main droite ne s'était pas développée. Elle portait en permanence une paire de gants, dont le droit était équipé de prothèses rudimentaires pour dissimuler son membre atrophié. Cette infirmité était dans la famille Oppenheimer un véritable tabou, auquel il n'était jamais fait ne serait-ce qu'une allusion. Une amie et collègue de Robert, qui avait osé poser une question à ce sujet, se vit opposer un silence de plomb…

Après avoir entamé des études d'art dans sa ville natale de Baltimore, Ella avait séjourné en France, où elle avait plus particulièrement étudié les peintres impressionnistes. Artiste établie et reconnue, professeure de peinture au Barnard College de New York – une annexe de l'université de Columbia –, elle possédait son propre studio sous les toits et sa clientèle d'élèves particuliers. Elle était donc indépendante quand elle rencontra Julius Oppenheimer, mais elle abandonna par la suite sa carrière pour se consacrer à sa famille.

Les deux trentenaires – Julius avait 32 ans, Ella 34 – avaient des caractères contrastés et complémentaires. Affable et chaleureux, homme d'affaires et commerçant, Julius faisait souvent preuve d'une familiarité excessive, au point parfois d'embarrasser ses enfants. Ella en revanche pouvait sembler d'un abord hautain, voire froid. Plus « américanisée » que Julius, sa famille était plus détachée encore de ses origines juives et allemandes. Très à cheval sur les bonnes manières, Ella était une hôtesse appréciée, attentive, et totalement dévouée à son mari, car malgré leurs différences, ils éprouvaient une affection et une admiration mutuelle, profonde et sincère.

Julius et Ella tombèrent donc éperdument amoureux, et se marièrent en 1903, un an avant la naissance de leur premier fils. Celui-ci reçut comme premier prénom celui de son père, ce qui contrastait avec les usages traditionnels chez les Juifs d'Europe, qui proscrivent de donner à un enfant le nom d'un parent encore vivant. Si son certificat de naissance porte bien le nom de Julius Robert Oppenheimer, le futur physicien réduira le prénom paternel à sa seule initiale, dont il éludera d'ailleurs l'origine, prétendant qu'elle ne signifiait rien de particulier – un vestige sans doute de la relation ambiguë qu'il entretenait avec son père et avec ses origines juives dans ses jeunes années…

« Oppie », enfant, et son père, Julius.

Dans tous les documents officiels, il sera désigné comme J. Robert Oppenheimer – dans un parallèle saisissant avec son futur ennemi juré, J. Edgar Hoover, le directeur du F. B. I. – mais se fera toujours appeler simplement Robert dans la vie courante, et bien des années plus tard, Oppie par ses proches !

Une religion sans dieu ?

Les traditions relatives au choix des prénoms n'étaient pas le seul point sur lequel le couple Oppenheimer avait pris ses distances vis-à-vis du judaïsme. Sans jamais renier leur appartenance ethnique et culturelle à leur communauté, ils n'en pratiquaient pas la religion, et ne fréquentaient aucune synagogue. Ils avaient préféré se tourner vers une association juive laïque, la Société pour la culture éthique *(Ethical Culture Society)*. Issue du judaïsme réformé allemand exporté en Amérique, cette organisation fondée par Felix Adler, le fils d'un rabbin progressiste, avait pour mission la promotion d'une idée éclairée et universaliste du judaïsme. Sa devise, *Deed not Creed*, « des actions plutôt que des croyances », résumait bien la philosophie qui l'animait, qui était de faire « non pas de la religion un devoir, mais du devoir, une religion ».

Son but avoué était de former les futurs bâtisseurs d'une société plus juste, guidée par la raison. Elle invitait également les Juifs à s'émanciper de leur particularisme ethnique, pour garder l'essentiel de leur héritage culturel et spirituel : la conduite morale de la vie, qui n'était pas l'apanage des seuls Juifs, mais devait être le partage de tout le genre humain.

Les deux oncles de Julius Oppenheimer qui l'avaient précédé à New York, « Sol et Sig », figuraient parmi les premiers adhérents de la Société de la Culture Éthique lorsqu'elle fut fondée en 1877. Julius lui-même l'intégra donc dès son arrivée aux États-Unis, et en devint vite un membre éminent, et un ami proche d'Adler. C'est même ce dernier qui officia lors de son mariage (civil !) avec Ella.

Les adhérents de la Société se réunissaient régulièrement les dimanches, à l'occasion de cérémonies qui ressemblaient en tout point à un office religieux, à ceci près que l'on n'y récitait pas de prières. Tous les autres ingrédients étaient cependant réunis : de la musique jouée à l'orgue, des chants entonnés par un chœur d'enfants, et des discours en forme de sermons, prêchant la bonne parole de la culture éthique.

Si cette société a servi de cadre à l'éducation morale et à la croissance spirituelle d'Oppenheimer, se substituant à la religion juive traditionnelle dont ses parents s'étaient détachés, il prit durant l'adolescence ses distances avec cette organisation. Il se montra volontiers ironique vis-à-vis de ses aspects les plus lénifiants, voire pontifiants.

À l'École de la Culture Éthique

Adhérents enthousiastes de la Culture Éthique, Julius et Ella Oppenheimer confièrent tout naturellement l'éducation de leurs fils (Robert puis Frank, de huit ans son cadet) à l'école qui en émanait. La scolarité de Robert dans cet établissement, jusqu'à son entrée à l'université, marqua profondément sa personnalité, ses intérêts et ses préoccupations, non seulement sa vocation pour la science, mais aussi sa passion pour la culture sous toutes ses formes, son indépendance d'esprit et son sens critique, ainsi que son aspiration à davantage de justice sociale.

Soigneusement sélectionnés, les professeurs recrutés au sein de cette école n'étaient pas seulement choisis pour leur pedigree académique dans la matière qu'ils enseignaient, mais également pour leurs qualités pédagogiques et humaines. Initialement destiné à dispenser un enseignement gratuit aux enfants défavorisés, l'établissement avait connu des difficultés financières et avait dû demander des droits d'entrée aux parents qui pouvaient les acquitter. Lorsque Robert y devint élève, l'École de la culture éthique était devenue un établissement de choix pour les élèves des familles aisées – en particulier les Juifs dont on restreignait ou barrait alors l'accès à tant de collèges huppés. Elle était réputée pour préparer efficacement les élèves aux grandes universités et offrait un cursus complet de l'école élémentaire jusqu'à l'équivalent de nos collèges et lycées (la *High School* américaine).

Au sein de cette école si propice à l'épanouissement intellectuel, Oppenheimer se montra un élève exceptionnellement doué. Si au début de sa scolarité il oscillait plutôt entre le B+ et le A- (ce qui était déjà plus qu'honorable!) il collectionna par la suite les A dans toutes les matières. Bien qu'il y soit entré relativement tard – en 1911, à l'âge de 7 ans et directement en « seconde classe » (l'équivalent de notre CE1) –, il ne montra pas le moindre retard et sauta au contraire rapidement plusieurs classes. Déjà attiré dès son plus jeune âge par les sciences, il effectua ses premières expériences de laboratoire dès sa seconde année à l'école, avant même d'entamer les cours de physique-chimie à l'âge de 10 ans. Le conservateur du Muséum américain d'histoire naturelle lui-même le prit sous son aile et accepta de lui prodiguer des cours particuliers.

Les méthodes pédagogiques atypiques et innovantes de l'École de la culture éthique s'accordaient à merveille avec la précocité et le caractère particulier du jeune Robert. Lorsque sa professeure de mathématiques s'aperçut qu'il s'ennuyait en cours et commençait à s'impatienter, elle l'autorisa à effectuer des recherches à la bibliothèque de l'établissement, avant de l'inviter à présenter au reste de la classe ses nouvelles découvertes. Il suivit également un cours d'éthique prodigué par John Lovejoy Elliott, qui a exercé sans doute une influence déterminante sur sa future vie de citoyen, mais aussi sur ses méthodes d'enseignement. Loin d'asséner à ses élèves un cours magistral lénifiant de catéchisme moral, Elliott leur présentait des interrogations liées aux problèmes concrets de la société américaine, et les invitait à en débattre. Il y aborda par exemple la question raciale ou celle de l'égalité des sexes, mais posait aussi des cas de conscience pratiques, comme : « Vaut-il mieux accepter un emploi d'enseignant ou un travail mieux payé dans une usine de chewing-gum ? »

Deux professeurs surtout jouèrent un rôle prépondérant dans sa formation et la suite de sa vie. Le premier était Herbert Winslow Smith, son professeur d'anglais. Fraîchement diplômé de Harvard, il devait retourner à la prestigieuse université pour y soutenir sa thèse, mais il trouva l'enseignement à l'École de la culture éthique si épanouissant qu'il renonça à sa carrière académique. Smith joua surtout le rôle de mentor, de confident et de soutien moral, et resta en contact avec lui après son départ de l'école. Il avait le don de motiver ses élèves en découvrant leurs centres d'intérêt pour ensuite les relier avec son enseignement. Ayant remarqué chez Robert de réels dons pour l'écriture, il lui avait prédit une belle carrière d'écrivain scientifique (de « vulgarisateur », dirait-on en France) après avoir lu un de ses essais sur l'oxygène. Si la clarté et l'élégance de ses écrits ne furent pas ses qualités les plus frappantes d'Oppenheimer durant sa carrière scientifique, il continua d'écrire en parallèle de son activité de savant des essais, des poèmes et des nouvelles.

Le second enseignant de l'École de la Culture Éthique dont l'influence s'avéra déterminante dans son parcours fut Augustus Klock, son professeur de physique et de chimie durant ses deux dernières années de lycée.

L'enthousiasme du jeune Robert pour les matières scientifiques fut tel qu'il retrouva Klock cinq jours par semaine pendant les vacances d'été, pour réaliser avec lui des projets de laboratoire, ponctués de sorties minéralogiques. Tout au long de sa vie, il évoquera avec une chaleureuse admiration la figure de cet enseignant qui lui avait transmis le virus de la science. Non seulement Klock, se rappelait-il, aimait le processus de la découverte scientifique lui-même, jusque dans ses difficultés mêmes, mais il se délectait également de l'enthousiasme qu'il suscitait chez ses élèves pour les merveilles de la science.

Étonnament, ce n'est pas la physique, mais la chimie qui eut sa préférence dans un premier temps. Rétrospectivement, il pensait que cette matière offrait, au jeune garçon qu'il était, un rapport plus direct avec une réalité tangible, plus immédiatement accessible que les abstractions de la physique. Il conseilla d'ailleurs par la suite à quiconque souhaitait attirer les écoliers vers les matières scientifiques de commencer par leur faire découvrir la chimie élémentaire. Il faut aussi dire que ses premières amours scientifiques – aussi bien qu'artistiques – n'étaient pas nées entre les quatre murs de son école...

Les sciences et les arts

À partir de ses 7 ans, Robert fut élevé dans un appartement luxueux, qui occupait tout le onzième étage d'un immeuble de l'Upper West Side, quartier chic de l'arrondissement de Manhattan, situé entre Central Park et le fleuve Hudson. Julius et Ella l'avaient richement décoré et y avaient constitué une assez impressionnante collection de tableaux, dont un Picasso de la « période bleue », un Renoir, une gravure de Rembrandt, et pas moins de trois toiles de Van Gogh ! Sans afficher l'ostentation fastueuse des grandes dynasties de milliardaires, la famille menait grand train, employant pas moins de trois femmes de ménage, un cuisinier et un chauffeur, ainsi que des nurses et une gouvernante pour s'occuper des enfants.

Sans doute sous l'influence de sa mère, Robert pratiqua lui aussi les beaux-arts pendant ses jeunes années, peignant principalement des paysages. Pourtant, il abandonna peu à peu ce loisir après son entrée à l'université et ne s'y adonna plus qu'occasionnellement. La musique en revanche ne le séduisit jamais, au contraire de son père, grand mélomane qui se laissait parfois aller à entonner une chanson à la table du dîner – au grand désespoir de son épouse et de ses fils ! Contraint par sa mère à prendre des leçons de piano qui le mettaient à la torture, Robert le lui fit comprendre à l'occasion d'une maladie infantile. Quand elle lui avait demandé comment il se sentait, il lui avait répondu : « Comme quand je dois étudier le piano… » ce qui mit un terme immédiat à la carrière de virtuose dont elle rêvait peut-être pour lui ! La littérature, et en particulier la poésie, le passionna en revanche dès sa plus tendre enfance, et l'accompagna jusqu'à la fin de ses jours.

C'est dans la résidence d'été acquise par ses parents en 1918 sur la côte atlantique, à Bay Shore dans l'État de Long Island (non loin de New York), que Robert découvrit une autre des grandes passions de sa vie : la navigation à voile. Il fit ses armes en tenant le gouvernail du yacht paternel, le *Lorelei*, et de quelques embarcations plus modestes, avant de prendre la barre de son propre navire, un sloop que son père lui offrit pour ses 16 ans et qu'il baptisa le *Trimethy*, en hommage à… la triméthylamine, un composé chimique responsable de l'odeur du poisson pourri caractéristique de « l'air du large » ! Déjà la science – assaisonnée d'une pointe d'humour acéré et pince-sans-rire – n'était jamais bien loin de ses pensées.

Le mot *plaisance* ne rend pas bien compte de sa conception des sports nautiques : c'est au milieu du déchaînement des tempêtes qu'il aimait diriger son voilier, au grand désespoir de sa mère, épouvantée à chacune de ces dangereuses sorties en mer ! Téméraire, mais pas inconscient, Robert ne semblait pourtant jamais perdre le contrôle de son navire dans ces conditions extrêmes, ce qui lui valut l'admiration des amis qu'il embarquait dans ses aventures. Naviguer par gros temps était un exutoire salutaire pour ce grand introverti : à la barre de son voilier, face au vent et aux embruns, il semblait vivre enfin pleinement, dans un état de pure extase.

En dehors de ses exploits de marin, le jeune garçon, plutôt frêle et longiligne, n'avait rien d'un grand sportif. Sa soif de connaissance, en revanche, était insatiable. Âgé de seulement 5 ans, il s'était rendu pour la première fois en Allemagne pour rendre visite à son grand-père paternel. Paysan illettré devenu négociant en grains, Benjamin Oppenheimer avait appris à lire en autodidacte et s'était forgé une culture honorable, ce qui lui valut le respect et l'admiration de son petit-fils. Ce n'est que plus tard que ce dernier montra une certaine gêne en évoquant le « taudis » où son aïeul avait grandi, dans un village « quasi médiéval » – un jugement sans doute assez excessif, émanant d'un New-Yorkais habitué à un confort d'une autre classe.

À l'occasion de sa deuxième visite outre-Atlantique, Benjamin avait fait cadeau à son petit-fils d'une mallette réunissant une vingtaine d'échantillons de minéraux, étiquetés avec leurs noms scientifiques en allemand et en latin. Ce fut le début d'une véritable passion : dans les années qui suivirent, le jeune garçon ne manqua jamais l'occasion d'une excursion géologique, remplissant l'appartement familial de ses spécimens de roches et de cristaux. À 12 ans, il avait déjà constitué une impressionnante collection personnelle et entretenait même une très sérieuse correspondance scientifique avec d'éminents géologues des environs. L'un d'eux, ignorant son jeune âge, avait proposé sa candidature au Club minéralogique de New York, où il fut peu après invité à prononcer une conférence ! Sa première réaction fut de décliner l'invitation et de dévoiler la méprise, mais la fierté amusée de son père devant ses talents précoces finit par avoir raison de ses hésitations. Surmontant son trac, le jeune Robert, monté sur une caisse en bois pour être visible de l'auditoire derrière le pupitre de l'orateur, fut chaleureusement applaudi par une assemblée très impressionnée – une fois passés les premiers rires devant l'aspect juvénile du conférencier ! Il dira plus tard que c'étaient surtout l'aspect et les formes géométriques des cristaux qui l'attiraient, ainsi que le jeu de la lumière polarisée sur leurs facettes scintillantes, alors que l'histoire de leur formation lui était presque indifférente. C'est donc bien en minéralogiste, en cristallographe, en chimiste et déjà presque en physicien qu'il s'intéressait à sa collection de roches, plus qu'en géologue.

Comme nous l'avons vu, cet esprit scientifique précoce ne dédaignait pas pour autant la littérature. Il aimait particulièrement lire et écrire de la poésie, et se montra également très doué pour les langues. Bien que l'allemand, langue d'origine de ses deux parents et langue maternelle de son père, ne fût pas parlé dans sa famille, il l'apprit, comme le français, à l'école. Il étudia également les langues anciennes – le grec et le latin – au point de pouvoir lire dans le texte de grandes œuvres classiques de Platon, Homère, Virgile, Horace ou Jules César. À l'âge de 9 ans, il aurait même lancé ce défi à une cousine (ou une camarade de classe, selon les versions) : « Pose-moi une question en latin et je te répondrai en grec ! »

Précoce dans bien des domaines, le jeune Robert pouvait se montrer distant, parfois hautain. Il ne prenait guère part aux jeux des garçons de son âge, avait très peu d'amis, même parmi ses camarades de classe –, mais ses attachements, aussi fidèles et durables que rares, étaient parfois exclusifs jusqu'à la jalousie.

Son frère Francis, qui se fit toujours appeler « Frank », était né en 1912, et ne put donc jamais être pour Robert, alors déjà âgé de 8 ans, un camarade de jeu. Ils n'en devinrent pas moins très

Robert et son frère Frank, en 1918.

proches par la suite, Robert se voyant presque plus pour Frank comme un second père que comme un grand frère. Frank, qui emboîta le pas à son aîné et embrassa comme lui une carrière de physicien, bien qu'à un niveau plus modeste, fut aussi pour lui un confident privilégié durant toute sa vie, sans doute un de ceux qui le connaissaient le plus intimement.

Le manque d'aisance sociale d'Oppenheimer dans ses jeunes années et son incapacité à se lier avec des enfants de son âge entraînèrent des conséquences cruelles lors de ses vacances dans un camp d'été au bord du lac Ontario, alors qu'il était âgé de 14 ans. Malmené par les autres garçons qui l'avaient surnommé « *Cutie* », « Mignon », il ne prenait pas part aux activités sportives en dehors des promenades en montagne, et il affichait une attitude qui ne pouvait qu'exacerber les réactions de rejet. Il avait surtout eu le malheur, dans une lettre à ses parents, de leur laisser entendre que son séjour avait au moins un avantage : ses condisciples lui faisaient découvrir les « réalités de la vie » (sous-entendu : du sexe). La réaction de son père, disproportionnée, ne se fit pas attendre : il prit le chemin du camp pour se plaindre en personne au directeur, qui sermonna à son tour les jeunes gens, leur interdisant sous peine de sanction toutes allusions et plaisanteries grivoises. Les représailles étaient prévisibles : le

« rapporteur » fut enfermé dans la chambre froide du camp, frappé, dénudé et humilié, les parties intimes recouvertes de peinture verte. Puis ses bourreaux l'attachèrent et le laissèrent toute la nuit dans la pièce glacée. Il ne parla sur le moment à personne de cette expérience traumatisante, mais il endura son supplice sans se plaindre aux responsables du camp et termina son séjour dans l'ambiance hostile que l'on peut imaginer. Il sembla surtout en vouloir à son père pour son comportement pour le moins maladroit, et l'incident a sûrement contribué à aggraver la distance qui s'installe souvent à l'adolescence avec la figure paternelle.

Un enfant fragile ?

Les années d'enfance et d'adolescence de Robert, jeune garçon émacié et souffreteux, furent marquées par des périodes de maladie assez fréquentes. Il n'est pas impossible que l'attitude ultraprotectrice de sa mère ait développé chez lui une certaine tendance à l'hypocondrie.

Ella était en effet restée marquée par une tragédie : la mort de son second enfant, Lewis Frank, né en 1908 et décédé à seulement 45 jours d'une sténose du pylore – une obstruction du tube digestif qui provoque des vomissements à répétition, allant jusqu'à la déshydratation et la mort par inanition du bébé. Bien qu'il fût alors âgé de 4 ans seulement, ce deuil marqua profondément la vie de Robert, en particulier dans sa relation avec sa mère.

Alors qu'elle était déjà une mère angoissée de nature, c'est en effet après ce deuil périnatal qu'Ella développa une phobie des germes et des maladies, craignant de laisser sortir ses enfants et limitant leurs contacts avec l'extérieur. Cette épreuve affecta également son humeur, qui fut dès lors plus sombre et mélancolique, même après la naissance de son dernier fils Frank, et sa santé qui devint précaire. Lui-même d'une santé fragile, Robert se vit limiter les contacts avec les enfants de son âge, et interdire par exemple tous les aliments proposés par les vendeurs de rue.

Toutefois, Oppenheimer n'en était pas à une contradiction près : bien qu'il eût été préservé dans le cocon familial, en compagnie de ses livres, de ses jeux de construction et de ses spécimens de minéraux, il pouvait faire preuve d'une grande résistance physique et morale quand il était mis à l'épreuve. Nous venons de voir avec quel stoïcisme il endura la violence et les mauvais traitements lors de son séjour en camp de vacances. Les longues promenades géologiques, la navigation dans une mer agitée, plus tard les randonnées à cheval ou les baignades nocturnes dans des rivières glacées : aucune de ces épreuves ne faisait reculer son tempérament téméraire. Sous l'apparence d'un frêle jeune homme plongé dans ses livres se cachait donc une volonté d'acier trempé !

Sa fragilité toutefois, bien réelle, n'était pas uniquement physique : émotif, timide et mal à l'aise en société, Robert traversait déjà des périodes de grande mélancolie et d'abattement, signes avant-coureurs de ses futures tendances dépressives. Il lui arrivait de se renfermer sur lui-même pendant plusieurs jours, sans raison apparente.

Il faut dire que si le cocon familial était aussi rassurant que confortable, il a pu aussi lui sembler parfois étouffant, le coupant de la vie sociale ordinaire des enfants de son âge. Derrière la façade idyllique de cette enfance dorée se dessinaient déjà les failles psychologiques et affectives qui allaient refaire surface dans ses années de jeune adulte. Oppenheimer eut parfois des mots assez durs sur l'éducation qu'il avait reçue et le milieu dans lequel il avait grandi, qui ne l'avaient « pas préparé pour le fait que le monde est plein de choses cruelles et amères », et ne lui avaient donné aucune « façon normale et saine d'être un salaud » ! Il se décrivait lui-même à cette époque sans plus d'aménité, comme un « petit garçon onctueux, odieusement bon », qui avait rétribué la confiance que ses parents avaient placée en lui en développant « un ego déplaisant, lequel n'avait sûrement pas manqué d'offenser les enfants comme les adultes qui avaient eu la malchance d'entrer en contact avec [lui]. » Si son père fut le moins épargné de ses deux parents dans ses accès de ressentiment, il le salua plus tard comme « un des hommes les plus tolérants et les plus humains » qu'il ait connus, car « il pensait que ce qu'il pouvait faire de mieux pour les autres était de les laisser trouver ce qu'ils voulaient faire ».

Gâté... mais pas pourri !

L'enfance d'Oppenheimer fut donc très protégée, au sein d'une famille aimante et aisée. Ses parents, ainsi que son grand-père paternel lorsqu'il venait le visiter en Allemagne, alimentaient avec empressement ses moindres enthousiasmes. À peine son grand-père Benjamin l'avait-il vu absorbé par ses jeux de construction qu'il lui offrait... une encyclopédie d'architecture ! Son petit frère Frank n'était pas en reste : quand il souhaita prendre des leçons de flûte, c'est un des plus grands virtuoses de l'instrument qui vint lui prodiguer des cours particuliers. Quand plus tard, alors qu'il était étudiant, il se prit de passion pour Geoffrey Chaucer, le poète anglais du XIVe siècle, son père lui acheta une coûteuse édition ancienne de ses œuvres.

Le futur « père de la bombe atomique » a certes grandi dans l'aisance matérielle et la richesse culturelle et artistique, mais il n'en était pas moins un enfant d'émigrés juifs de la première et deuxième génération, dans un pays et un milieu où l'antisémitisme prenait de l'ampleur. Il ne pouvait plus, comme les émigrés juifs allemands de la première vague, rêver à une parfaite et complète intégration dans la société américaine : il lui fut donc difficile d'échapper à un sentiment de marginalité, voire de rejet. Les restrictions, les quotas et les discriminations frappant les Juifs se multipliaient, et visaient en particulier ceux qui aspiraient à accéder à la haute société, laquelle était dominée par les WASP, les Anglo-Saxons blancs et protestants.

Sans être jamais allé jusqu'à renier ses origines, le jeune Robert ne les affichait pas non plus, et semblait même parfois vouloir les dissimuler.

Malgré l'aisance, voire l'opulence dans laquelle il avait grandi, Robert Oppenheimer n'était pas pour autant aveugle aux inégalités sociales, auxquelles il avait été sensibilisé à l'École de la culture éthique – et sans doute auparavant par ses parents. Ses camarades le décrivent comme très généreux et prodigue, un trait de caractère qu'il conserva toute sa vie.

Cette générosité n'était néanmoins pas seulement liée à un sens aigu de la justice sociale. Dès l'adolescence, il afficha ouvertement son mépris de l'argent et des préoccupations matérielles, qui lui semblaient vulgaires et indignes d'un esprit élevé. Sans être en rébellion ouverte, il se montrait parfois méprisant vis-à-vis des activités commerciales et mercantiles de son père. S'il était sans doute déjà ambitieux en bien des domaines, l'appât du gain n'était pas pour lui une motivation primordiale. En cela il se montrait aussi le fidèle disciple de Felix Adler et de sa philosophie de la culture éthique, qui prônait la modération dans l'accumulation des richesses. Une fois déduit le montant nécessaire au maintien d'une vie décente, le surplus d'argent que l'on pouvait gagner ne nous était en quelque sorte confié qu'en dépôt, et ne devait servir qu'à l'amélioration de la société et de la condition de vie des plus démunis.

Un contretemps salutaire

Après avoir passé haut la main son diplôme de fin d'études – l'équivalent de notre baccalauréat –, à l'issue duquel il fut reçu premier de sa classe, Oppenheimer devait intégrer à la rentrée 1921 la prestigieuse université de Harvard, située à Cambridge, dans l'État du Massachusetts (à ne pas confondre avec sa grande sœur, une de deux grandes villes universitaires de Grande-Bretagne, où notre savant étudiera quelques années plus tard !). Cependant, alors qu'il rendait visite à son grand-père Benjamin en Allemagne durant les vacances, il fut atteint d'une sévère crise de dysenterie, contractée lors d'une de ses chères excursions géologiques dans les mines abandonnées de la région de Joachimsthal, en Bohême. C'est dans ce lieu, réputé pour sa richesse géologique et longtemps exploité pour ses gisements d'argent, qu'avait été découvert un élément chimique qui devait jouer un rôle considérable dans la vie d'adulte d'Oppenheimer, et dans toute l'histoire du XXe siècle : l'uranium. En 1789, le chimiste Martin Heinrich Klaproth (1743-1817) l'avait d'abord extrait, sous forme d'oxyde d'uranium, d'une roche noire tirée des mines de Joachimsthal et baptisée « pechblende » – avant que le Français Eugène-Melchior Péligot (1811-1890) ne l'isole sous sa forme métallique pure en 1841. Ce même minerai joua un rôle déterminant dans l'histoire de la physique atomique, puisque c'est à partir d'un extrait de pechblende que Pierre et Marie Curie purifièrent les deux nouveaux éléments radioactifs qu'ils découvrirent en 1898, le radium et le polonium (qui valurent à Marie Curie de remporter en 1911 le prix Nobel de chimie). Lorsque les Alliés et l'Allemagne nazie se livreront à la course à l'arme nucléaire durant la Seconde Guerre mondiale, ce gisement d'uranium, passé sous la domination du Reich après l'annexion de la Bohême-Moravie, deviendra un site hautement stratégique.

Cette attaque de dysenterie fut très sévère, « quasi fatale » selon lui, et le força à rester alité à Hanau pendant quelques semaines. Elle fut suivie par une crise de colite – une affection chronique dont il souffrira pour le restant de sa vie. Rapatrié à New York sur une civière, il resta immobilisé encore plusieurs mois dans l'appartement familial et ses parents décidèrent d'ajourner son entrée à l'université. Sans doute épuisé et excédé par cette longue maladie, il se montra parfois irascible, refusant ses traitements, restant enfermé de nombreux jours dans sa chambre et défendant à quiconque d'y entrer.

Ce n'est qu'au printemps 1922 que prit fin son interminable convalescence. Pour le soulager de cette réclusion forcée dans l'appartement familial, et achever son rétablissement, son père demanda à son professeur d'anglais Herbert Smith de laisser Robert l'accompagner pour l'été dans un périple à travers le sud-ouest du pays. Brillant professeur de littérature anglaise à l'École de la culture éthique, Smith était devenu très proche du jeune homme, et resta par la suite pour lui un ami fidèle et un confident.

Avant de partir pour leur périple, Robert présenta une requête assez étonnante et incongrue à son professeur : il lui demanda s'il pourrait voyager sous le même nom que lui, et se faire passer pour son jeune frère. Smith refusa, conscient que le jeune homme exprimait ainsi ses difficultés relationnelles avec son père et son rapport compliqué à sa propre judéité. Féru de psychanalyse, Smith avait décelé chez Robert les indices de ce qu'il interprétait comme un conflit œdipien. Il est vrai qu'avec l'adolescence, il se montrait de plus en plus distant avec Julius, considérant ses activités commerciales et son entourage professionnel comme vulgaires, et affichait un air embarrassé devant sa jovialité et sa fierté démonstrative. Son désir de voyager sous un nom d'emprunt on ne peut plus anglo-saxon peut aussi s'expliquer par les préjugés que n'aurait pas manqué de susciter son patronyme juif allemand dans des régions des États-Unis ou l'antisémitisme, déjà présent à New York, était encore plus virulent. Il faut dire que les New-Yorkais, en particulier les émigrés de fraîche date et plus encore les Juifs, voyaient le Far West comme une terre sauvage et quasi barbare, peuplée par des descendants de pionniers hostiles à ces nouveaux venus !

Quoi qu'il en soit, les sentiments du jeune Robert vis-à-vis de ses origines géographiques, culturelles, religieuses, mais aussi sociales étaient à cette époque des plus conflictuels. En le côtoyant quotidiennement à l'occasion de ce voyage, Herbert Smith en vint à se demander si la dysenterie et les colites qui l'avaient cloué au lit pendant ces longs mois n'étaient pas... purement psychosomatiques ! Il croyait avoir remarqué en effet que ces troubles intestinaux ne se manifestèrent plus dès lors qu'il s'éloignait de sa famille, mais qu'ils réapparaissaient dès qu'il entendait une remarque désobligeante sur les Juifs...

Une seconde patrie

C'est ainsi que le jeune homme partit pour son premier grand voyage loin de ses parents, le seul qu'il ait alors entrepris en dehors des visites à son grand-père allemand – et de sa désastreuse expérience du camp d'été. Ces dernières vacances avant son entrée à l'université furent aussi l'occasion de sortir de son cocon familial et scolaire, certes très épanouissant intellectuellement, mais protecteur au point d'en être étouffant.

La découverte des panoramas de l'Ouest sauvage, en particulier du Nouveau-Mexique, avec ses décors dignes d'un western, où les déserts succèdent aux montagnes et aux plateaux volcaniques, les *mesas*, fut un véritable enchantement pour le jeune Robert. Quel dépaysement pour le New-Yorkais casanier qu'il était, plongé dans les livres le plus clair de son temps ! Non seulement il tomba amoureux de ces paysages contrastés et sublimes, mais il fit de nouvelles rencontres et noua des amitiés salutaires, en dehors de son milieu d'origine. Après avoir traversé avec Smith le Colorado et la Californie, il gagna le Nouveau-Mexique, et passa même quelques jours au-delà du Rio Grande, en territoire mexicain. Puis il retrouva à Albuquerque son meilleur ami Francis Fergusson, qui passait ses vacances dans sa famille au Nouveau-Mexique. Il l'avait rencontré lors de sa dernière année à l'École de la Culture Éthique, où il était élève interne. Alors que Robert se remettait de sa maladie, Fergusson avait déjà intégré Harvard. Sa famille, paternelle aussi bien que maternelle, était implantée au Nouveau-Mexique depuis plusieurs générations et comptait parmi ses ancêtres des figures quasi légendaires de la conquête de l'Ouest.

Fergusson lui présenta un autre garçon de leur âge, Paul Horgan, qui se préparait comme eux à intégrer l'université de Harvard, et qui devint lui aussi un ami très proche du futur physicien. Il connut par la suite une belle carrière d'écrivain et d'historien, spécialiste notamment de l'histoire de la conquête de l'Ouest et de sa mythologie des pionniers. Jeune homme lui aussi très brillant et précoce, il se trouva de nombreux points communs avec Oppenheimer… qui de son côté tomba secrètement et très platoniquement amoureux de sa ravissante sœur Rosemary !

Smith conduisit ensuite le trio de jeunes hommes dans un ranch à touristes de la région de Santa Fe, Los Pinos, dirigé par une jeune femme charismatique, Katherine Chaves Page. Descendante d'une grande lignée d'hidalgos, ces nobles espagnols implantés au Nouveau-Mexique bien avant que ce territoire devienne un des États d'Amérique, elle venait, à 28 ans, d'épouser un homme beaucoup plus âgé et presque toujours absent. Elle gérait le ranch familial l'été et travaillait pendant l'année comme professeure d'espagnol à New York. Les trois amis tombèrent sous le charme de cette meneuse d'hommes, qui s'amusait à les appeler « mes esclaves », mais leurs relations demeurèrent amicales. Katherine resta par la suite une amie fidèle pour Oppenheimer, jusqu'à sa mort brutale en 1961, assassinée par un chicano dans son ranch. Elle lui apprit notamment à monter à cheval et l'emmena dans de grandes promenades dans la nature quasi vierge du Nouveau-Mexique. Sa capacité à endurer sans broncher des journées entières en selle et des nuits de bivouacs spartiates dans des paysages sauvages où les déserts succèdent aux montagnes laissa bouche bée son professeur et ses compagnons, qui ne s'attendaient pas à tant de résistance de la part d'un jeune intellectuel new-yorkais plutôt malingre.

L'une de ces randonnées à cheval le conduisit non loin de la mesa del Pajarito, « du Petit oiseau », à un canyon isolé et quasi désert, couvert de peupliers qui ont donné au lieu-dit son nom espagnol : Los Alamos. La seule habitation à des kilomètres à la ronde, située sur ce plateau bordé de profonds canyons, était une école de garçons, le « ranch-école de Los Alamos », où quelque vingt-cinq élèves partageaient leur temps entre les cours et l'entretien de leur cheval, qu'ils emmenaient fréquemment en randonnée dans les environs. Oppenheimer tomba littéralement amoureux du Nouveau-Mexique, et en particulier de ce lieu désolé et sauvage, auquel son destin fut dès lors intimement lié.

En somme, ce voyage, et en particulier son séjour au ranch de Katherine Chaves, fut une parenthèse salutaire avant son entrée à l'université. Pour la première fois, il y avait eu le sentiment d'être accepté tel qu'il était, aimé et admiré. Ses craintes d'être pris pour un blanc-bec new-yorkais par les habitants du Far West profond, méprisé pour son intellectualisme ou ses origines juives, s'étaient révélées infondées. Il dira plus tard avoir eu deux grands amours dans sa vie : le Nouveau-Mexique et la physique. Il venait de rencontrer le premier, il lui restait encore à découvrir le second.

Chapitre 2

SUR LE CHEMIN DE LA PHYSIQUE : LES ANNÉES DE FORMATION

À l'issue d'études supérieures aussi brillantes que chaotiques, le jeune Oppenheimer va parvenir à trouver sa voie, celle de la physique théorique. Le chemin fut néanmoins long, tortueux et parfois douloureux avant qu'il ne découvre cette vocation.

Trouver sa voie : étudiant à Harvard

Régénéré après sa découverte du Nouveau-Mexique, Oppenheimer intègre donc la prestigieuse université de Harvard en septembre 1922, à l'âge de 19 ans. S'il a perdu presque une année à cause de sa santé, son intellect est resté aussi vigoureux que versatile.

Il a choisi comme matière principale la chimie, qui a alors sa préférence dans l'univers des sciences, même s'il est encore loin d'avoir trouvé sa voie. Il envisage peut-être une carrière d'ingénieur des mines ou d'enseignant, mais sans grand enthousiasme. On peut s'étonner de ce manque d'ambition et de motivation quand on connaît le parcours scientifique qui l'attend, mais le jeune homme est encore englué dans l'incertitude dans bien des domaines.

Il n'a rien perdu de son éclectisme érudit, et continue de se passionner pour les champs de connaissance les plus divers. Il est inscrit à pas moins de six cours, ce qui est le nombre maximal autorisé (le minimum étant de quatre) et il en suit encore plusieurs autres comme auditeur libre ! Outre deux cours dans sa matière principale, la chimie (analyse qualitative et chimie organique élémentaire) et deux en mathématiques (géométrie analytique et introduction au calcul différentiel), il s'est inscrit en rhétorique et rédaction anglaise, en prose et poésie française, ainsi qu'en histoire de la philosophie. Il apprécia particulièrement ce dernier cours et garda toute sa vie un goût marqué pour la réflexion philosophique, en particulier, mais pas exclusivement, en lien avec son activité scientifique.

Il continuait également de lire et d'écrire de la poésie régulièrement, souvent en vers libres et dans un style proche de celui de Thomas Stearns Elliot (1888-1965), un de ses poètes de prédilection à l'époque, dont le désenchantement résonnait avec son spleen adolescent. Durant sa première année d'étudiant, il rédigea aussi de nombreuses nouvelles, influencées par celles d'Anton Tchekhov (1860-1904) et de Katherine Mansfield (1888-1923) – une écrivaine britannique d'origine néo-zélandaise, proche de Virginia Woolf (1882-1941) qui avoua à son propos : « J'étais jalouse de son écriture, la seule écriture dont j'aie jamais été jalouse. » Il admire également Harvey Fergusson, le frère de son ami Francis, qui est déjà un écrivain reconnu. Il soumet régulièrement sa prose à la critique de Fergusson, ainsi qu'à celle de son ancien professeur Herbert Smith, les deux personnes au jugement desquelles il se fie le plus en matière de littérature comme en bien d'autres domaines. Leur approbation pour ses essais littéraires semble compter pour lui bien plus que sa réussite académique dans les disciplines scientifiques qui dominent son cursus. Leurs critiques et ses propres incertitudes finiront toutefois par l'éloigner de l'écriture, et il prendra conscience que là n'était pas sa vocation. D'une manière générale, il donne à cette époque l'impression d'un adolescent qui se cherche, indécis non seulement dans son orientation future, mais aussi dans sa personnalité intime. Dans ses lettres comme dans sa conversation, il s'exprime dans un langage très – parfois trop – recherché, adopte un ton emprunté, ampoulé, comme s'il essayait des masques, des personnages qui ne lui correspondent pas vraiment.

Il faut dire qu'après ses rencontres au Nouveau-Mexique, qui lui avaient permis de s'ouvrir au monde extérieur et de s'échapper de son cocon familial et intellectuel, ses années d'étudiant vont représenter une période de repli sur soi et une régression dans sa vie sociale.

Il intègre Harvard dans un contexte particulièrement tendu : le directeur de l'université, Abbott Lawrence Lowell, qui prétendait se soucier de la pérennité de l'institution, cherche alors à imposer un règlement limitant l'accès de l'établissement aux étudiants juifs. Son argumentation, pour le moins spécieuse pour ne pas dire hypocrite, peut se résumer ainsi : il ne souhaitait pas interdire l'accès de Harvard aux Juifs, mais si leur proportion venait à augmenter cela ferait fuir les « Anglo-saxons » ! Derrière un fait sociologique réel, qui correspond à l'accès aux études supérieures des descendants des émigrés juifs de la génération précédente (le pourcentage d'étudiants juifs inscrits à Harvard était passé de 10 à 20 % durant la décennie précédente), c'est bien le spectre du racisme et de l'antisémitisme qui anime ces mesures discriminatoires. S'il ne parvint pas à faire ratifier sa politique de quotas limitant l'admission des Juifs, il introduit un règlement obligeant les étudiants inscrits à renseigner l'administration sur leurs origines familiales et leur appartenance religieuse. Des pratiques que l'on retrouvera bientôt en Europe à une échelle et dans des circonstances plus dramatiques encore.

Portrait du physicien en jeune homme

Le jeune Robert Oppenheimer ne laisse quant à lui rien transpirer de cette atmosphère nauséabonde dans ses lettres. Rien d'étonnant quand on sait le rapport tendu et ambigu qu'il entretient avec sa judéité. Il a sûrement, serait-ce inconsciemment, souffert de cet antisémitisme larvé qui régnait sur le campus bostonien et dans toute la société américaine.

Dans la correspondance qu'il entretient avec ses amis, notamment avec son ancien professeur Herbert Smith, il ne laisse rien paraître et décrit une vie estudiantine insouciante et heureuse. La réalité est sans doute bien plus sombre.

Assez solitaire et plongé dans ses études, Oppenheimer parvient au moins à s'émanciper d'un nid familial aussi rassurant qu'étouffant. Sa personnalité commence à s'affirmer et présente bien des aspects excentriques. Son régime alimentaire est pour le moins particulier, et fort peu équilibré : il se compose presque exclusivement de chocolat, de bière et d'asperges, et son petit déjeuner de tartines de beurre de cacahuètes – une friandise qui restera un de ses péchés mignons. Sa seule détente consiste en de longues marches, à un rythme que ses amis peinent à suivre, le plus souvent de nuit et jusqu'à des heures tardives.

Robert Oppenheimer, à Harvard.

Physiquement non plus, Oppenheimer ne passe pas inaperçu, et son aspect frappe d'emblée ceux qui le côtoient. Toujours très maigre, il se déplace avec des mouvements secs et gauches, parfois presque enfantins. Il se démarque déjà par une beauté étrange et singulière. Un visage aux traits nettement découpés, aux pommettes saillantes, aux oreilles pointues et au nez sculpté, des yeux d'un bleu diaphane, tour à tour tristes et perçants, une touffe de cheveux bruns aussi durs à discipliner que son caractère ombrageux. Le portrait du jeune Oppenheimer brossé par ses proches ainsi que les quelques photos de cette époque montrent en effet combien son apparence pouvait – combinée évidemment avec un intellect en surchauffe et un tempérament tourmenté – participer à l'aura qui émanait déjà du futur physicien.

Frederick Bernheim, un étudiant en médecine qui fut son colocataire (à partir de leur seconde année d'études) et son plus proche ami durant son passage à Harvard, témoignera du caractère dominateur, exclusif et parfois même jaloux de son condisciple. Égocentrique, Robert lui imposait ses humeurs et ses envies, donnait le ton de leur vie estudiantine. Il avait décoré sa chambre avec un tapis oriental, des œuvres d'art empruntées à la collection de ses parents, et l'avait équipée d'un samovar à charbon dans lequel il préparait du thé à la russe. Possessif en amitié, il voyait également d'un très mauvais œil que Frederick pût entretenir des relations trop fréquentes, qu'elles soient amicales ou galantes. Bernheim avait l'impression qu'il tenait à les maintenir tous deux dans une « équipe », d'où tout étranger se voyait exclu – à une exception près toutefois.

Son seul autre ami proche pendant cette période fut en effet William Clouser Boyd, un « goy » du Missouri, qu'il rencontra en cours de chimie. Ayant vite repéré qu'il était le meilleur de leur classe dans cette matière, Oppenheimer soumettait ses devoirs à son approbation, ce qui irritait les autres étudiants. Boyd ne s'agaça pas de cet empressement et apprécia tout de suite les qualités de Robert. Il poursuivit par la suite une brillante carrière en immunochimie (l'étude de la chimie du système immunitaire) et écrivit également quelques nouvelles de science-fiction en collaboration avec sa femme

Lyle, sous le pseudonyme de Boyd Ellanby (à prononcer « L and B » pour Lyle et Bill – le diminutif de William). Une de ces nouvelles, parue en 1956 et intitulée *Chain Reaction*, « Réaction en chaîne », évoque un groupe de scientifiques attendant fébrilement de savoir si les calculs de l'un d'entre eux sont justes et si l'essai d'une nouvelle bombe va ou non conduire à la destruction totale de la planète… Avec une star du genre (lui aussi biochimiste de formation), Isaac Asimov (1920-1992), il cosigna également en 1955 un livre de vulgarisation sur les races et les peuples, dans lequel ils utilisent leurs connaissances en génétique pour déconstruire les théories et les préjugés racistes et antisémites.

Comme Oppenheimer et à la différence de Bernheim, Boyd avait déjà des centres d'intérêt très variés durant ses années d'études. Il lisait lui aussi de la poésie, y compris en français, et en écrivait également. Bernheim en revanche se sentait exclu des hauteurs lyriques où évoluaient ses deux compères, et s'agaçait même du snobisme avec lequel Robert aimait citer à la moindre occasion des passages de Baudelaire ou Verlaine. Il est cependant un célèbre vers de ce dernier qui ne devait guère rencontrer d'écho en lui : « De la musique avant toute chose », car ce champ artistique restait encore totalement étranger au jeune étudiant ! Mélomane passionné, Boyd parvenait-il tout juste à le traîner à l'opéra une fois l'an avec Bernheim que Robert quittait la salle avant la fin de la représentation, apparemment incapable de supporter une si longue exposition à l'art lyrique. Son condisciple en conclut avec dépit qu'Oppenheimer était décidément « amusical ». Herbert Smith s'étonna aussi de trouver en Robert « le seul physicien que j'aie connu qui ne soit pas aussi musicien ». Un autre ami, Jeffries Wyman, rencontré lors de sa deuxième année à Harvard, le décrivit également comme « aveugle à la musique ». Wyman rapporta même qu'Oppenheimer lui avait confié qu'il lui était réellement douloureux d'en écouter.

Durant cette première année à Harvard, Robert essaya bien de s'intégrer à la vie sociale et culturelle de l'université. Il participa un temps aux réunions du Club libéral des étudiants, où l'on débattait des questions politiques et sociales qui agitaient le pays et le campus, y compris les mesures discriminatoires visant à limiter l'admission des Juifs. Il avoua cependant s'être senti « comme un poisson hors de l'eau » dans ces assemblées dont il évoqua dans une lettre « la pomposité imbécile ». Il y fit néanmoins la connaissance d'un condisciple plus âgé, John Edsall, étudiant en troisième année de chimie, qui lui proposa de se joindre à lui dans un projet de nouveau journal étudiant. Nourri qu'il était de culture classique, c'est Oppenheimer qui en trouva le titre : *The Gadfly,* « Le Taon », en hommage à Socrate qui se comparait à cet insecte, venu piquer les Athéniens de ses questions dérangeantes pour les sortir de leur torpeur. Pour autant, cette publication, dont il était rédacteur en chef adjoint pour les deux premiers numéros et pour laquelle il rédigea quelques articles non signés, fut de courte durée et s'arrêta après sa quatrième parution. Il publia également quelques années plus tard des poèmes dans la tout aussi nouvelle, mais bien plus prestigieuse revue littéraire d'avant-garde de Harvard, *Hound and Horn*, « Le Chien de chasse et le Cor » – un titre inspiré par un vers du poème d'Ezra Pound (1885-1972) *The White Stag.*

La vie sociale très limitée de l'étudiant Oppenheimer lui laissait tout le loisir d'assouvir sa soif inextinguible de connaissances. William Boyd, qui lui rendait souvent visite dans le logement étudiant qu'il partagea avec Bernheim à partir de leur seconde année, remarqua cependant qu'il ne le voyait presque jamais à la tâche, et soupçonna que Robert prenait un soin particulier à ne pas se faire surprendre en plein travail, comme s'il voulait dissimuler son labeur ! Comme le violoniste virtuose du XIXe siècle Niccolò Paganini, qui se cachait pour travailler son instrument et ne répétait jamais en public afin d'entretenir la légende d'un génie inné et naturel, Oppenheimer semblait vouloir mystifier son entourage, mais personne n'en était dupe. On n'acquiert pas de tels trésors de connaissances sans passer de longues heures à besogner, plongé dans ses livres ou ses calculs. Durant son passage à Harvard, il engloutira ainsi les trois mille pages d'un grand classique de l'histoire antique, la monumentale *Histoire du déclin et de la chute de l'Empire romain* de l'historien anglais du XVIIIe siècle Edward Gibbon (1737-1794). Il fréquente alors assidûment la vaste bibliothèque du campus, qu'il dira plus tard avoir « pillée comme les barbares ont pillé Rome » ! Tout au plus s'y laisse-t-il distraire par un béguin platonique et secret pour une jolie voisine de table qui prépare une thèse sur Spinoza. S'il s'en ouvre dans ses lettres, il n'ose pas aborder la jeune fille, et sa vie amoureuse est à cette époque encore inexistante. On ne lui connaît aucune relation féminine, même amicale, pendant ses trois années d'étudiant. Selon ses deux camarades, Bernheim et Boyd, avec lesquels il formait un trio d'inséparables, aucun d'eux n'avait de relations féminines, trop absorbés qu'ils étaient par leurs études. Avec le style affecté et théâtral qui caractérise ses lettres de l'époque, Robert avoua à son ami Paul Horgan qu'il vivait « une expérience parfaitement méphistophélique », ajoutant, en français dans le texte : « Hélas, sans Marguerite ! »

Il faut dire que Robert avait d'autant plus besoin de travailler qu'un nouvel engouement était sur le point de dominer sa vie intellectuelle.

De la chimie à la physique

C'est pendant sa première année d'études à Harvard que s'opère un changement déterminant dans les intérêts scientifiques du jeune Oppenheimer. Bien qu'il se soit inscrit dans un cursus de chimie, c'est en effet la physique qui finit par avoir sa préférence. Cette évolution lui semblera plus tard tout à fait naturelle. L'étude de la thermodynamique – des échanges d'énergie sous ses différentes formes – ou de la théorie cinétique des gaz – l'explication de l'état et des caractéristiques d'un gaz par le traitement statistique du comportement des nombreux atomes ou molécules qui le composent –, des sujets abordés en chimie, avaient constitué le premier pas vers le monde de la physique. Tout en suivant les cours où il était inscrit, il avait ainsi commencé à se passionner pour les mystères de la physique, et à étudier seul les manuels traitant de cette branche des sciences.

Il soulignera plus tard, une fois parvenu au sommet de cette discipline, que sa formation en physique, et plus encore en mathématiques, avait été terriblement incomplète et bancale. Il est vrai qu'il n'avait pas suivi la « voie royale » vers les secrets de la matière et qu'il en garda de sérieuses lacunes, n'ayant pas acquis les bases dans tous les domaines de cette science. Malgré tout, ses ressources intellectuelles, sa puissance de travail peu commune et un indéniable culot lui permirent de rattraper son retard.

À l'issue de sa première année, il écrivit en effet à Edwin C. Kemble (1889-1984), au département de physique, pour lui demander l'autorisation de suivre son cours de thermodynamique avancée, qui était normalement réservé aux doctorants. Sa requête ne manquait pas d'aplomb, car en plus d'être seulement étudiant en deuxième année et donc pas encore diplômé, il n'avait suivi aucun cours élémentaire de physique pendant sa première année.

Pour justifier la mesure d'exception qui seule aurait pu le faire accepter, Robert dressa une liste d'une quinzaine d'ouvrages qu'il affirmait avoir lu. Celle-ci était impressionnante, non seulement par sa longueur, mais par la qualité et la difficulté des ouvrages cités. On y retrouvait des manuels de référence, publiés très récemment pour la plupart, et qui présentaient donc les toutes dernières avancées dans les principaux champs de la physique – notamment un imposant *Système de chimie physique* en trois volumes, dont le dernier était consacré à la théorie quantique, alors bourgeonnante. La liste contenait aussi des ouvrages classiques, qui faisaient la part belle à des réflexions sur la philosophie de la discipline. Cette bibliographie trahissait également son exceptionnelle aisance dans la pratique des langues étrangères. Elle contenait deux livres en allemand – dont celui d'Arnold Sommerfeld, *Structure atomique et raies spectrales* (1919), qui était alors une bible à la pointe de la révolution quantique – et un en français – *La Physique moderne, son évolution*, publié en 1906 par Lucien Poincaré (1862-1920), un scientifique certes moins connu que son célèbre cousin le mathématicien et physicien Henri Poincaré (1854-1912). Ces ouvrages n'avaient pas encore été traduits en anglais à cette date.

Oppenheimer avait-il vraiment lu intégralement tous ces textes ? Des erreurs ou des approximations dans les références des ouvrages permettent d'en douter, et pour certains il précise qu'il ne les a lus que « partiellement ». Peut-être a-t-il donc légèrement exagéré, « gonflé » la liste de titres qu'il n'avait fait que parcourir. Toujours est-il qu'il avait réellement assimilé les principaux développements de cette science vers laquelle l'orientaient ses envies, et son appétit de lecture en la matière était devenu proprement gargantuesque. Lors de ses vacances d'été, à l'issue de sa première année d'études, on pouvait souvent le voir à la proue de son cher *Trimethy* ancré dans la baie de Long Island, plongé dans la lecture d'un manuel de thermodynamique ou d'électromagnétisme dont il se délectait, et dont il conservera de longues années les exemplaires incrustés de sel.

Une révolution en marche

Durant cette deuxième année, marquée pour Oppenheimer par son changement d'orientation vers la physique, son ami Bernheim, avec qui il partageait désormais un appartement, le décrira comme absorbé en permanence dans de profondes réflexions, passant des soirées enfermé dans sa chambre à « essayer de faire quelque chose avec la constante de Planck ou quelque chose comme ça ». Si le passage de la chimie à la physique s'était surtout opéré pour lui via la thermodynamique, c'est bien la toute jeune théorie quantique qui l'intéressait maintenant en priorité.

Le grand physicien allemand Max Planck (1858-1947) lui avait donné – bien malgré lui ! – le coup d'envoi, en introduisant la notion de « quanta », ou « paquets » d'énergie, dans un article publié en 1900. Celui-ci essayait alors de résoudre un épineux problème de thermodynamique, celui dit du rayonnement du corps noir. Il s'agissait d'éclaircir les échanges d'énergie opérés dans la matière sous forme de chaleur et de lumière.

Le corps noir est un objet théorique, hypothétique, qui absorbe sans les réfléchir tous les rayonnements lumineux qu'il reçoit (c'est pourquoi on l'appelle « noir »). Toutefois, selon la température à laquelle il est chauffé, il émet en revanche de la lumière à différentes longueurs d'onde – ce qui se traduit par des variations de couleur quand on se situe dans les limites du spectre visible. Dans le monde réel, le corps noir peut être incarné par un four hermétiquement fermé et percé d'un minuscule trou, qui absorbe toute la lumière qu'il reçoit (ou en général les ondes électromagnétiques, dont la lumière visible n'est qu'un cas particulier), mais qui rayonne sous l'effet de la chaleur. Seulement, le modèle théorique alors en usage prédisait pour ce corps noir des résultats aberrants : à mesure que l'on s'approchait des longueurs d'onde les plus courtes (qui correspondent au rayonnement ultraviolet), l'énergie correspondante s'envolait exponentiellement vers des valeurs infinies, ce qui est évidemment physiquement impossible. Ce phénomène, baptisé « catastrophe ultraviolette », trahissait une divergence entre la théorie et les résultats expérimentaux. En 1900, Planck proposa donc un autre modèle mathématique pour rendre compte du spectre d'émission du corps noir et résoudre ce dilemme. C'est dans sa formule que l'on retrouve la constante à laquelle il légua son nom, notée « h », et qui accapara tant Oppenheimer pendant ses années d'études à Harvard.

L'article de Planck bousculait une notion fondamentale pour les physiciens de l'époque, qui la considéraient comme une règle d'or inviolable : la continuité de l'énergie, selon laquelle celle-ci pouvait prendre toutes les valeurs possibles. Or avec son idée du « quantum », une quantité d'énergie en quelque sorte indivisible, Planck impliquait que l'énergie s'échangeait par « paquets », qui ne pouvaient prendre que certaines valeurs définies (des multiples de sa constante *h*). Lui-même ne l'avait conçue à l'origine que comme un artifice de calcul, une astuce mathématique pour sortir de l'impasse posée par le spectre de rayonnement du corps noir. L'étape suivante avait alors été franchie en 1905 par Albert Einstein (1879-1955), quand il se pencha sur l'effet photoélectrique. Il s'agit de l'émission d'électrons par certains métaux lorsqu'ils sont exposés à la lumière à des longueurs d'onde définies. C'est sur ce phénomène que se base notamment la technologie des cellules photovoltaïques – l'électricité n'étant rien d'autre qu'un flux d'électrons. Reprenant à Max Planck la notion de *quanta* (le pluriel de *quantum*), Einstein eut l'audace de l'appliquer à la lumière.

L'idée d'Einstein, selon laquelle la lumière elle-même pouvait se présenter sous forme de quantas ou de grains – que l'on ne baptisa que bien plus tard « photons » – fut loin de faire l'unanimité. Il faut dire qu'elle remettait en question la représentation alors dominante, qui voyait la lumière comme une onde, et non un faisceau de particules. Or ce consensus sur la nature ondulatoire de la lumière avait été précédé par une très longue controverse entre la théorie corpusculaire, défendue principalement par Newton, et le modèle ondulatoire, introduit par le savant néerlandais Christiaan Huygens

(1629-1695) avant d'être développé par l'Anglais Thomas Young (1773-1829) puis le Français Augustin Fresnel (1788-1827). Alors que les physiciens étaient à peu près tombés d'accord pour considérer la lumière comme une onde, Einstein vint tout chambouler. Non seulement il remettait la théorie corpusculaire en lice, mais il compliquait encore la donne, car la conclusion à laquelle aboutira finalement sa découverte fut que la lumière était à la fois une onde et un flot de particules. Selon les cas et les dispositifs expérimentaux mis en place pour l'observer, elle pouvait se présenter successivement sous l'un ou l'autre de ces deux aspects ! Quand Einstein avance cette idée des grains ou quanta de lumière, elle est très mal accueillie. En 1913, dans une lettre de recommandation rédigée par Max Planck (pourtant à l'origine de la révolution quantique !) et quelques autres confrères pour appuyer la candidature d'Einstein à l'Académie des sciences de Berlin, l'éloge du génie de la physique se nuance d'un seul bémol :

> « Il est vrai qu'il a parfois manqué le but dans ses spéculations, par exemple avec son hypothèse des quanta lumineux ; mais on ne saurait lui en faire le reproche, car il n'est pas possible d'introduire des idées réellement nouvelles, même dans les sciences les plus exactes, sans parfois prendre des risques. »

Le physicien danois Niels Bohr (1885-1962), qui tenait pourtant Einstein en haute estime, remit quant à lui en cause la réalité des quanta lumineux jusqu'en 1924 (mais pour d'autres raisons).

L'atome coupable

C'est cependant le même Bohr qui franchit le pas suivant vers ce que l'on appela la première révolution de la physique quantique. Ses travaux portaient sur un sujet dont les développements et les répercussions dramatiques sur l'histoire seraient intimement liés à la vie d'Oppenheimer : la structure de l'atome.

Bien que cela puisse paraître surprenant, l'idée même que la matière était constituée de corpuscules de taille infinitésimale, les atomes, n'avait été largement acceptée que très récemment par la communauté scientifique. Comme nous l'apprend son origine grecque (le préfixe privatif *a-* précédent la racine *tomos*, « coupé »), le mot *atome* signifie « qui ne peut pas se couper ». L'atome serait donc l'unité fondamentale, la brique indivisible de la matière, laquelle serait constituée par toutes ses possibles combinaisons.

L'idée remontait certes aux philosophes de l'Antiquité grecque, mais elle n'avait été défendue et diffusée depuis que sous sa forme initiale, celle d'une intuition philosophique certes géniale, mais sans étayage expérimental. Succédant à cet atomisme philosophique (celui de Leucippe et Démocrite, repris par Épicure, Lucrèce, puis bien plus tard, entre autres, par Gassendi), l'atomisme scientifique fut initié au début du XIXe siècle par le chimiste britannique John Dalton (1766-1844). Il fallut en revanche attendre le début du XXe siècle pour que la doctrine atomiste triomphe de ses adversaires, les équivalentistes, qui refusaient de croire à l'existence d'atomes que personne ne pouvait voir. On date généralement cette victoire en 1913, année qui voit la parution d'un livre intitulé *Les Atomes*, où le physicien français Jean Perrin (1870-1942) récapitule tous les arguments et les résultats expérimentaux à l'appui de la théorie atomiste – en particulier les recherches menées par un certain Albert Einstein sur le mouvement des atomes ou mouvement brownien et publiées en 1905.

À peine avait-on eu le temps de se faire à l'idée que la matière était constituée d'atomes – que l'on se représentait alors plus ou moins comme de minuscules billes – qu'il fallut se rendre à l'évidence : les atomes n'étaient pas « a-tomes » (indivisibles), puisque ces corpuscules étaient à leur tour « coupables » ! Le premier scientifique à franchir ce pas, à ouvrir les portes d'un monde encore plus petit que l'atome en dévoilant les étranges structures qu'il recèle, fut le Britannique Joseph John Thomson (1856-1940). Il étudiait ce que l'on appelait alors les rayons cathodiques. Ces rayons sont produits dans des tubes cathodiques, où un courant électrique traverse un espace vide entre le pôle négatif, ou l'anode, et le pôle positif, ou cathode, et ressort par un trou percé dans cette dernière, d'où leur nom. Lors de ses recherches, il découvrit en 1897 la première de ces particules que l'on appela plus tard « subatomiques » (plus petite que l'atome) : l'électron. Il parvint à estimer la charge de cette particule, ainsi que sa masse, infinitésimale – plus de deux mille fois inférieure à celle de l'atome d'hydrogène, le plus léger de tous les éléments. L'électron étant porteur d'une charge négative, alors que l'atome dans son ensemble est électriquement neutre, il pensait qu'il était serti dans une masse atomique chargée positivement. Pour décrire la façon dont il se représentait l'agencement des électrons dans « son » atome, Thomson utilisa une image très concrète : celle de pruneaux également répartis dans un pudding ! C'est pourquoi ce premier modèle atomique de l'histoire fut surnommé le modèle *plum pudding*, « pudding aux prunes ».

Ernest Rutherford, le père de la physique nucléaire, prix Nobel de Chimie en 1908.

En 1911, Ernest Rutherford (1871-1937), un ancien étudiant de Thomson, avait remis en question son modèle atomique par une série d'expériences montrant que les électrons ne pouvaient être intégrés dans le noyau comme des pruneaux dans un pudding, mais qu'ils orbitaient autour d'un noyau atomique chargé positivement. Néo-Zélandais naturalisé Anglais et devenu un des plus grands scientifiques de Grande-Bretagne, Rutherford travaillait depuis plusieurs années sur les différents rayonnements constituant la radioactivité découverte par Henri Becquerel et les époux Curie en 1896.

Considéré comme le père de la physique nucléaire, Rutherford fut donc également le découvreur du noyau atomique lui-même, qui donna son nom à cette branche de la physique. Il avait aussi été lauréat du prix Nobel de chimie en 1908 pour avoir montré que la radioactivité provoque une désintégration des éléments. Il proposa donc un nouveau schéma pour décrire la structure de l'atome, le modèle dit « planétaire », dans lequel les électrons gravitent autour du noyau atomique comme des planètes autour de leur étoile. La taille d'un atome est déterminée par les orbites décrites par ses électrons, mais l'essentiel de sa masse est concentré dans le noyau lui-même, extrêmement dense et incomparablement petit par rapport à la taille globale de l'atome (bien qu'énormément plus grand que chaque électron pris individuellement). Par comparaison, si la taille de l'atome entier était rapportée à celle d'un terrain de golf, le noyau aurait la dimension de l'un des trous du parcours !

Néanmoins, le modèle planétaire de l'atome de Rutherford présentait encore de sérieuses lacunes. Il entrait surtout en contradiction avec deux des principes fondamentaux de la physique telle qu'on la connaissait alors. Si les électrons décrivaient un mouvement circulaire autour du noyau atomique, c'est – selon les lois du mouvement énoncées par Isaac Newton (1643-1727) – qu'ils subissaient une accélération. Cependant, d'après les équations de l'électromagnétisme établies au XIXe siècle par James Clerk Maxwell (1831-1879), une charge électrique ainsi accélérée perdrait de l'énergie sous forme de rayonnement, et finirait par « retomber » sur le noyau, d'autant plus qu'elle serait attirée par la charge positive de ce dernier. L'atome décrit par le modèle planétaire de Rutherford aurait donc été instable, ce qui n'était pas le cas des atomes réels.

C'est Niels Bohr, un jeune physicien danois venu travailler d'abord avec Thomson à Cambridge puis dans le laboratoire de Rutherford à Manchester, qui eut en 1914 une idée radicale pour sortir de cette impasse : au lieu de rafistoler le modèle de Rutherford, il changea carrément… les lois de la physique ! C'est donc en s'inspirant des travaux de Planck et d'Einstein que Bohr proposa son modèle atomique, qui assignait à chaque électron un « niveau d'énergie », correspondant à une « orbitale » autour du noyau atomique. Ces orbites correspondaient à un état énergétique stable, c'est seulement lorsque les électrons « sautaient » de l'une à l'autre qu'ils absorbaient ou émettaient de l'énergie sous forme de lumière. « Sauter » est bien le mot juste, car en contradiction avec tous les principes admis de la physique classique, les électrons passaient instantanément d'une orbite à l'autre, sans traverser à aucun moment l'espace qui les séparait ! Son modèle planétaire de l'atome, qui gardait un pied dans la physique classique et en hasardait un autre dans la terre inconnue du monde quantique, permettait ainsi de rendre compte du spectre d'émission et d'absorption de l'atome d'hydrogène, le plus simple qui existe. Aux longueurs d'onde reçues ou rayonnées correspondait le saut des électrons d'un niveau d'énergie à un autre, d'une orbite à une autre, proportionnellement à la constante de Planck – qui semblait décidément bien plus qu'une simple astuce mathématique…

C'est ainsi que Bohr fit un pas de plus sur le chemin de la « nouvelle physique », la physique quantique. Son modèle fut amélioré par la suite par l'Allemand Arnold Sommerfeld (1868-1951), dont Oppenheimer, si l'on en croit sa liste d'ouvrages qu'il avait transmise à Kemble, avait lu le livre dans sa langue originale.

En 1923, quand Oppenheimer fit une entrée aussi soudaine que fracassante sur le théâtre de la physique, la première vague de la théorie quantique était donc en plein bouillonnement. Pour autant elle n'avait pas encore atteint son apogée. Après les travaux pionniers de Planck puis d'Einstein, les recherches sur la structure de l'atome de Bohr avaient à leur tour soulevé une série de questions dont la résolution allait faire basculer le monde de la physique en mettant la mécanique – ou physique – quantique sur le devant de la scène.

En 1923, Oppenheimer assista d'ailleurs aux deux conférences que Niels Bohr donna à Harvard et qui le laissèrent émerveillé. Bohr, fraîchement auréolé de la gloire de son prix Nobel de physique, qu'il avait remporté l'année précédente pour ses travaux sur la structure de l'atome, était déjà, selon Percy Bridgman, « idolâtré comme une divinité scientifique dans toute l'Europe ». Il fit une très forte impression sur tous les étudiants et les professeurs présents, mais particulièrement sur Robert, qui dira plus tard qu'il « serait difficile d'exagérer » à quel point il le « vénère ». Sans doute plus que pour tout autre physicien, il éprouva toute sa vie une admiration sans bornes pour le « maître de Copenhague » qui fut un des fers de lance de la révolution quantique. Il faut dire que le tempérament du Danois avait tout pour le séduire : féru de philosophie, Bohr aimait questionner, provoquer, manier les paradoxes et penser hors des sentiers battus. Il incarnait pour le jeune étudiant américain cette nouvelle physique qui remettait en question jusqu'aux fondements de la science classique.

La physique à Harvard

Malgré son jeune âge (34 ans à l'époque où Oppenheimer commence à suivre son enseignement), Edwin Kemble était le seul vrai physicien théoricien à Harvard, et le seul à être au fait de la doctrine qui révolutionnait alors le monde de la physique : la mécanique quantique. Oppenheimer n'avait pas envoyé sa missive au hasard, et c'est vers les développements les plus récents de cette science qu'il était attiré. Son coup de bluff fut payant : à l'issue d'une réunion du département de physique, on lui accorda une dérogation pour suivre le cours de « Physique 6a », sans avoir auparavant, comme l'exigeait le règlement, complété celui de « Physique C » prévu pour la dernière année de préparation au diplôme. Comme il l'apprendra des années plus tard, un des chercheurs présents, George Washington Pierce, aurait déclaré à la lecture de sa lettre : « S'il prétend avoir lu tous ces livres, c'est certainement un menteur, mais on devrait lui décerner un doctorat pour en connaître les titres ! »

Non seulement Oppenheimer fut autorisé à suivre des cours réservés à l'élite des physiciens du campus, où tous les élèves étaient bien plus âgés et pratiquaient la discipline depuis au moins quatre ans, mais loin d'être dépassé il releva le défi, au point d'en devenir bientôt l'un des plus brillants participants. Il n'en abandonna pas pour autant ni sa matière d'origine ni ses autres centres d'intérêt : pour cette deuxième année à Harvard, il s'inscrivit à pas moins de trois cours de chimie, deux de mathématiques et continua à étudier le français et la philosophie.

Expérience et théorie

Aux côtés de Kemble, le théoricien, l'autre pièce maîtresse du département de physique de Harvard était Percy Bridgman (1882-1961), dont le talent résidait plutôt dans l'art de l'expérimentation. Il remporta en 1946 le prix Nobel de physique pour ses travaux sur les hautes pressions.

Cette distinction entre expérimentateurs et théoriciens, qui devenait de plus en plus marquée en ce début de XXe siècle, n'est peut-être pas évidente à comprendre pour un œil extérieur au monde scientifique. Les physiciens observent des phénomènes (notamment en astronomie), mais souvent aussi les provoquent dans le cadre de leurs expériences. Ils peuvent ainsi en maîtriser les conditions et en mesurer les résultats plus efficacement, et les reproduire à volonté. Ils cherchent ensuite à rendre compte de ces résultats en mettant en évidence les relations mathématiques qui les unissent, confiants dans le fait que, selon le célèbre mot de Galilée, le « livre de la nature » est « écrit en langage mathématique ».

Longtemps, il était impensable qu'un scientifique ne combine pas ces deux talents, car il devait concevoir et réaliser ses propres expériences, et en proposer une interprétation pertinente s'il voulait qu'elles soient remarquées par ses confrères. Or, dans le domaine de la physique, les deux facettes du génie scientifique tendaient à se dissocier. Certes, les grands noms qui s'illustrèrent dans cette science jusqu'au début du XXe siècle étaient encore des savants « complets », expérimentateurs ingénieux et habiles autant que théoriciens pénétrants. La complexité technique croissante des appareillages expérimentaux, les connaissances pratiques et le savoir-faire qu'ils exigeaient contribuaient à rendre l'activité expérimentale de plus en plus spécialisée. D'autre part, la sophistication des outils mathématiques grâce auxquels les résultats des expériences étaient interprétés dans le cadre des nouvelles théories exigeait de certains esprits scientifiques qu'ils se consacrent exclusivement à cette recherche « sur le papier ».

À l'époque où Oppenheimer faisait ses brillants débuts en tant que physicien, il n'était pas encore évident de choisir entre ces deux rôles, et le jeune Américain l'apprit à ses dépens. Si c'est vers Kemble qu'il s'était tourné pour l'assister dans sa conversion à la physique, c'est l'enseignement de Bridgman qui le marqua le plus lors de ses deux dernières années à Harvard. Pourtant s'il lui avait fallu choisir un camp, Oppenheimer était résolument du côté des théoriciens, car si son intellect impressionnait ses professeurs, il n'avait rien d'un « manuel » et ses travaux pratiques étaient souvent calamiteux. Ainsi lorsque Bridgman, qui le tenait en haute estime, le chargea d'une expérience qui nécessitait de réaliser un alliage de cuivre et de nickel, il s'avéra incapable de « distinguer les deux extrémités d'un fer à souder » !

Bridgman avait beau être avant tout un expérimentateur, il avait aussi une vision philosophique de son travail de physicien. Il prônait notamment une théorie de la connaissance scientifique appelée « opérationnalisme » (ou « opérationnisme ») qu'il exposa dans deux ouvrages, *L'Analyse dimensionnelle* (1922) et *La Logique de la physique moderne* (1927). Le principe de cette philosophie de la science est proche de celui du positivisme, un courant de pensée lancé au XIXe siècle par le Français Auguste Comte (1798-1857), qui récusait toute prétention métaphysique et estimait que l'homme doit s'en tenir à ce qu'il peut observer. Selon Bridgman, le physicien devait de même définir les concepts de sa science en termes opérationnels, c'est-à-dire comme le résultat possible d'une série d'opérations (mesures, expériences), au lieu de postuler l'existence d'entités hypothétiques. Comme nous le verrons, cette façon de penser exerça une influence déterminante sur les pionniers de la physique quantique qu'Oppenheimer devait rejoindre et côtoyer quelques années plus tard. La vision de la science de son maître à Harvard le prépara donc à accueillir les bouleversements en cours dans la discipline qui avait maintenant sa préférence.

S'il fut très impressionné par ses capacités, Bridgman ne se prit pas réellement d'affection pour le jeune Oppenheimer, qui pouvait se montrer d'une suffisance des plus désagréables. Lors d'une de ses rares visites à son professeur, alors que celui-ci lui montrait avec fierté la photographie d'un temple prise en Sicile, qu'il lui disait dater de 400 av. J.-C., Robert lui rétorqua assez sèchement que les lettres gravées sur la colonne indiquaient qu'il avait été construit au moins un demi-siècle plus tôt !

Sa passion fulgurante pour la physique n'apaisa pas la curiosité d'Oppenheimer pour les autres disciplines. Lors de sa dernière année à Harvard, il suivit notamment un cours de philosophie des sciences dispensé par Alfred North Whitehead (1861-1947). Avant de se consacrer à la philosophie et de s'installer aux États-Unis, ce mathématicien et logicien britannique avait signé avec son ancien étudiant Bertrand Russell les *Principia Mathematica* (1910-1913), une somme en trois volumes où ils cherchaient à déduire tous les théorèmes de l'arithmétique à partir de règles logiques élémentaires. Robert admirait beaucoup Russell, qu'il côtoya par la suite et qui devait aussi jouer un rôle de premier plan dans la lutte contre la prolifération nucléaire. Quand il rejoignit le cours de Whitehead en 1924, ce dernier venait de prendre son poste à Harvard et enseigna devant une audience on ne peut plus clairsemée, puisqu'un seul autre étudiant y était inscrit ! Oppenheimer dit cependant avoir particulièrement apprécié ce cours, où le coauteur des *Principia* « à la fois professeur et étudiant » redécouvrait avec ses élèves cet ouvrage devenu une référence et qu'il disait avoir oublié.

Malgré ce voyage au cœur des fondements mêmes des mathématiques, le niveau d'Oppenheimer dans cette matière, bien qu'honorable, laissait encore à désirer sur bien des points, et resta un de ses principaux points faibles lors de ses débuts de physicien. Que l'on ne s'y trompe pas toutefois : il n'est pas possible d'atteindre un tel niveau dans les sciences physiques sans posséder de vastes connaissances mathématiques et une grande maîtrise des objets et opérations propres à cette matière. Mais certains physiciens sont plus mathématiciens que d'autres et manient avec plus d'aisance les outils mathématiques de pointe nécessaires à aborder certains domaines de la physique.

En juin 1925, Robert obtint son diplôme de *Bachelor of Arts*, qui sanctionnait le premier cycle universitaire (l'équivalent de notre actuel master), avec toujours la chimie comme matière principale. Il avait terminé son cursus en trois ans, au lieu des quatre habituels, et obtenu une mention très honorable, *Summa cum laude*, la plus élevée possible.

Le trio formé par Oppenheimer, Bernheim et Boyd célébra leur triple réussite à l'examen par des libations à l'alcool de laboratoire, car la loi sur la prohibition était encore en vigueur. Si ses deux acolytes se saoulèrent copieusement, Robert se contenta d'un verre et partit se coucher.

Outre-Atlantique

Son diplôme en poche, Oppenheimer décida de poursuivre son travail à Cambridge, mais cette fois-ci de l'autre côté de l'Atlantique, dans la prestigieuse ville universitaire anglaise, homonyme de celle où il venait de passer trois ans. Il souhaitait étudier sous la supervision du grand Ernest Rutherford, au sein du non moins célèbre laboratoire Cavendish, à la direction duquel il avait succédé à son ancien maître, J. J. Thomson.

Si les goûts et le talent du jeune Robert inclinaient déjà très nettement vers le travail théorique, pourquoi avoir choisi ce temple de la physique expérimentale qu'était le Cavendish de Rutherford ? Les raisons de ce choix ne sont peut-être pas d'ordre strictement scientifique. Deux des rares connaissances qu'il avait liées à Harvard, John Edsall et Jeffries Wyman, étudiaient désormais à Cambridge. Surtout son plus cher ami, Francis Fergusson, avait obtenu une prestigieuse bourse d'études à Oxford – la seconde grande ville universitaire d'Angleterre, rivale de Cambridge –, où il était parti dès la seconde année d'études d'Oppenheimer. Son désir de retrouver des têtes connues, en particulier celui qui était pour lui non seulement un camarade très proche, mais un modèle, est peut-être passé avant les considérations purement académiques et les plans de carrière. Quitte à choisir l'Angleterre, c'est le laboratoire Cavendish et l'équipe de Rutherford qui lui semblèrent être le plus « au cœur des choses ».

Le choix de Cambridge n'était cependant pas des plus judicieux, comme la suite des événements allait bientôt le confirmer. Une lettre de recommandation adressée par Bridgman à Rutherford trahit son embarras face aux talents très limités de son protégé dans un domaine qui était de toute évidence son talon d'Achille : « Sa faiblesse se situe du côté expérimental. Son type d'esprit est plus analytique que physique, et il n'est pas à l'aise dans un laboratoire. »

Si l'on ne peut nier l'honnêteté de Bridgman, c'est une bien étrange lettre de recommandation qu'il rédigea pour son étudiant, sachant l'importance que revêtait l'expérimentation pour Rutherford ! Il y ajoute une remarque qui traduit bien l'atmosphère nauséabonde de l'époque : « Comme son nom le laisse entendre, Oppenheimer est juif, mais il est entièrement exempt des traits habituels de sa race. »

Si de tels propos nous choquent aujourd'hui à juste titre, ils ne sont pas nécessairement l'expression d'un antisémitisme profond de la part du professeur de Harvard. Dans le contexte de l'époque, où les sentiments antijuifs prenaient de l'ampleur aussi bien aux États-Unis qu'en Europe, Bridgman avait sans doute cru bien faire en allant au-devant d'une possible réaction discriminatoire de la part de Rutherford – à tort, car le grand physicien anglo-néo-zélandais n'a jamais fait preuve de tels préjugés.

Est-ce à cause de cette lettre de recommandation maladroite à la prudence excessive ou parce que, comme il le crut par la suite, Rutherford n'appréciait guère Bridgman, toujours est-il qu'au retour de ses vacances, passées principalement au Nouveau-Mexique, une mauvaise surprise attendait Oppenheimer. Il était bien admis au Christ's College de Cambridge, mais ce n'est pas sous la direction de Rutherford qu'il allait travailler. Son départ pour la Grande-Bretagne ne s'annonçait pas sous les meilleurs auspices…

Chapitre 3

AU BORD DE LA FOLIE : LA CRISE DE CAMBRIDGE

Au laboratoire Cavendish de Cambridge en Angleterre, où il poursuit ses études de physique, Oppenheimer va vivre une des périodes les plus difficiles de sa vie et traverser une grave crise psychologique, avant de trouver enfin sa vraie voie en se plongeant dans l'étude de la théorie quantique.

Faire ses preuves

L'arrivée d'Oppenheimer à Cambridge, le 16 septembre 1925, s'effectue donc dans une atmosphère en demi-teinte. Il est bien admis au prestigieux laboratoire Cavendish, qui est à l'époque à la pointe de la recherche en physique. Fondé en 1874 par le duc William Cavendish, son premier directeur avait été le grand James Clerk Maxwell, dont la plus éclatante réalisation scientifique fut d'unifier les phénomènes de l'électricité et du magnétisme sous un même ensemble d'équations, définissant les lois d'une nouvelle branche de la physique : l'électromagnétisme.

« Le Cavendish » était depuis lors un centre pionnier, où avaient été effectuées presque toutes les grandes découvertes en physique atomique (l'étude des atomes), puis nucléaire (celle des noyaux atomiques, et plus généralement des particules subatomiques). Après celle de l'électron par Thomson, Rutherford y avait notamment identifié les rayonnements α et β, deux formes d'un phénomène qui avait bouleversé la science à la fin du XIXe siècle : la radioactivité.

Suite à la découverte en 1895 des rayons X (qui traversent la peau et les muscles, mais pas les os) par l'Allemand Wilhelm Röntgen (1845-1923), c'est le chimiste français Henri Becquerel (1852-1908) qui avait observé en 1896 les étranges propriétés des sels d'uranium. Ils produisaient une fluorescence spontanée accompagnée de l'émission de radiations qui noircissaient des plaques photographiques n'ayant pourtant pas été exposées à la lumière. Les époux Pierre et Marie Curie avaient poursuivi l'étude de ce phénomène et découvert d'autres éléments présentant cette même propriété, qui reçut le nom de radioactivité. Parmi les différents types de radiations identifiés, Rutherford démontra en 1898 que les rayons α étaient en réalité un flux de noyaux d'hélium (formés de deux protons et deux neutrons. Ce fait ne sera cependant connu qu'après la découverte de ces deux particules subatomiques, le proton en 1919 par Rutherford lui-même, et le neutron en 1932 par son collaborateur James Chadwick, toujours au laboratoire Cavendish). Quant aux rayons β, ils sont pour leur part constitués d'électrons.

Mais le souhait d'Oppenheimer de travailler sous la direction du grand Ernest Rutherford n'a pas été exaucé, le physicien ayant décliné sa requête, prétextant qu'il avait déjà « beaucoup d'excellents candidats » à des postes de recherche. C'est finalement l'ancien mentor de Rutherford, J. J. Thomson, qui accepte de le prendre sous son aile. Certes, Thomson était lui aussi un éminent scientifique : c'est lui qui avait découvert l'électron et démontré le premier que l'atome, contrairement à ce que signifie son nom, n'est pas une unité indivisible, mais qu'il est lui-même composé de particules encore plus petites. Il avait été lauréat du prix Nobel de physique en 1906.

Cependant, quand Robert rejoint son équipe, Thomson est un physicien plutôt sur le déclin. Âgé de 70 ans, il n'est plus en position de « lancer » un jeune chercheur placé sous sa direction. Depuis que son ancien élève Rutherford lui avait succédé au Cavendish en

1919, il pouvait certes poursuivre ses propres expériences, mais il n'était plus à la pointe de l'innovation dans sa discipline, dont il ne comprenait ni ne suivait tout à fait les derniers développements et les rapides bouleversements.

À cette déception s'ajoute une autre déconvenue. Admis au très prestigieux Christ's College, un des collèges universitaires les plus réputés de Cambridge, Oppenheimer ne l'est pas en qualité d'étudiant diplômé (*graduate student*), mais comme étudiant préparant son diplôme de premier cycle (*undergraduate)*, sans doute parce qu'il est diplômé en chimie et non en physique. Le responsable des admissions du Christ's College lui précise qu'il pourra en cours d'année être compté parmi les étudiants diplômés, s'il a entre-temps apporté une contribution originale dans le domaine de la recherche. En d'autres termes, il doit faire ses preuves, ce qui ajoute à la pression croissante qu'il ressent depuis son arrivée.

Si Thomson a accepté de le patronner, c'est en revanche sous la supervision d'un autre chercheur qu'il va surtout travailler : Patrick Blackett (1897-1974), alors un jeune physicien prometteur. Expérimentateur particulièrement brillant, Blackett avait réussi à produire l'année précédente des clichés photographiques saisissants de la transmutation de l'azote en oxygène par bombardement de particules α (de noyaux d'hélium). Il avait également passé l'année universitaire 1924-1925 à l'université de Göttingen, d'où il était revenu plein d'enthousiasme pour la théorie quantique en pleine effervescence. Personnalité charismatique, aux idées socialistes, il est alors la coqueluche du laboratoire et forme avec sa femme un des couples les plus appréciés du campus. Il sera lauréat du prix Nobel de physique en 1948, et anobli sous le titre de baron en 1969.

S'il dira plus tard avoir « beaucoup apprécié » Blackett quand il fit sa connaissance, Oppenheimer s'avère décidément peu doué pour le travail expérimental que lui confie ce dernier. Maladroit et empoté face aux difficultés techniques, il ne manifeste surtout aucun intérêt pour cet aspect de la science. Il est notamment chargé de produire des feuilles minces de béryllium (un métal léger), qui s'obtiennent au terme d'un processus long et éreintant. Ce travail préparatoire n'a rien d'une corvée inutile, car c'est notamment en bombardant de particules α des feuilles extrêmement fines de mica, puis d'or, que Rutherford et son équipe ont démontré l'existence des noyaux atomiques. Les particules traversaient pour la plupart les feuilles sans être détournées de leur trajectoire, mais quelques-unes étaient déviées avec des angles très nets. Ces dernières étaient en fait celles qui avaient heurté les noyaux atomiques, les autres « passant » entre ceux-ci et les nuages d'électrons qui les entourent. C'est ainsi que fut démontré un fait encore propre à susciter l'étonnement : la matière est principalement constituée de vide !

Mais ce méticuleux travail de laboratoire met les nerfs de Robert à rude épreuve. Abandonnant ses habituels exercices de virtuosité épistolaires et son style fleuri, il écrit à Fergusson, retourné de son côté à Oxford :

> « Je passe un très mauvais séjour. Le travail de labo est terriblement ennuyeux, et j'y suis si mauvais qu'il m'est impossible d'avoir l'impression d'apprendre quoi que ce soit. »

À l'ennui s'ajoute un cuisant sentiment d'infériorité face au niveau et à la polyvalence des étudiants et chercheurs de Cambridge, tous « extraordinairement doués pour souffler le verre et résoudre des équations différentielles », et dont les « standards d'excellence académique dépeupleraient Harvard en une nuit ». Il semblait aussi souffrir de la pression – réelle ou fantasmée ? – exercée sur lui par Blackett. Si celui-ci était sans doute un tuteur exigeant, et sans ménagement face à ses lacunes dans le domaine expérimental, c'est surtout Robert qui cristallisa sur sa personne son sentiment d'échec.

Les deux cultures

Tout avait pourtant bien commencé à son arrivée en Angleterre. Il y avait retrouvé Francis Fergusson, son plus vieil et certainement son plus cher ami. Avant de prendre ses quartiers à Cambridge, il avait visité avec lui les verts paysages des Cornouailles. Celui qui lui avait fait découvrir les beautés et les joies du Nouveau-Mexique lui servait de nouveau de guide dans la vieille Europe, qu'il ne connaissait que par ses visites en Allemagne chez son grand-père.

Depuis deux ans déjà, Fergusson étudiait à Oxford, la rivale jumelle de Cambridge. Robert avait toujours admiré Francis, mais tout semblait alors réuni pour qu'il se sente plus que jamais rabaissé face à son camarade. Il admirait et enviait même peut-être le choix qu'avait fait ce dernier de s'orienter vers des études de lettres, abandonnant la biologie qui était sa matière principale à Harvard. Oppenheimer avait toujours aimé louvoyer entre sciences et littérature, et s'il semblait avoir abandonné ses velléités d'écriture, il en gardait sûrement un certain regret, bien qu'il fût resté un lecteur avide de romans, de nouvelles et de poésie.

À la même époque, un autre étudiant au « Christ's » de Cambridge partageait la passion pluridisciplinaire d'Oppenheimer, de Fergusson et de nombre de ses amis, et allait même en devenir quelques années plus tard le plus fervent défenseur et pour ainsi dire le symbole. Charles Percy Snow (1905-1980) était alors doctorant en physique et devint par la suite chercheur en chimie physique – un domaine qui intéressa toujours Oppenheimer, qui avait gardé le goût de ses premières amours de chimiste. Parallèlement à son travail scientifique, Snow fut également un romancier apprécié, auteur d'une série de romans mettant en scène des personnages d'intellectuels et de scientifiques, inspirés de ses expériences et de ces connaissances dans ces milieux. Il prononça en 1959 une conférence intitulée « Les Deux Cultures », dont le texte fut publié peu après, et dans laquelle il déplorait le cloisonnement croissant entre les sciences et les belles-lettres, et appelait de ses vœux une éducation qui concilierait ces deux branches complémentaires de la culture. Face à la spécialisation bornée et étriquée, il pensait qu'il était aussi important pour un « honnête homme » et à un bon citoyen de connaître la seconde loi de la thermodynamique que les drames de Shakespeare.

Snow était un proche ami de Patrick Blackett, le tuteur de recherches de Robert, et il s'en inspira pour camper un des personnages de sa série romanesque. Si rien n'indique qu'Oppenheimer l'ait quant à lui fréquenté, il aurait très certainement aimé combiner selon son souhait les deux cultures, scientifique et littéraire. Or s'il avait choisi la première de ces deux grandes branches du savoir – dans laquelle, nous l'avons vu, il était alors loin d'être épanoui –, son ami Fergusson côtoyait les milieux littéraires avant-gardistes.

Il était notamment introduit dans le groupe de Bloomsbury, qui gravitait autour de la grande romancière Virginia Woolf et de l'économiste John Maynard Keynes. Il avait également pris part aux colloques annuels qui se tenaient à l'abbaye de Pontigny en Bourgogne, et qui réunissaient la fine fleur des intellectuels français, comme André Gide, mais aussi britanniques. Il côtoyait des écrivains et des penseurs que Robert, qui ne les connaissait que par leurs œuvres, vénérait comme des demi-dieux, et qu'il désespérait de pouvoir approcher à son tour.

Un isolement so british

D'une manière générale, Fergusson était comme un poisson dans l'eau parmi l'aristocratie lettrée et la grande bourgeoisie britanniques, dans lesquelles il s'était fait une place en très peu de temps. S'il laissait Robert l'accompagner dans les salons et les dîners huppés, ce dernier s'y sentait comme un intrus. Malgré son éducation, ses bonnes manières, son érudition et son intelligence, il n'était décidément pas de ce monde. Il avait déjà eu du mal à s'intégrer à la haute société new-yorkaise, mais ses difficultés étaient encore décuplées dans ces cercles très exclusifs, régis par des codes stricts et impitoyables aux nouveaux venus. En Amérique, il était un Juif allemand, fils d'un marchand de tissus et considéré par l'élite WASP comme un « nouveau riche ». En Angleterre, il était de plus un « yankee », sans attaches et sans relations. Si Francis Fergusson le présentait à ses amis hauts placés, il ne semble pas qu'il ait fait d'efforts particuliers pour l'intégrer à ce milieu très fermé. Peut-être par maladresse, peut-être par gêne vis-à-vis d'un ancien camarade de lycée qu'il ne jugeait pas assez brillant dans ce nouveau milieu, il accentua plutôt le sentiment d'embarras de Robert, son impression d'être rejeté, étranger. Sous l'admiration croissante qu'il vouait à Francis, l'envie, la jalousie commençaient à le ronger.

Il avait certes un autre ami proche, à Cambridge même : Frederick Bernheim, son colocataire de Harvard, venu la même année y étudier la biochimie. Malheureusement, celui-ci décida de prendre ses distances avec son ancien condisciple dont il trouvait l'amitié trop étouffante et exigeante, d'autant plus qu'il était sur le point de se marier. Pendant ses premiers mois en Angleterre, Oppenheimer dut donc ressentir une bien amère solitude. Pour ne rien arranger, n'ayant pas trouvé à se loger dans le campus, il s'était installé dans un logement en ville qu'il décrivit comme un « misérable trou » !

Les affres du célibat

À cet isolement social, à ce complexe d'infériorité vis-à-vis de la haute société et du niveau académique anglais, s'ajouta encore une autre souffrance pour le malheureux Robert. Comme il s'en plaignait déjà à Harvard, la compagnie féminine lui manquait cruellement. Alors que ses amis lui présentaient fiancées et conquêtes, lui restait désespérément célibataire.

Percevant sans doute à la lecture de ses lettres que leur fils aîné traversait une période de dépression, ses parents vinrent le rejoindre en Angleterre à l'automne. Loin de soulager son trouble, cette visite ne fit que l'envenimer. Il faut dire que le couple Oppenheimer était venu accompagné d'une ancienne camarade d'école de Robert, Inez Pollak. C'est, semble-t-il, la mère du physicien qui l'avait invitée, avec l'intention manifeste de rapprocher les deux jeunes gens pour soulager la détresse de son fils, bien qu'elle jugeât Inez « ridiculement indigne » de lui.

Quelles qu'aient été les intentions d'Ella dans cette affaire, les deux intéressés se sentirent obligés de jouer cette comédie romantique qui leur était imposée, sans sembler y tenir davantage l'un que l'autre. Une tentative maladroite de rapprochement intime se solda par un fiasco, et alors que Robert et Inez étaient tous deux en larmes, paralysés et frigorifiés dans le lit de la jeune femme, ils entendirent Ella frapper à la porte de la chambre, aux cris de : « Laisse-moi entrer Inez ! Pourquoi ne me laisses-tu pas entrer ? Je sais que Robert est ici. » Après cette scène humiliante, la jeune femme repartit pour les États-Unis, avec comme cadeau d'adieux de la part de Robert un exemplaire du roman de Dostoïevski *Les Possédés*, qui résonne bien avec l'atmosphère de névrose qui l'entourait à cette époque !

On l'aura compris, Robert traversait une des périodes les plus sombres de sa jeune existence. Son isolement, son désarroi, un sentiment de déracinement ; des déconvenues professionnelles et des amitiés déçues ; la peur d'échouer et de ne pas être à la hauteur des buts qu'il s'était fixés et des espoirs mis en lui ; le surmenage ; le sentiment d'infériorité ; la frustration sexuelle : tant de tensions ne pouvaient aboutir qu'à une crise. Si celle-ci fut moins grave qu'on aurait pu le craindre, elle prit des formes assez extravagantes et révéla un aspect de la personnalité d'Oppenheimer qui ne se manifestera plus jamais à ce point, ce que l'on pourrait appeler son côté sombre.

La crise de Cambridge

Les premiers signes d'une sévère crise psychique apparaissent au laboratoire Cavendish. De plus en plus agité, Robert fume frénétiquement. Il a en effet goûté pour la première fois au tabac lors de ses dernières vacances au Nouveau-Mexique, tandis que, bloqué dans la montagne durant une des excursions à cheval qu'il affectionnait, les vivres étaient venus à manquer. Si les vertus coupe-faim de la nicotine lui ont permis d'endurer alors le manque de nourriture, le tabac devint vite une addiction qui l'accompagna toute sa vie.

Sa nervosité à fleur de peau finit par déborder sur son travail. Il lui arrive de rester de longues minutes devant le tableau noir, craie en main, comme paralysé, et parfois de répéter sans pouvoir s'arrêter « le problème c'est..., le problème c'est... ». Il lui arrivait dans son désarroi de s'allonger par terre, en gémissant et en se balançant d'un côté à l'autre, et c'est ainsi que le retrouve un jour son ancien camarade de Harvard Jeffries Wyman en entrant dans sa chambre. Rutherford, qui, bien qu'ayant décliné sa demande de diriger ses recherches, le rencontre tout de même fréquemment au laboratoire et lui a même confié des tâches préparatoires à ses expériences, s'alarme quand il le voit s'évanouir un jour devant lui. Le comportement du jeune Américain est de plus en plus étrange, au point d'en être parfois inquiétant. Un épisode, consigné par Fergusson à qui Oppenheimer l'avait confié, laisse encore bouche bée, et nous porte à nous interroger sur sa véracité. Dans la mesure où il en est le seul témoin, on peut se demander s'il a exagéré, extrapolé voire purement et simplement affabulé ses « aventures », s'il a été victime d'hallucinations ou si Fergusson a, à son tour, déformé ou altéré ses propos, car tels que les rapporte ce dernier, les faits sont pour le moins rocambolesques, pour ne pas dire surréalistes !

Que l'on en juge : alors qu'il se rendait en train à Southampton, pour accueillir ses parents à leur arrivée au port, Robert se serait retrouvé en compagnie d'un couple dans un wagon de troisième classe. Cela en soi est déjà peu probable, car malgré son état psychique critique, il menait toujours – sans mauvais jeu de mots ! – grand train... Le couple était en train de flirter (*make love*, « faire l'amour », dit Fergusson, ce qui n'est pas forcément aussi explicite en anglais qu'en français, mais peut aussi être pris au sens littéral...). L'homme étant parti, Robert se serait brusquement jeté sur la jeune femme pour l'embrasser à son tour, ce à quoi l'intéressée n'aurait rien trouvé à redire ! Il se serait pourtant ravisé et confondu en excuses, tombant à genoux et fondant en larmes, et aurait fui le compartiment au comble de l'embarras. Cependant, une fois arrivé à la gare, il aurait revu la même femme, en contrebas d'un escalier, et aurait tenté de lui lancer sa valise à la figure – en manquant fort heureusement sa cible !

Quelle qu'ait été la part de vérité dans ce récit, on peut conclure qu'à ce moment, Robert Oppenheimer était littéralement sur le point de craquer, de perdre le contrôle. Même si, selon l'hypothèse la plus probable, il a inventé ou halluciné toute la scène, cette fantasmagorie était déjà le signe d'un esprit perturbé. Ses excentricités allaient prendre un tour qui aurait pu être tragique, en se transformant en accès d'agressivité dont les « victimes » n'étaient pas choisies au hasard.

Ce fut d'abord Blackett, le physicien qui dirigeait ses recherches au Cavendish, qui fut la cible de ce qu'on ne peut appeler autrement que « la folie d'Oppenheimer ». Ce dernier prétendit en effet qu'il avait voulu empoisonner son superviseur en enduisant d'une substance chimique nocive une pomme qu'il avait ensuite laissée sur son bureau. Blackett s'en serait aperçu à temps – bien qu'on ignore comment –, mais le geste n'en était pas moins grave. Dans une des versions qu'il a donnée de cette histoire, le produit utilisé est même identifié comme du cyanure, un poison mortel extrêmement violent. Il se serait alors rendu coupable de rien de moins qu'une tentative de meurtre !

Pourtant, l'affaire ne fut pas confiée aux autorités judiciaires. C'est uniquement l'intercession de son père auprès des autorités de l'université qui lui aurait évité l'expulsion de Cambridge, à la condition qu'il s'engage à être suivi régulièrement par un spécialiste. Ce règlement à l'amiable laisse entendre que l'incident n'était sans doute pas aussi grave qu'Oppenheimer l'a prétendu. Ici encore, il faut faire la part d'une tendance à l'affabulation, voire à la mythomanie, qui participait à l'état général pour le moins perturbé du jeune chercheur. A-t-il réellement empoisonné la pomme, ou s'en est-il seulement accusé ? Le geste était-il purement symbolique ? Le choix du mode opératoire le laisse penser : la pomme empoisonnée ne rappelle-t-elle pas le geste de jalousie de la marâtre maléfique dans *Blanche-Neige* ? Et si Robert n'avait pu voir alors le dessin animé de Walt Disney, sorti en 1937, il avait sans doute lu le conte original de frères Grimm et, peut-être, vu sa première adaptation cinématographique, un court-métrage muet de 1919[1].

---

[1] Coïncidence frappante, c'est également en croquant dans une pomme empoisonnée au cyanure – mais selon toute vraisemblance par ses propres soins – qu'un autre génie scientifique, le mathématicien britannique Alan Turing se donna la mort en 1947 dans des circonstances troubles et encore aujourd'hui controversées. Considéré comme le père de l'informatique et connu pour avoir décrypté le code de guerre secret de l'Allemagne nazie, encodé par les machines Enigma, il avait été condamné pour des relations homosexuelles, qui constituaient encore un crime selon la loi anglaise de l'époque.

Or il avait toutes les raisons d'être jaloux de Blackett. Décrit par un témoin de l'époque comme « un jeune Œdipe grand et beau, bien bâti et toujours vêtu mieux que tout le monde », il était aussi brillant expérimentateur que son élève était maladroit. Il possédait ce qui faisait tant défaut à son jeune élève, l'aisance sociale et le charme, attirant les regards admiratifs – en particulier parmi la gent féminine. De plus, il se montrait, semble-t-il, très exigeant vis-à-vis d'un Oppenheimer qui se sentait de moins en moins à la hauteur de sa tâche. Cette incapacité à satisfaire les attentes de son tuteur de recherches ne pouvait qu'envenimer son ressentiment et sa jalousie à son égard. Au point de le faire craquer et de mettre en péril sa carrière, car bien qu'on ignore comment, la direction de l'université fut mise au courant de l'incident.

Un physicien sur le divan

Si l'on ignore à quel point l'attentat dont s'était accusé Robert était réel, son intention de nuire et son agitation croissante trahissaient un trouble psychique grave, qui nécessitait une prise en charge urgente. Il ne fut cependant pas interné – ce qui laisse penser encore une fois que les faits étaient moins graves qu'il ne l'a prétendu par la suite.

Comme son père s'y était engagé, il consulta donc plusieurs spécialistes des troubles mentaux. Malheureusement, la psychiatrie de l'époque ne se montra pas à la hauteur dans son cas, et c'est une nouvelle série de déceptions qui l'attendait.

Il se rendit tout d'abord chez un psychanalyste londonien dont on ignore le nom – bien qu'on ne puisse l'affirmer avec certitude, il aurait pu s'agir d'Ernest Jones, disciple et biographe de Freud lui-même, mais connu pour ses diagnostics parfois hâtifs, voire erronés. La psychanalyse n'était alors pas inconnue à Oppenheimer. Dans une lettre au ton humoristique envoyée à Paul Horgan en 1923, alors qu'il était encore étudiant à Harvard, il répondait avec aplomb, à la question de savoir s'il croyait en Dieu :

> « Je crois en la seconde loi de la thermodynamique, au principe d'Hamilton [C.-à-d. : une reformulation mathématiquement plus sophistiquée des lois du mouvement de Newton], à Bertrand Russell et, le croirez-vous, à Sigfried (sic!) Freud. »

Son erreur sur le prénom du père de la psychanalyse trahit sans doute une connaissance encore imparfaite de son œuvre (à moins qu'il ne s'agisse d'une plaisanterie au sens obscur…), mais son intérêt pour cette discipline est réel et se confirmera par la suite. Quel qu'ait été son niveau d'expertise dans le domaine, sa culture et son intelligence n'ont pas dû faire de lui un patient des plus faciles.

Le diagnostic établi par ce psychanalyste semble pour le moins excessif : *dementia praecox* ou « démence précoce », le nom que l'on donnait alors à ce trouble psychotique très grave que l'on rebaptisa par la suite « schizophrénie ». On peut certes se demander si certains des incidents de cette période de crise – la jeune femme du train, l'empoisonnement de Blackett – ne sont pas purement et simplement le fruit d'hallucinations, de bouffées délirantes nées du surmenage et d'une tension physique et psychologique poussée à son paroxysme. S'il a alors réellement traversé un épisode psychotique, ce fut le seul de son existence, et le diagnostic de schizophrénie était quoi qu'il en soit hâtif. Il s'agissait peut-être pour le praticien de

Sigmund Freud, le père de la psychanalyse (1856-1939).

se débarrasser de ce nouveau patient difficile, car en bon freudien, il estimait les malades atteints de psychoses inaccessibles à la cure psychanalytique, qui, jugea-t-il dans le cas d'Oppenheimer, lui « ferait plus de mal que de bien ». Sur ce point au moins l'analyste et l'analysant tombèrent d'accord. Quand Fergusson retrouva son ami à la sortie de cette unique séance, ce dernier, très agité, lui dit que « le type était trop stupide pour le suivre, et qu'il en savait plus sur ses propres problèmes que le docteur lui-même », ce qui était probablement vrai.

On l'a compris, la guérison n'était pas encore d'actualité pour Robert. Le pic de sa crise était même à venir, et c'est à Paris qu'il l'atteignit.

Point de rupture

Il avait accompagné ses parents en vacances dans la capitale française, sans doute dans l'espoir qu'un changement d'air et de décor parviendrait à le soulager. Quand Fergusson le rejoignit à l'hôtel où séjournait sa famille, l'état de son ami ne s'était pas amélioré, et son comportement laissait craindre une rechute. Robert avoua plus tard qu'à son arrivée en France, en se promenant le long des falaises de la côte bretonne près de Cancale, il s'était senti sur le point de sauter dans le vide. Il dormait très peu, était plus agité que jamais. Il enferma même un soir sa mère dans sa chambre avant de quitter l'hôtel, provoquant ainsi sa fureur.

Ses parents l'envoyèrent donc consulter un psychiatre français, dont l'identité n'est pas davantage connue que celle de son prédécesseur britannique, mais qui s'avéra encore plus calamiteux, diagnostiquant quant à lui une très vague « crise morale »[2], liée à la frustration sexuelle. En guise de thérapie, il prescrivit « une femme »[3] (sous-

2. En français dans le texte.

3. En français dans le texte.

entendu, évidemment : une prostituée), et des aphrodisiaques ! On ne sait si ce praticien contribua beaucoup à la réputation de la médecine mentale française, mais on ne s'étonnera pas que les Oppenheimer aient vite mis fin aux séances…

Un soir, Fergusson avait rejoint Robert dans sa chambre d'hôtel et il venait de lui montrer un poème écrit par sa fiancée, qu'il fréquentait depuis trois ans. Il lui annonça alors que celle-ci venait d'accepter sa demande en mariage, ce qui semble avoir déclenché chez Oppenheimer un accès de démence. Alors que son ami était allé chercher un livre, il se jeta sur lui par-derrière et tenta de l'étrangler avec une sangle de valise. Paniqué, Francis parvint finalement à se libérer de Robert, qui se laissa tomber au sol et s'effondra en larmes.

Le bout du tunnel

Fergusson ne garda pas rancune de cette agression à Robert qui, en s'en excusant platement dans une lettre, l'expliquait par « cet horrible fait de l'excellence », qui « combiné à mon incapacité à souder ensemble deux fils de cuivre, a probablement réussi à me rendre fou ». Bien entendu, on comprend bien qu'il ait pris ses distances et ait hésité à accepter une nouvelle invitation de la part de son ami, en mars 1926. Il prit soin pendant cette nouvelle visite de caler une chaise contre la porte séparant leurs chambres, craignant une nouvelle attaque pendant son sommeil, mais tout danger semblait alors écarté. Robert Oppenheimer n'était plus le même homme, et quand ils reparlèrent de l'incident de l'hiver précédent, il lui dit simplement que toute cette histoire était « derrière lui ». Comme le fit sans doute Fergusson, on ne peut manquer de se demander quel miracle s'était opéré.

Certes, il avait entre-temps enfin trouvé à Cambridge un praticien à la hauteur, un certain docteur M. Ce psychanalyste s'était montré « plus sage et plus sensible » que les deux précédents, et Robert le consulta régulièrement pendant le printemps 1926. Puis, en juin de cette même année, il déclara à un ami que les séances avaient pris fin, le docteur M ayant jugé qu'il n'y avait plus lieu de les poursuivre. Un ami psychiatre d'Herbert Smith, l'ancien professeur de Robert qui suivait avec inquiétude les déboires de son jeune protégé, à distance par leurs échanges épistolaires, lui fit part de son scepticisme. Connaissant apparemment le « dossier » Oppenheimer, il pensait que le jeune homme avait manipulé son analyste en lui jouant la comédie de la guérison. Le problème, selon lui, était que l'analyste devait être plus intelligent que l'analysé, et que dans le cas de Robert, « ils n'avaient trouvé personne » qui fut à la hauteur. La suite des événements devait plutôt infirmer ces soupçons, et si cette cure analytique a été sans doute trop courte pour être réellement efficace, elle a sûrement été bénéfique. Tout au moins n'a-t-elle pas aggravé l'état du patient !

Que le rôle de ce mystérieux docteur M ait été ou non déterminant dans sa guérison, Oppenheimer connut donc un rétablissement spectaculaire pendant le second semestre de son année à Cambridge. Il sera finalement sauvé, plus que par une quelconque méthode thérapeutique ou une cure pharmaceutique, par la physique quantique..., et l'œuvre d'un grand romancier français !

Heureusement pour lui, alors qu'il semblait avoir touché le fond de sa dépression, une série de bouleversements était sur le point de parachever la première révolution de la physique quantique. Ces découvertes en série concernaient l'aspect de la physique qui l'enthousiasmait le plus : la théorie.

La « physique des gamins »

La première étape de ce processus qui devait changer à jamais l'histoire de la physique fut le fait d'un jeune homme de 24 ans, Werner Heisenberg (1901-1976). On se souvient que Bohr avait proposé un modèle atomique, inspiré de celui de Rutherford puis amélioré par Sommerfeld, qui combinait les principes de la physique classique (le modèle planétaire) et les idées avancées par Max Planck et Einstein sur les quanta (les électrons n'occupant que certaines orbitales, correspondant aux niveaux d'énergie quantifiés). Ce modèle était néanmoins encore très imparfait et restait une énigme pour les physiciens. Comment les électrons pouvaient-ils passer d'une orbite à l'autre ? Et pourquoi, quand ils restaient sur une orbite définie, se trouvaient-ils dans un état énergétique stable, au lieu de s'effondrer sur le noyau comme le prédisait le modèle de Rutherford ?

Face à ces questions lancinantes, le jeune Heisenberg prit une décision radicale : renoncer à essayer de se « représenter » l'atome, sa structure et ses constituants, et se concentrer sur les mesures, les résultats et leurs relations mathématiques. Ce faisant, il appliquait le principe de l'opérationnalisme défendu par Percy Bridgman, le professeur de physique d'Oppenheimer à Harvard, car il réduisait l'atome à ses « observables », les valeurs mesurables expérimentalement – ici les longueurs d'onde de la lumière émise.

Sujet aux allergies, Heisenberg souffrait alors d'un sévère rhume des foins, qui l'obligea à se retirer en mer du Nord sur l'île d'Heligoland, épargnée par les pollens de graminées. C'est dans cette retraite que lui vint la révélation de sa grande découverte, une approche mathématique inédite des spectres d'absorption et d'émission de la lumière par l'atome d'hydrogène, qui faisait appel à des objets mathématiques appelés matrices, des sortes de tableaux sur lesquels on peut effectuer des opérations particulières. Sans le savoir et grâce à son génial instinct, il avait en réalité redécouvert un outil déjà développé par des mathématiciens au XIXe siècle. Il trouva ainsi la clé qui permettait d'organiser les données expérimentales en un tout cohérent, qu'il appela « mécanique quantique » (ou « matricielle »).

En 1925, à l'âge où la plupart des futurs scientifiques triment encore sur leurs manuels, Heisenberg venait de révolutionner sa discipline. Comme Jules César traversant le Rubicon, il avait franchi le dernier pas qui séparait la physique que l'on appellerait dès lors « classique » de la physique quantique. Un autre tout jeune chercheur, virtuose des mathématiques et théoricien de génie, saisit d'emblée le caractère novateur de l'article d'Heisenberg. Alors qu'Oppenheimer semblait au fond du gouffre, un rayon de chance vint le tirer de sa dépression, car c'est à Cambridge que travaillait alors ce physicien britannique, qui allait prendre une place de premier plan dans l'histoire de la physique quantique comme dans la vie de son collègue américain : Paul Dirac (1902-1984).

Robert apprécia tout de suite Dirac, qui n'était son aîné que de deux ans. Il admira beaucoup ce génie de la physique théorique, qui lui montrait la voie qu'il voulait lui-même suivre. Cette admiration ne s'accompagnait pas de la jalousie qu'il avait ressentie et exprimée (assez violemment !) envers Blackett ou encore Fergusson. Il faut dire que si Dirac en imposait déjà comme physicien, il n'avait rien d'un brillant jeune mondain. Entièrement absorbé par son travail scientifique, au point que rien ne semblait exister dans sa vie hors de la physique, il était distant et asocial, semblait même souvent indifférent à ses semblables et aux vicissitudes du quotidien. Plusieurs traits de sa personnalité ont d'ailleurs conduit certains de ses biographes à émettre l'hypothèse qu'il devait présenter les symptômes d'un autisme de type Asperger. Loin de décourager Oppenheimer, ces particularités semblaient lui rendre encore plus attachant son jeune collègue. « Il n'était pas facile à comprendre et ne se souciait pas de l'être. Je pense qu'il était absolument génial, » dira-t-il plus tard à son sujet.

Durant l'année universitaire 1925-1926, Dirac fut le premier physicien en Angleterre à dispenser un cours sur la mécanique quantique auquel Oppenheimer eut la chance d'assister. Il avait repris le travail d'Heisenberg, mais plus instruit en mathématiques, avait reconnu dans ses « matrices » l'équivalent des « crochets de Poisson », un formalisme (système de notation) baptisé ainsi en hommage au mathématicien et physicien français Siméon Denis Poisson (1781-1840). Il avait ainsi pu donner à la théorie d'Heisenberg une plus solide fondation mathématique, qu'il avait présentée dans un article publié en novembre 1925. Parallèlement, à l'université de Göttingen, Max Born (1882-1970), le directeur de l'Institut de physique où travaillait Heisenberg, et son nouvel assistant Pascual Jordan (1902-1980) firent de même, mais en rapprochant quant à eux la construction de leur jeune collègue des matrices développées par le mathématicien britannique Arthur Cayley (1821-1895). Born, Jordan et Heisenberg présentèrent, presque simultanément à celui de Dirac, un article signé de leurs trois noms, qui posa les bases de la mécanique matricielle.

De gauche à droite : Paul Dirac, Yoshikatsu Sugiura et Robert Oppenheimer à Göttingen, en Allemagne (1927).

Toutefois, cette mathématique des matrices, réinventée par Heisenberg puis retoquée par Dirac ainsi que par Born et Jordan, était jugée trop complexe par de nombreux physiciens, qui n'avaient pas l'habitude de manipuler ces « grilles » ou colonnes de nombres. En 1926, alors qu'Oppenheimer sortait peu à peu de sa dépression, un physicien autrichien, Erwin Schrödinger (1887-1961), proposa dans une série d'articles une autre approche du problème. Il s'inspirait des travaux du Français Louis de Broglie (1892-1987), qui avait appliqué à l'électron l'idée d'Einstein d'une « dualité onde-corpuscule ». Si la lumière possédait cette double nature, pourquoi l'électron, considéré jusqu'alors comme une particule, n'aurait-il pas aussi les propriétés d'une onde ? Il démontra en 1923 que cette hypothèse permettait d'expliquer pourquoi, dans le modèle atomique de Bohr, les électrons ne « suivaient » que certaines orbites bien définies, qui correspondaient à des multiples de leur longueur d'onde. Pour tenter d'élucider le mystère de cette dualité, De Broglie avança l'idée que l'électron était bien une particule, mais que son trajet était « guidé » par une onde.

Schrödinger généralisa cette approche à l'ensemble de l'atome, et il la radicalisa, considérant quant à lui que les électrons, de même que toutes les particules subatomiques, étaient purement, simplement et uniquement des ondes. Il parvint ainsi au même résultat qu'Heisenberg, mais en employant une approche mathématique bien plus familière aux physiciens, puisqu'elle utilisait le même type d'outils mathématiques qu'ils manipulaient depuis des siècles dans le cadre de la mécanique newtonienne : les équations différentielles (des équations dont les inconnues sont des fonctions et leurs dérivées). Dirac puis Schrödinger lui-même démontrèrent peu après que cette nouvelle version de la physique quantique, dénommée « mécanique ondulatoire », était mathématiquement équivalente à la mécanique matricielle de Heisenberg, Born, Jordan et à la version donnée par Dirac lui-même.

Au début de l'année 1926, oubliant la torture que représentait pour lui le travail de laboratoire, Oppenheimer se plongea à corps perdu dans l'étude de ces récents développements de la théorie quantique. Fort heureusement pour lui, au laboratoire Cavendish, les physiciens ne faisaient pas que des expériences : ils discutaient aussi des théories et débattaient des nouvelles idées scientifiques.

C'est ainsi qu'il se joignit aux réunions de plusieurs clubs de Cambridge, groupes de chercheurs qui organisaient des réunions informelles pour échanger leurs découvertes et leurs points de vue sur les derniers développements de leur science. Sa dépression, la crise qu'il avait traversée et qui avait failli l'anéantir, était bien derrière lui. Il avait enfin trouvé sa place dans le monde sans pitié de la science, se sentait accepté par ses pairs et intégré dans une société de physiciens alors à la pointe de leur discipline. Il n'avait que 22 ans, Dirac et Jordan 24, Heisenberg 25 : on comprend pourquoi, en Allemagne, on avait baptisé cette nouvelle science *Knabenphysik*, « la physique des gamins » (littéralement des « jeunes garçons ») !

Sur l'Île de Beauté

C'est donc un Oppenheimer changé, transfiguré même, qui partit en mars 1926 pour une randonnée cycliste et pédestre en Corse, en compagnie de deux camarades du temps de Harvard : Jeffries Wyman et John Edsall. Goûtant le plaisir de leur compagnie et des magnifiques paysages de l'île de Beauté, il discutait avec passion, entre autres de littérature russe, mais aussi beaucoup de la théorie quantique qui accaparait maintenant son esprit. Il parvint surtout à se détendre et semblait avoir repris goût à la vie. Ses amis le surprirent même à plusieurs reprises riant de bon cœur, ce qu'il n'avait sans doute pas fait depuis des mois.

Ce séjour corse marqua pour Oppenheimer un tournant dans sa vie, dont il se rappela bien des années après. Dans des termes vagues et énigmatiques, il dit qu'il y avait eu une révélation, en rapport avec « l'amour », mais pas « une simple romance ». Ses amis, sans savoir bien de quoi il était question, soupçonnaient une idylle corse, mais il semble que pendant son séjour dans l'île, il soit surtout tombé amoureux… de la grande série romanesque de Marcel Proust, *À la recherche du temps perdu !* Certains passages semblaient l'avoir particulièrement marqué, au point de le conduire à une profonde prise de conscience, notamment un extrait qu'il récita de mémoire à un de ses amis bien des années plus tard, sur la cruauté ordinaire qui est notre lot commun. Ici encore, le sens que revêtit ce texte pour le jeune homme n'est pas limpide, mais ce que l'on peut en retenir est qu'il quitta la Corse plus ouvert aux autres, plus tolérant et moins égoïste.

Avant son départ, un dernier excès qui rappelait les pires périodes de sa crise stupéfia toutefois ses amis, qui n'étaient pas au courant de ses épisodes les plus marquants. Alors qu'ils dînaient au restaurant, il demanda soudain au serveur l'heure du prochain bateau en partance pour le continent. Prétendant d'abord à ses compagnons intrigués qu'il lui était impossible de parler de la cause de ce départ précipité, il finit par leur avouer avoir fait « une chose terrible » : il avait laissé une pomme empoisonnée sur le bureau de Blackett et il devait absolument retourner à Cambridge pour voir ce qui s'était passé !

Ses amis furent évidemment éberlués et effrayés, mais ils ne savaient pas que Robert faisait allusion à des méfaits (supposés) qui s'étaient en réalité déroulés l'année précédente. S'agissait-il d'un dernier accès de folie délirante, d'un sentiment confus de culpabilité qui avait fait naître en lui ce besoin impérieux de se confesser à quelqu'un (un thème récurrent des romans de Dostoïevski qu'il appréciait tant à cette époque) ? Ou avait-il tout simplement mystifié ses camarades ? Ce fut quoi qu'il en soit la dernière manifestation de ce qui resta la plus grande crise psychique et émotionnelle de sa vie, et qui fit place à une période faste et à une suite de triomphes scientifiques et professionnels.

Premières publications

À peine rentré de Corse, Oppenheimer s'attela à la rédaction de son premier article scientifique, dont il avait couché sur le papier une première esquisse avant son départ. Le sujet réconciliait son nouveau domaine de prédilection, la physique quantique, et la discipline par laquelle il était venu à la science : la chimie. Jusqu'alors en effet, les théoriciens de la physique quantique avaient dû cantonner leurs efforts à l'échelle de l'atome, et encore du plus simple qui soit, celui d'hydrogène, qui s'avérait constituer un système déjà suffisamment complexe. Ce qui intéressait toutefois Oppenheimer était de décrire, dans la cadre de ce formalisme quantique nouveau-né, le comportement de plusieurs atomes combinés au sein d'une molécule – il s'était toutefois limité au cas des molécules bi-atomiques, qui ne sont constituées que de deux atomes.

Oppenheimer jugea plus tard que cet article, publié en mai 1926, était « un désastre ». Il contenait certes des erreurs mathématiques – un problème qui sera récurrent dans la production du physicien –, et il n'avait sans doute pas l'importance des textes fondateurs de la physique quantique, mais il fut assez remarqué par ses collègues pour l'introduire dans le milieu des pionniers de cette révolution scientifique en marche. Il était désormais présenté à tous les chercheurs renommés qui venaient en visite à Cambridge. C'est ainsi qu'il rencontra le Néerlandais d'origine autrichienne Paul Ehrenfest (1880-1933) et ses deux assistants, qu'il retrouva tous les trois peu de temps après, quand une délégation de chercheurs américains travaillant à Cambridge se rendit dans leur centre de recherche de Leyde (Pays-Bas). Il fit également connaissance avec son idole, qu'il n'avait vu que de loin quand il étudiait à Harvard : Niels Bohr. Le savant danois, venu en Angleterre pour être reçu au sein de la Royal Society, l'assemblée savante la plus ancienne et la plus prestigieuse au monde, se trouvait alors dans le bureau de Rutherford. Celui-ci avait changé de regard sur Oppenheimer, voyant en lui non plus un expérimentateur empoté, mais un théoricien prometteur. Robert put discuter avec Bohr du sujet sur lequel il travaillait et préparait son prochain article : le problème dit « à deux corps ». Bien connu en physique classique, celui-ci consiste à modéliser mathématiquement le mouvement de deux corps (deux objets) orbitant l'un autour de l'autre. Oppenheimer avait décidé de résoudre ce problème dans le cadre de la physique quantique, de façon plus complète que Dirac et Schrödinger, qui l'avaient précédé sur ce terrain. Quand Bohr s'enquit de savoir comment il s'en sortait, il répondit qu'il rencontrait des difficultés. « Ces difficultés ont-elles à voir avec les mathématiques ou la physique ? » lui demanda alors le maître de Copenhague. « Je ne sais pas », avoua Robert, sur quoi Bohr conclut : « C'est embêtant. »

Ces quelques mots pourtant fort simples le marquèrent profondément, lui faisant prendre conscience qu'il s'était trop immergé dans ses formules et en avait oublié la réalité physique du problème. Pour brève qu'elle fût, cette première rencontre avec Bohr le marqua à vie et le conforta dans sa décision de se consacrer exclusivement au travail théorique.

On est en droit de se demander pourquoi il n'a pas choisi plus tôt cette voie, pour laquelle il avait déjà une nette préférence, ce qui lui aurait épargné sa désagréable expérience au laboratoire Cavendish. Il expliqua plus tard qu'il ne pensait pas alors que l'on pouvait ainsi se spécialiser : il n'avait pas réalisé que la plupart de ses héros et des jeunes chercheurs de premier plan dans le monde de la physique – Bohr, Dirac, Einstein ou encore Heisenberg – étaient eux aussi de purs théoriciens.

Le deuxième article de sa carrière, « Sur la théorie quantique du problème des deux corps », parut donc en juillet 1926. Il fut encore plus remarqué que le premier, et devait lui ouvrir les portes de La Mecque de la mécanique quantique : l'université de Göttingen, où Max Born dirigeait l'Institut de physique.

Chapitre 4

LA CONSÉCRATION : « NIELS BOHR ÉTAIT DIEU ET OPPIE ÉTAIT SON PROPHÈTE »

À Göttingen, un des principaux centres de recherches en physique quantique, puis aux Pays-Bas et en Suisse, Oppenheimer travaille avec quelques-uns des pionniers de cette nouvelle science, avant de retourner aux États-Unis pour l'enseigner en Californie.

Incertitude, première manche : l'interprétation probabiliste

Alors que les quelques années précédentes avaient vu se bousculer les bouleversements qui donnèrent naissance à la théorie quantique, les années 1926 et 1927 réservaient encore le « coup de grâce » qui sera porté à la physique classique. Il ne s'agira plus alors d'une nouvelle théorie venue simplement en supplanter une plus ancienne, mais d'une remise en question de ce qui était tenu jusqu'alors pour les fondements mêmes de la science.

Le premier de ces coups de couteau dans la trame de la science cartésienne fut porté par Max Born, qui dirigeait l'Institut de physique théorique de l'université de Göttingen, le centre le plus actif dans le développement de la physique quantique, devant Copenhague (dirigé par Niels Bohr) et Munich où officiait Arnold Sommerfeld.

Niels Bohr (1885-1962), pionnier de l'atome et grand rival d'Albert Einstein.

Born publia en septembre 1926 son article sur « La physique quantique des processus de collision », qui marque un tournant dans l'histoire de la physique et de la science en général. En remettant en question le sacro-saint principe du déterminisme causal (les mêmes causes produisant les mêmes effets, en connaissant les premières, on peut prévoir, avec une marge d'erreur raisonnable, les seconds), il divisa les physiciens en deux camps. D'un côté se trouvèrent les « probabilistes » qui se rangèrent à sa surprenante interprétation de la mécanique quantique ; et de l'autre ceux qui, comme De Broglie, Schrödinger ou encore Einstein, n'acceptaient pas d'abandonner le déterminisme. Einstein résuma son désaccord dans une lettre à Born en une phrase restée célèbre et maintes fois reprise par la suite : « Dieu ne joue pas aux dés » – ce à quoi Bohr lui aurait répondu l'année suivante à l'occasion d'un colloque mémorable : « Qui êtes-vous Einstein pour dire à Dieu ce qu'il doit faire ? »

Born avait trouvé une solution pour le moins surprenante et radicale au problème qui demeurait le nœud gordien de la physique quantique : comment rendre compte de cette étrange dualité onde-corpuscule ? Comment la lumière, les électrons et tous les constituants de l'atome peuvent-ils être à la fois des ondes diffuses et des particules localisables ? À contre-courant de l'option prise par De Broglie, pour qui les particules étaient « guidées » par des ondes, ou de la solution de Schrödinger, partisan du « tout-ondes », Born considérait la nature corpusculaire comme primordiale. Si les particules semblaient se comporter comme des ondes dans de si nombreuses expériences, celles-ci étaient selon lui des « ondes de probabilité » : elles ne correspondaient pas à une réalité physique, mais n'étaient qu'une représentation théorique. Elles permettaient de prévoir le pourcentage de chances que l'on avait de trouver une particule à un endroit donné.

La représentation la plus courante et la plus parlante d'une onde est celle des vagues sur la mer ou des vaguelettes circulaires formées par un caillou lancé dans l'eau. Contrairement aux corpuscules, les ondes ne sont pas localisées, elles sont toujours en mouvement. Elles ont des pics (ou crêtes) et des creux, qui se déplacent, mais par rapport à un point fixe (un bateau à l'ancre par exemple), elles semblent osciller de bas en haut. Pour les ondes de probabilité de Born, dont l'évolution dans le temps est décrite par l'équation de Schrödinger, les creux et les pics représentent la probabilité plus ou moins grande que la particule considérée (électron, photon, etc.) se trouve en tel point de l'espace à un instant donné.

Là où l'article de Born est révolutionnaire, c'est qu'il établit que ces probabilités sont la seule connaissance que l'on peut avoir sur les objets quantiques. On peut savoir par exemple avec quel pourcentage de chance on pourra détecter une particule à tel endroit, et les résultats d'expériences répétées vérifient ces prévisions statistiques avec une précision diabolique. On peut donc dire que la physique quantique fonctionne, et c'est bien pour cette raison qu'elle a été validée quasi unanimement par la communauté des physiciens et continue d'être adoptée et enseignée à travers le monde. En revanche, ce qu'elle ne peut pas faire, c'est prévoir exactement où se situera une particule à un instant donné. En étudiant les collisions entre particules subatomiques, Born a en effet observé que leurs trajectoires n'étaient pas déterministes, qu'elles ne pouvaient pas être prévues exactement comme celle des objets « classiques » dans la physique newtonienne. Le déterminisme avait été résumé au XIXe siècle dans la figure du « démon de Laplace ». Selon cette expérience de pensée, une intelligence supérieure (et purement hypothétique !) qui pourrait connaître en un instant donné la position de toutes les parties de l'Univers et les forces qui les régissent saurait non seulement prévoir leur état futur, mais aussi en reconstituer le passé. Cette idée a été introduite par Pierre-Simon de Laplace (1749-1827) – un mathématicien et physicien français qui avait contribué à parachever l'édifice théorique fondé par Newton en lui donnant des bases mathématiques solides. En mécanique quantique en revanche, on peut seulement dire, par exemple et pour schématiser, qu'une particule donnée aura, après sa collision avec une autre, une chance sur deux d'aller d'un côté ou de l'autre…, mais on ne peut prévoir lequel des deux chemins elle empruntera à chaque fois !

La confiance retrouvée

Or, dans cet article à la portée historique, Born mentionnait avec éloges un travail sur le traitement quantique du problème à deux corps, dû à un tout jeune chercheur américain travaillant alors à Cambridge : Robert Oppenheimer. Il est assez remarquable que l'un des plus importants scientifiques de l'époque, directeur de l'institut de physique le plus prestigieux et attractif, à la pointe de la nouvelle science quantique, cite ainsi un collègue alors inconnu, qui n'avait publié que deux articles et n'avait pas encore de doctorat en poche – et qui était quelques mois auparavant un expérimentateur calamiteux et désespéré ! On mesure bien quel revirement spectaculaire s'était opéré dans le parcours du jeune savant.

Remarqué pour son travail en théorie quantique, à l'aise avec les langues étrangères et en particulier l'allemand, Oppenheimer eut le privilège de se charger de la traduction en anglais d'un article publié par Born dans la revue anglaise *Nature*, qui reprenait une conférence donnée à l'Association britannique pour l'avancement des sciences. Dès lors, il ne faisait plus de doute pour lui que sa place n'était plus à Cambridge, malgré la présence de Dirac et de quelques autres théoriciens de talent, mais dans le nouveau temple de la physique moderne en train de se former, dans l'institut dirigé par Max Born à l'université de Göttingen.

Il obtint donc des autorités du Christ's College l'autorisation de passer l'année universitaire 1926-1927 dans cette ville universitaire qui, bien que moins ancienne que Cambridge, avait acquis une réputation internationale. Göttingen était devenu un pôle d'excellence dans le domaine des mathématiques, sous l'égide de quelques-uns des plus grands mathématiciens du XIXe et du début du XXe siècle : Carl Friedrich Gauss, Bernhard Riemann ou encore David Hilbert. C'est auprès d'Hilbert et de ses illustres confrères Felix Klein et Hermann Minkowski (qui avait fourni à la théorie de la relativité générale d'Einstein son cadre mathématique, celui d'une géométrie à quatre dimensions : l'espace-temps) que Born avait tout d'abord étudié. Il avait obtenu un doctorat en mathématiques sous la direction d'Hilbert lui-même.

Dès son arrivée à Göttingen, Oppenheimer fut le protégé de Born, qui ne tarissait pas d'éloges sur cette nouvelle recrue américaine. Les rôles semblaient même parfois inversés, car non seulement Born admirait Robert, mais il semblait parfois presque intimidé par lui. Le physicien allemand était, il est vrai, d'un caractère plutôt timoré, discret, pétri de doutes et d'incertitudes. De son côté, Oppenheimer n'avait plus rien de l'étudiant complexé de Cambridge. Il avait pris en quelques mois une étonnante assurance, où ressortait même parfois l'arrogance qu'il affichait pendant ses jeunes années en Amérique. Plusieurs anecdotes brossent en effet le portrait d'un Oppenheimer sans gêne ni scrupules, dépassant à l'occasion les limites de l'insolence. Ainsi quand Born lui demanda de vérifier les calculs d'un article qu'il s'apprêtait à soumettre à une revue, Robert lui répondit avec aplomb : « Je n'ai trouvé aucune erreur : l'avez-vous vraiment fait tout seul ? » C'était réellement le monde à l'envers, car Born avait étudié avec les plus grands mathématiciens de son temps et était diplômé dans cette discipline où ses compétences dépassaient largement celles d'Oppenheimer, lequel n'avait eu de son propre aveu qu'une formation très incomplète dans cette matière et allait même être réputé par la suite pour ses calculs souvent approximatifs !

Ce n'est pas seulement avec Born qu'il se montrait d'une incroyable effronterie. Dans le séminaire que dirigeait ce dernier, il avait pris l'habitude de couper la parole aux autres étudiants et au professeur lui-même, et de corriger sans le moindre tact leurs erreurs. Ses condisciples avaient fini par s'en offusquer et avaient prévenu Born qu'ils ne supportaient plus l'attitude de l'Américain, et qu'il fallait qu'il le reprenne sous peine de voir tous les étudiants boycotter son cours. Cependant, comme il l'avoua plus tard, celui qui était pourtant le « maître de Göttingen » et dirigeait donc un des plus importants centres de physique théorique au monde n'osa pas affronter Robert directement. Il eut recours à un subterfuge : un jour où il recevait la visite de son arrogant élève, il déposa une pétition en forme d'ultimatum, signée par tous les autres étudiants, en évidence sur son bureau. S'il n'était pas des plus courageux, le procédé fut efficace : dès qu'il vit le document, l'impétueux Yankee devint blême, se figea, et par la suite, prit soin d'amender son attitude cavalière.

On le voit, pendant son année d'étude en Allemagne, Oppenheimer semblait parfaitement à l'aise – parfois même trop ! –, intégré malgré son caractère difficile, apprécié et admiré par ses professeurs comme par beaucoup d'étudiants. Il ressentait certes déjà, dans l'atmosphère de la ville, les signes avant-coureurs de la montée du nazisme qui surviendrait quelques années plus tard. Il vit surtout un pays appauvri, dans lequel un de ses collègues préférait garer sa voiture de luxe à l'extérieur de la ville, de crainte de susciter la convoitise. Robert, de son côté, profitait toujours de l'aisance matérielle conférée par son père et distribuait ses largesses à ses camarades d'études, qui n'avaient guère l'habitude de tant d'opulence.

Il était notamment réputé pour donner généreusement des objets en sa possession à quiconque avait vanté leur beauté. Des cadeaux qui n'étaient pas toujours désintéressés. Ainsi, lors d'une excursion en train à Hambourg avec un groupe de chercheurs, Charlotte Riefenstahl (1899-1993), alors jeune étudiante allemande, remarqua une magnifique valise en cuir qui contrastait avec les bagages défraîchis des autres voyageurs. Quand elle demanda à qui elle appartenait, James Franck (1882-1964), le directeur de l'Institut de physique expérimentale, lui répondit : « À Oppenheimer, qui d'autre ? » À leur arrivée en gare, elle ne put s'empêcher de complimenter Robert sur la beauté de son bagage. Il lui en fit don peu après, mais il s'agissait sans doute d'une tentative maladroite de séduction. De retour aux États-Unis quelques années plus tard, il l'invita avec d'autres anciens condisciples à New York, dans l'appartement parental, avec l'intention évidente de la courtiser, peut-être même de la demander en mariage. Sans plus de succès malheureusement : elle était déjà convoitée par un autre physicien, Friedrich « Fritz » Houtermans (1903-1966), fils d'un banquier hollandais et d'une mère juive allemande. Malgré ses origines et ses sympathies communistes, il se retrouva lui aussi bien des années plus tard dans la course à l'arme atomique, mais dans le camp adverse… Pour l'heure, c'est cependant lui qui avait gagné le cœur puis la main de la belle Charlotte !

En effet, il est un point sur lequel rien ne semblait s'être amélioré pour Robert depuis Cambridge : ses relations amoureuses. On ne lui connaît aucune liaison pendant son séjour à Göttingen, en dehors de ce béguin non réciproque. L'assurance qu'il avait reprise dans ses relations professionnelles et sociales ne s'étendait pas encore aux conquêtes féminines : la séduction n'était toujours pas son fort. Malgré tout, cette situation semblait bien moins l'affecter que pendant ses années à Harvard et à Cambridge. Il faut dire que son travail lui laissait peu de temps pour le marivaudage.

Pendant son année à Göttingen, il signa ou cosigna en effet pas moins de sept articles (dont quatre en allemand) qui, sans être aussi marquants ou historiques que ceux d'Heisenberg, Dirac, Schrödinger ou Born, apportèrent des contributions significatives à la physique quantique. Et celle-ci n'avait pas fini de bouleverser le paysage scientifique.

Incertitude, seconde manche : les relations d'indétermination

En mars 1927, Werner Heisenberg publia un article qui présentait sa seconde contribution majeure à l'édifice de la physique quantique, ce qu'on appelle souvent le « principe d'incertitude ». Face aux malentendus que le mot suscitait, Heisenberg lui préféra celui d'« indétermination », et l'idée de « principe » porte une connotation trop arbitraire : il est donc plus juste de parler de « relations d'indétermination », car il s'agit bien d'un rapport mathématique entre deux variables (quantités mesurables) corrélées.

Werner Heisenberg (1901-1976), le théoricien de l'infiniment petit.

Heisenberg mûrit cette idée alors qu'il se trouvait à Copenhague, où il avait des discussions fructueuses avec

Niels Bohr qui y dirigeait le département de physique. En partant de la théorie quantique telle qu'il l'avait formulée, mais en adoptant le formalisme mathématique de Dirac, il démontre que si cette théorie est exacte, il existe une limite à la précision avec laquelle on peut connaître l'état d'un système physique. Jusqu'ici, on pensait que seule l'imperfection des appareils limitait la précision des mesures, mais la limite mise en évidence par Heisenberg était d'une tout autre ampleur : il s'agissait d'une limite essentielle, inscrite au cœur même de la nature, et donc indépassable. Plus exactement, lorsqu'on mesurait deux quantités observables corrélées, on ne pouvait obtenir une précision optimale sur l'une, sans diminuer celle de l'autre. En d'autres termes, on ne pouvait par exemple connaître précisément la position d'un électron sans renoncer à mesurer exactement sa vitesse, et inversement, et ce résultat était déduit des équations fondamentales de la physique quantique.

Les relations d'indétermination d'Heisenberg portaient un ultime coup de grâce à la conception classique de la science, en remettant en cause un autre de ses principes fondamentaux : l'existence d'une réalité indépendante de l'observateur. En physique classique et en sciences en général, on considérait comme acquis que l'acte d'observer ne changeait pas la réalité observée, qui aurait été semblable, même sans aucun scientifique ni aucun être humain pour la mesurer. Or la raison pour laquelle on ne pouvait, selon les conclusions d'Heisenberg, mesurer avec une précision optimale à la fois la vitesse et la position d'une particule (ou deux observables corrélés en général – les physiciens parlent de « variables conjuguées » –, par exemple le temps et l'énergie), était qu'en en mesurant une, on « faussait », on altérait la mesure de l'autre. Dans le même ordre d'idée, Dirac avait souligné cette étrangeté de la physique quantique : selon l'ordre dans lequel on mesurait deux variables conjuguées (par exemple vitesse et position), on n'obtenait pas le même résultat ! Mathématiquement, cette particularité se traduisait par une propriété des crochets de Poisson, ce système de notation qu'il avait adopté pour formaliser la mécanique quantique : la non-commutativité, qui définit les opérations pour lesquelles l'ordre des objets change le résultat (par exemple, en arithmétique élémentaire, l'addition et la multiplication sont commutatives, mais pas la soustraction ou la division).

Cette intervention, ou cette influence de l'observateur sur le système observé, et la non-commutativité soulevée par Dirac conduisirent de nombreux scientifiques à rejeter la physique quantique et à considérer qu'elle était erronée ou incomplète. Einstein, en particulier, n'accepta jamais l'idée que l'observation ou la mesure puissent ainsi changer le résultat observé.

L'article d'Heisenberg accentua donc encore l'opposition entre d'un côté les physiciens qui acceptaient de voir ainsi remis en question le principe de causalité et le pouvoir de prédiction que l'on prêtait à la science, ainsi que l'indépendance de l'objet observé vis-à-vis de l'observateur, et de l'autre ceux qui pensaient que c'était la théorie quantique qui n'était pas encore au point, et qu'elle ne le serait qu'à condition de rentrer dans le schéma de la science classique.

Oppenheimer était très admiratif du génie d'Heisenberg qui lui ressemblait sur plus d'un point. Toujours est-il qu'une rivalité commençait à naître entre les deux physiciens, sans qu'ils puissent savoir qu'elle se poursuivrait bien des années après, et sur un tout autre terrain.

Distractions et QED

À Göttingen, Oppenheimer retrouva également une autre figure majeure de la physique quantique : Paul Dirac. Celui-ci arriva dans la ville allemande en février 1927 et logea dans la même pension de famille que se partageaient Oppenheimer et d'autres jeunes physiciens. Depuis leur rencontre à Cambridge, Robert était resté proche de Dirac – pour autant que l'on pouvait être « proche » de Dirac ! Si les deux jeunes chercheurs partageaient la même passion pour la physique théorique, ils étaient fort différents en bien des domaines. Les intérêts d'Oppenheimer en dehors du champ de la physique, sa boulimie de lectures, son amour pour la poésie, les langues étrangères ou la philosophie n'apparaissaient à Dirac que comme pure perte de temps !

La vaste culture d'Oppenheimer, la diversité de ses centres d'intérêt participaient sûrement à l'admiration qu'il suscitait chez ses condisciples et ses professeurs à Göttingen. À Cambridge, les « polymathes » – ainsi que l'on appelle les intellectuels maîtrisant plusieurs (*poly*) connaissances (ce qui est le sens originel de *mathesis*) – étaient plus nombreux et éclipsaient ses lumières. Dans l'université allemande en revanche, une telle versatilité était plus rare et permettait au jeune Américain de briller. Il semblait tenir particulièrement à impressionner le cercle de savants dans lequel il évoluait. Quand il apprit par exemple que deux de ses amis lisaient Dante dans le texte, il passa un mois à apprendre assez d'italien pour pouvoir déclamer des vers de *La Divine Comédie* !

Or non seulement Dirac n'était pas impressionné par la culture littéraire et les facilités linguistiques de son collègue américain, mais il en était atterré, et peut-être même agacé de le voir se disperser ainsi. « On me dit que vous écrivez de la poésie en plus de travailler sur la physique. Comment pouvez-vous concilier les deux ? » s'étonna-t-il un jour. « En physique, nous essayons de dire quelque chose que personne ne connaissait avant en utilisant des mots que tout le monde peut comprendre. Dans le cas de la poésie, c'est exactement le contraire. » « Pourquoi perdez-vous votre temps à de telles sottises ? » lui dit-il un jour plus abruptement. « Et je pense que vous consacrez aussi trop de temps à la musique et à votre collection de peintures. » Notons au passage que c'est bien la première fois que quelqu'un reprochait à Oppenheimer de donner trop de temps à la musique ! Peut-être, parmi les nombreux changements qui s'étaient opérés en lui en Allemagne, doit-on compter aussi la guérison de son « amusie » ? S'il n'eut par la suite rien d'un grand mélomane, il ne semblait plus avoir autant d'aversion pour cet art.

Ces divergences dans leur vision du monde n'empêchèrent pas Oppenheimer de suivre avec passion les travaux de Dirac, en particulier une théorie sur laquelle il travailla beaucoup par la suite : l'électrodynamique quantique (abrégée en anglais en QED). Il s'agissait de la première tentative pour combiner la mécanique quantique et l'autre grande théorie phare de la physique du XXe siècle : la relativité. La réconciliation de ces deux « sœurs ennemies » de la physique théorique – l'une (la mécanique quantique) qui s'applique à l'infiniment petit des structures atomiques, l'autre (la relativité) valable dans l'infiniment grand du cosmos – est aujourd'hui encore porteuse du rêve d'une « super-théorie » de l'unification, qui engloberait tous les secrets de la matière. Malgré les rapprochements parfois féconds tentés par d'autres physiciens, ces deux doctrines restent globalement inconciliables, chacune opérant dans son domaine réservé.

Les électrons se déplaçant à des vitesses proches de celle de la lumière, Dirac avait compris qu'on pouvait leur appliquer les équations d'Einstein. La traduction mathématique de cette idée et son adéquation avec les résultats expérimentaux demanderaient encore des années d'effort aux physiciens qui la reprirent à la fin des années 1940 pour aboutir indépendamment à sa « renormalisation » : le Japonais Shinichirō Tomonaga et les Américains Julian Schwinger et Richard Feynman. Auparavant, Oppenheimer consacra une part importante de son travail de recherche pendant les années 1930 à tenter de mettre le doigt sur ce qui « clochait » dans la première version de la QED donnée par Dirac.

Dans la cour des grands

L'aura de prestige qui entourait Oppenheimer à Göttingen était telle que sa soutenance de thèse passait aux yeux de tout le monde pour une formalité. Elle eut lieu le 11 mai 1927, avec pour directeur Max Born et pour examinateur le collègue et ami de ce dernier, James Franck, qu'il avait fait nommer à la direction du second institut consacré à la physique expérimentale – soit les deux physiciens les plus haut placés de Göttingen. Il obtint son doctorat avec les honneurs d'une mention « très bien », et quand Franck quitta la soutenance, il s'avoua soulagé d'être sorti à temps, car le candidat, après avoir répondu aux siennes, avait commencé, de son côté, à poser des questions… auxquelles il n'était pas sûr de pouvoir répondre ! Oppenheimer se montra par la suite assez dur avec lui-même quant à cette thèse et à la façon dont il en avait traité le sujet, la *Théorie quantique des spectres continus.* Elle fut néanmoins saluée par plusieurs de ses collègues pour sa méthode de calcul aussi brillante que complexe, utilisée encore aujourd'hui pour comprendre les réactions qui se déroulent au cœur des étoiles.

Ses professeurs, les nouveaux comme les anciens, ne tarissaient pas d'éloges sur le travail d'Oppenheimer durant son année en Allemagne. Earle Kennard, un autre physicien américain, le cite parmi les « trois jeunes génies de la théorie » présents à Göttingen où il travaillait alors, aux côtés de Pascual Jordan et de Paul Dirac – même s'il ajoute qu'ils sont « tous trois plus inintelligibles les uns que les autres » ! Aux États-Unis, Edwin Kimble disait quant à lui qu'il était « en train de se révéler encore plus brillant que nous le pensions lorsque nous l'avions chez nous à Harvard ».

Un de ses coups d'éclat est sa contribution à la découverte de « l'effet tunnel », qui eut par la suite des applications concrètes, en permettant notamment la construction des microscopes les plus puissants connus à ce jour. Il s'agit d'un phénomène que la physique classique tenait pour impossible, et que seule la théorie quantique parvint à expliquer. Les électrons (et d'autres particules) ont la capacité de franchir ce que l'on appelle la barrière de potentiel (ou barrière de Coulomb), l'équivalent électrique d'une muraille, à travers laquelle il existe pourtant des « passages » (le fameux tunnel – bien que les électrons « franchissent » cette barrière plus qu'ils ne la « traversent »). C'est leur nature ondulatoire qui autorise ce « franchissement ». Les particules n'auraient en effet pas assez d'énergie pour le faire si elles n'étaient que des corpuscules. Or c'est à Oppenheimer que l'on doit la première description théorique de cet effet tunnel, bien qu'il n'ait pas eu conscience à l'époque de son importance et l'ait relégué dans la dernière de ses « Trois notes sur la théorie quantique des effets apériodiques », parues en janvier 1928. Cette propriété quantique sera notamment mise en évidence dans les expériences de désintégration radioactive par bombardement de protons ou dans les réactions de fusion thermonucléaire.

Les propositions de recherches postdoctorales voire de postes d'enseignement dans les plus grands centres universitaires d'Amérique et d'Europe affluaient alors pour Robert, qui était devenu un des physiciens les plus convoités. Cela arrangeait aussi Born, qui commençait à être impatient de se débarrasser de son encombrant disciple, car l'ascendant qu'il prenait sur son mentor commençait à affecter ce dernier, et à saper sa confiance en lui ! Ils travaillaient maintenant sur un pied d'égalité et leur collaboration s'était pourtant avérée fructueuse. Ils avaient en effet signé conjointement un article important sur un sujet qui passionnait Oppenheimer et qu'il avait déjà abordé à Cambridge : l'application aux molécules de la mécanique quantique (qui, rappelons-le, ne s'était jusqu'ici penchée que sur des atomes, et les plus simples d'entre eux). Cela revenait, pour lui, à répondre à la question : « Pourquoi les molécules sont-elles des molécules ? » Pour résoudre le problème de l'inextricable complexité des calculs qu'aurait nécessité le traitement quantique d'un système aussi élaboré qu'une molécule, les deux chercheurs étaient parvenus à une approximation satisfaisante, encore utilisée et connue aujourd'hui sous le nom d'« approximation de Born-Oppenheimer ».

La publication de cet article déterminant, et particulièrement important dans la carrière naissante d'Oppenheimer, donna lieu à de vives tensions, et peut-être même à une brouille entre les deux physiciens. Avec sa nonchalance désormais proverbiale pour ceux qui le côtoyaient, Robert avait rédigé un manuscrit de cinq pages dans lequel il prétendait avoir condensé l'essentiel de leur découverte, avant de partir en vacances. Born fut catastrophé en découvrant ce texte, qu'il jugeait quant à lui parfaitement incompréhensible. Il en écrivit donc une version bien plus développée et détaillée, au grand dam d'Oppenheimer qui campait sur ses positions et estimait sa prose initiale amplement suffisante.

Born n'abandonna pas pour autant Oppenheimer, dont il prenait au contraire l'avenir très à cœur. Il prit soin de lui chercher un nouveau directeur de recherche qui s'accorderait mieux à son tempérament impétueux, et celui qu'il pensait convenir le mieux fut Paul Ehrenfest (1880-1933). Il écrivit une lettre à ce dernier pour lui présenter Oppenheimer, dont il brossa un portrait assez étrange, car s'il lui vantait ses mérites avec sincérité, il se plaignait aussi de ce qu'il avait « enduré » en sa compagnie. Il alla jusqu'à dire, non sans un certain sens du drame, que « [s]on âme » avait « presque été détruite par cet homme », ou encore que « sa présence » avait « détruit les derniers vestiges de [s]es capacités scientifiques » ! Il prétendait en particulier avoir été « paralysé » par sa « manie de tout mieux savoir et de contester la moindre idée que vous lui soumettiez ». « Il est extérieurement très modeste, mais intérieurement très arrogant », ajoutait-il sans ménagement, mais non sans une certaine pertinence. Au même Ehrenfest, qui ne sembla pas avoir eu autant de complexes auprès d'Oppenheimer, il avoua plus tard : « Je sais que c'est un type bien, mais on n'y peut rien si quelqu'un vous tape sur les nerfs ! »

Opje au pays des tulipes

Son doctorat en poche, Oppenheimer se rendit donc à Leyde, pour travailler avec Ehrenfest. S'il eut d'excellents rapports avec ce dernier, il se retrouva dans une atmosphère morose et jugea le savant autrichien, naturalisé néerlandais depuis 1922, dépité et déprimé. Cette impression n'était pas exagérée, car Ehrenfest souffrait déjà d'une grave dépression, dont les causes étaient multiples. Il se sentait dépassé par les progrès fulgurants de la physique, et alors qu'il y avait pris part, il avait de plus en plus de mal à suivre les développements de la physique quantique. Il était réputé pour son goût de la clarté, préférant aux calculs sophistiqués une physique qui permettait d'élucider les problèmes au lieu de les épaissir.

Sa vie personnelle était également compliquée : le plus jeune de ses fils, Vassily (qu'il appelait Wassik), était atteint de trisomie 21 et il s'inquiétait de ne pouvoir s'en occuper comme il l'aurait fallu. En 1933, sa dépression et ses difficultés connurent un dénouement tragique : accablé, craignant de plus que Wassik ne soit victime de la politique eugéniste des nazis, qui voulaient exterminer les malades mentaux jugés indésirables, il se donna la mort par balle après avoir tué son fils de 15 ans. Il laissa une lettre à ses amis proches, parmi lesquels figuraient Bohr et Einstein, leur demandant pardon du geste qu'il s'apprêtait à commettre, mais leur expliquant qu'il ne voyait pas d'autre issue à sa situation. Oppenheimer, qui avait une sincère affection pour Ehrenfest, fut bouleversé par ce drame, comme tous ceux qui l'avaient côtoyé. « Aucun de nous, qui avons été ses étudiants, ne sera complètement libre d'un sentiment de culpabilité quant à sa dépression », dira-t-il alors dans une lettre à George Uhlenbeck, l'ancien assistant d'Ehrenfest qu'il avait rencontré à Cambridge.

Si la collaboration avec Ehrenfest ne fut donc pas fructueuse, Robert resta quelque temps aux Pays-Bas et donna même des cours à Leyde. Il réalisa à cette occasion un de ces coups d'éclat qui assit

À Leyde aux Pays-Bas en 1926, au laboratoire
de Heike Kamerlingh Onnes.
À l'avant, de gauche à droite : George Uhlenbeck, Helmut Hönl,
Henri Bernard Joseph Florin, Adriaan Fokker,
Hendrik Anthony Kramers et Samuel Goudsmit.
À l'arrière, de gauche à droite et de l'avant vers l'arrière :
Karel Niessen, Paul Dirac, Oppenheimer, Polak,
Tatyana Afanasyeva, Paul Ehrenfest et Jan Woltjer.

sa réputation : il prononça son cours en néerlandais, une langue qu'il avait apprise en quelques mois, mais sans doute avec l'aide d'une petite amie hollandaise ! Il nuança modestement son exploit par la suite, précisant que « ça ne devait pas être du très bon néerlandais », mais son effort a cependant été grandement apprécié. Il passa ensuite quelques mois à Utrecht, où il rencontra le Néerlandais

Hendrik Kramers (1894-1952), ancien étudiant et proche disciple de Bohr. C'est là qu'il reçut le sobriquet affectif d'Opje, un diminutif hollandais qui lui plut tant qu'il l'accompagnera toute sa vie – mais qui deviendra plus tard « Oppie » dans sa version américanisée.

Complémentarité

Après cet épisode hollandais, Opje brûlait de se rendre à Copenhague auprès de son idole Niels Bohr. Ce dernier jouissait d'une aura de prestige aux yeux de presque tous les jeunes physiciens qui travaillaient à développer la mécanique quantique. C'est auprès de lui qu'Heisenberg travaillait quand il mit en évidence les relations d'incertitude. Peu de temps après, en septembre 1927, Bohr allait mettre la dernière pierre à l'édifice de ce qui sera plus tard baptisé « l'interprétation de Copenhague de la physique quantique », en présentant dans une conférence son concept de complémentarité. Cette notion devait profondément marquer non seulement la physique, mais aussi la philosophie de la connaissance. C'est la solution que le Danois avait trouvée au dilemme de la dualité onde-corpuscule. Comment expliquer en effet que toutes les particules alors connues (de même que celles qui seraient découvertes ensuite) possédaient ces deux natures inconciliables ? Contre l'option de Schrödinger, qui ne retenait que leur manifestation ondulatoire, ou celle de Born pour qui la forme corpusculaire était prépondérante, Bohr concluait que les particules se manifestaient sous l'une ou l'autre forme selon la façon dont on les observait et les mesurait. C'est l'acte de la mesure qui « forçait » les particules à se manifester alternativement comme des ondes ou des corpuscules. Ces deux descriptions étaient donc également valables dans la limite des expériences qui les mettaient en évidence, mais aucune n'était suffisante pour englober la nature profonde des particules. Elles étaient complémentaires, comme le yin et le yang de la philosophie taoïste, car le physicien de Copenhague était passionné par les sagesses orientales et s'en inspirait dans son travail et sa conception du monde. Bohr clôturait ainsi la construction théorique commencée par Born avec son interprétation probabiliste et poursuivie par Heisenberg avec ses relations d'indétermination. C'est autour de ces trois piliers que reposa la conception de la physique quantique qui prévalut pendant une bonne partie du XXe siècle, malgré l'opposition de ceux qui, comme Einstein, n'acceptaient pas d'abandonner les principes du déterminisme et de l'indépendance entre nature observée et observateur.

Il jugea qu'un autre « chaperon » que Bohr était plus indiqué pour Oppenheimer : Wolfgang Pauli (1900-1958), qui travaillait alors à Zurich en Suisse. Ehrenfest craignait que Bohr ne soit pas à même de « cadrer » suffisamment la fougue de l'Américain et pensait que Pauli lui inculquerait davantage de discipline. À peine plus âgé que Robert, Pauli était un jeune prodige, auteur à 21 ans d'un article sur la relativité qui lui avait valu les éloges d'Einstein lui-même. Il s'était ensuite illustré dans la physique quantique en établissant le « principe d'exclusion », selon lequel deux fermions (la famille de particules élémentaires à laquelle appartiennent les électrons) ne peuvent coexister dans le même état quantique, et qui permit de mieux comprendre la répartition des électrons autour du noyau atomique.

Le caractère de Pauli était à l'opposé de celui de Born : là où le second était introverti, complexé et discret, le premier était tranchant, pétulant et sûr de lui, armé de plus d'un humour dévastateur. « Ce n'est pas vrai, ce n'est même pas faux ! » était le genre de répliques cinglantes qu'il pouvait asséner lors de discussions scientifiques. Il partageait aussi avec Oppenheimer son incompétence dans l'activité expérimentale. Ses collègues l'avaient tourné en dérision en énonçant le « principe de Pauli », selon lequel les appareils se mettaient à dysfonctionner dès qu'il posait le pied dans un laboratoire !

Les deux savants étaient somme toute assez semblables et leur rencontre aurait pu être orageuse. Pourtant ils s'entendirent à merveille et malgré une santé chancelante (il toussait constamment et fut diagnostiqué tuberculeux), Robert put auprès de lui renouer avec l'effervescence créatrice de son passage à Göttingen. Après la relative déception hollandaise, « l'expérience avec Pauli [N.B. : il ne s'agit pas d'une expérience de physique, mais de leur collaboration !] me parut tout simplement parfaite », se remémora-t-il par la suite. Il fit également à Zurich la connaissance de deux jeunes chercheurs avec qui il se lia d'amitié : l'Austro-Hongrois Isidor Rabi et l'Allemand Rudolf Peierls.

Opje n'échappait pas pour autant aux saillies de Pauli. Comme l'avait fait Dirac peu avant, celui-ci s'étonnait de la variété des intérêts de l'Américain, allant jusqu'à dire qu'il « traitait la physique comme un devoir, mais la psychanalyse comme une vocation ». Pauli était sans doute loin de le soupçonner alors, mais il deviendrait lui-même quelques années plus tard un des physiciens les plus profondément impliqués dans la psychanalyse. En 1933, à la suite d'un divorce douloureux et du suicide de sa mère, il souffrit d'une profonde dépression.

De gauche à droite : Robert Oppenheimer, Isidor Rabi, H.M. Mott-Smith et Wolfgang Pauli, sur le lac de Zurich (Suisse).

Il consulta alors Carl Gustav Jung (1875-1961), le disciple de Freud devenu son concurrent, qui développa une théorie basée sur les concepts d'inconscient collectif et d'archétypes. Pauli devint très proche du psychanalyste, qui interpréta nombre de ses rêves, et ils signèrent un ouvrage en commun. Cette proximité avec Jung le conduisit aux frontières du mysticisme que le psychanalyste suisse affectionnait, et l'entraîna bien plus loin dans les profondeurs de l'inconscient qu'Oppenheimer ne s'aventura jamais !

Une chose est certaine : Pauli avait su « dompter » Oppenheimer. Il alla même jusqu'à lui reprocher sa confiance aveugle et inconditionnelle ! Opje retiendra la leçon. C'est lui qui, en se penchant sur les équations que Pauli avait établies à partir de l'électrodynamique de Dirac, mit en évidence leur faille mathématique : elles prêtaient aux électrons une énergie infinie ! C'est donc bien en « corrigeant » son aîné et mentor qu'il fit le premier pas vers la renormalisation (la « révision ») de la QED.

Les deux physiciens restèrent proches par la suite et gardèrent des rapports cordiaux, mais francs. Lors d'un séminaire auquel il assista quelques années plus tard aux États-Unis, Pauli se permit d'interrompre sans ménagement une conférence de Robert, s'attirant cette remontrance de la part de Kramers : « Ferme-la Pauli, et laisse-nous entendre ce qu'Oppenheimer a à dire. Tu nous expliqueras après à quel point il a tort ! »

Retour au bercail : la complémentarité appliquée !

Parmi les offres et les opportunités de postes qui se présentèrent à lui, Oppenheimer choisit finalement de retourner aux États-Unis. Après plus de trois ans passés en Europe, il avait le mal du pays. Mais si Harvard, son *alma mater*, l'avait aussi courtisé, il jeta son dévolu non pas sur une, mais deux universités de la côté ouest : l'université de Californie à Berkeley (souvent abrégée en U-Cal ou

U-Cal Berkeley) et le California Institute of Technology (Caltech) de Pasadena. La première lui offrait un territoire pour ainsi dire vierge dans le domaine de la physique théorique, où presque tout était à faire, avec la promesse de réaliser un de ses grands projets de l'époque : fonder une vraie école américaine de physique théorique et en l'occurrence de physique quantique. Il faut dire que dans ce domaine les Américains étaient à la traîne de leurs confrères européens – principalement allemands ou britanniques. Quand Edward Condon, un physicien qui étudiait à Göttingen en même temps qu'Oppenheimer, invita Dirac à visiter les États-Unis en 1927, il reçut cette réponse cinglante : « Il n'y a pas de physiciens aux États-Unis ! » Si cette sentence était évidemment exagérée, l'objectif d'Oppenheimer était de fonder un pôle de recherche aussi attractif pour les jeunes scientifiques talentueux que les grands centres européens.

Le Caltech, en revanche, accueillait déjà un département de physique bien établi, ce qui permettait à Oppenheimer de rester en contact avec des chercheurs chevronnés, de ne pas trop s'isoler dans une tour d'ivoire, de rester au fait des dernières découvertes et… de se confronter à la critique !

Ces institutions complémentaires présentaient également pour lui l'avantage de se situer toutes deux en Californie, beaucoup plus près de son Nouveau-Mexique adoré que les centres de recherche de la côte est où il avait grandi (New York, Harvard) ou de ceux qui pouvaient le convoiter comme Princeton, le MIT de Boston ou l'université de Chicago. Il se rendait dès qu'il pouvait dans son État favori et y retrouvait Katherine Page dans son ranch de Los Pinos. Il y dénicha même en 1928 une petite maison que son père loua d'abord pour lui avant qu'il pût l'acquérir. Quand Katherine la lui présenta, en lui précisant qu'elle était disponible, il s'exclama « *hot dog!* » (une interjection argotique américaine que l'on peut traduire par « la vache ! » ou « purée ! »). Son amie descendante d'hidalgos le corrigea : « Non, en espagnol : *perro caliente !* » Ainsi baptisé, Perro caliente devint son lieu de villégiature privilégié où il aimait à se retirer de l'effervescence de l'université et de la science, souvent accompagné de ses amis proches ou de son frère Frank.

Professeur Oppenheimer

Robert Oppenheimer prit donc ses fonctions à Berkeley à la rentrée de septembre 1929 et à Caltech au semestre suivant.

Ses débuts dans l'enseignement ne furent pas sans difficultés. À l'issue de sa première année à Berkeley, beaucoup d'étudiants se plaignirent que ses cours étaient trop difficiles, voire incompréhensibles. Il parlait vite et d'une voix très basse, presque inaudible – et s'il fit peut-être des efforts sur ce premier défaut par la suite, la nervosité du professeur débutant se traduisant souvent par un débit trop saccadé, il ne se départit jamais du second et parlait presque toujours dans un semi-murmure. Il notait au tableau des équations en vrac, sans organisation ni méthode, avec toujours une cigarette à la main, au point qu'un de ses élèves dit plus tard avec humour qu'il s'attendait toujours à la voir écrire avec sa cigarette et fumer sa craie ! Il faut dire qu'il avait pris l'habitude de fumer à la chaîne, alternant les cigarettes et la pipe, et que ses doigts en étaient déjà tachés de nicotine.

Surtout, il était terriblement exigeant vis-à-vis de ses étudiants, leur présentant une théorie difficile et nouvelle comme si elle allait de soi. Il ne se chargeait que des étudiants diplômés (les *graduate students*), préparant souvent leur thèse de doctorat, mais même leur niveau élevé ne leur suffisait pas toujours pour suivre les cours du nouveau professeur. Cette réputation d'obscurité ne l'empêcha pas de susciter la fascination et l'admiration de ses élèves – peut-être même y contribua-t-elle en partie…

Oppenheimer réussit vite à amender ces défauts et devint bientôt un des professeurs de physique les plus appréciés et recherchés des États-Unis. En quelques années, il parvint à réaliser son souhait de fonder une école américaine de physique théorique en attirant en Californie les jeunes chercheurs les plus prometteurs et les plus brillants. Comme le résuma Joseph Weinberg, un de ces heureux nouveaux pionniers de la physique, à Berkeley : « Bohr était Dieu et Oppie était son prophète. » Il se constitua un cercle de disciples, qui non seulement suivaient son enseignement, mais le prirent pour modèle, lui vouant un véritable culte. Ils imitaient ses manies et ses tics, sa diction saccadée et marmonnée, et sa façon de ponctuer ses phrases d'un « nim nim nim », ce petit son nasillard qui l'avait fait surnommer « Monsieur Nim nim nim » par le sarcastique Pauli – et qui avait valu à son cercle de jeunes admirateurs le titre de « *Nim nim Boys* » ! Certains copiaient même ses habitudes vestimentaires, qui détonnaient avec celles du professeur d'université typique : il affectionnait en effet les jeans et les ceintures à boucle des cow-boys du Nouveau-Mexique, et se séparait rarement de son chapeau à larges bords. S'il adopta par la suite une tenue plus académique, son fameux *pork pie hat* (un style de chapeau ainsi appelé pour la ressemblance de sa forme avec celle d'une tourte au porc) resta indissociable de son personnage.

Ses étudiants l'adulaient littéralement et formaient un cercle qui dépassait les murs de l'université, car ses méthodes d'enseignement tranchaient aussi avec les habitudes qui avaient cours dans le monde académique. Se souvenant peut-être des méthodes socratiques de certains de ses professeurs de l'École de la culture éthique, il souhaitait faire participer ses élèves, susciter le dialogue et l'interrogation. Il avait ainsi instauré un rituel quotidien : tous les doctorants se réunissaient dans une grande pièce où Oppenheimer n'avait pas de bureau, seulement une grande table centrale encombrée de papiers. Chaque étudiant présentait à son tour ses travaux et les problèmes qu'il rencontrait, ce qui permettait de couvrir des champs de recherche extraordinairement variés.

Aux yeux de beaucoup de ses étudiants, Robert était plus qu'un mentor et un modèle : un ami, parfois une figure quasi paternelle. D'ailleurs pour eux, il resta toujours Oppie.

La course manquée au positron

Se consacrer avec une telle passion à l'enseignement n'empêcha pas Oppie de poursuivre tout aussi intensément ses travaux de recherche. Une des qualités qui impressionnait le plus ses collègues était sa capacité à embrasser tous les domaines de la physique et à en pénétrer les différents problèmes – aidé en cela, nous l'avons vu, par ses étudiants et leurs sujets de recherche si variés. Ce fut peut-être aussi son talon d'Achille, car sa polyvalence l'empêchait d'approfondir certains des champs du savoir qu'il avait pourtant souvent brillamment défriché. Pauli ne s'y était pas trompé. Il jugeait quand il l'encadrait à Zurich que « sa faiblesse » consistait à « se satisfai[re] trop vite de résultats fragiles » et « qu'il ne répond[ait] pas à ses questions, souvent intéressantes, par manque de persévérance et de minutie, laissant ses problèmes au stade semi-digéré de conjecture, de croyance ou de doute ».

Pendant ses années d'enseignement entre Berkeley et Caltech, il continua de publier à un rythme soutenu. Presque tous ses articles de cette époque étaient cosignés avec l'un ou l'autre de ses plus brillants étudiants. Là où nombre de professeurs utilisent leurs élèves pour exécuter les basses besognes avant d'en récolter les lauriers, il leur offrait un tremplin en collaborant avec eux et en les aidant souvent dans les impasses de leurs propres recherches.

Oppie poursuivit ses recherches avec d'autant plus de ferveur que la période était faste pour la physique théorique. L'année 1932 fut particulièrement féconde en découvertes, avec celle du neutron par James Chadwick au laboratoire Cavendish, puis du positron par Carl D. Anderson à Caltech, ainsi que la première expérience de désintégration radioactive artificielle, de nouveau au Cavendish, par John Cockcroft et Ernest Walton. En bombardant des noyaux de lithium à l'aide d'un accélérateur de protons, ces deux collaborateurs d'Ernest Rutherford étaient en effet parvenus à le scinder en deux particules α (noyaux d'hélium).

Oppenheimer ne fut pas en première ligne sur tous ces fronts et manqua même quelques occasions d'opérer une percée historique dans sa discipline – et peut-être de remporter le prix Nobel, qui manquera toujours à son palmarès. L'année précédente avait été marquée pour lui par un deuil difficile, celui de sa mère, morte d'une leucémie le 17 octobre 1931. Ce décès prématuré – Ella n'était âgée que de 62 ans – permit cependant à Robert de se rapprocher de son père, avec qui il avait pourtant eu des relations compliquées à l'adolescence. Pour le soulager de sa perte et lui éviter de sombrer dans la solitude, il l'invitait régulièrement chez lui en Californie et le présentait volontiers à ses nombreux amis. Le jeune professeur n'en fut toutefois pas moins profondément abattu, déclarant à son cher mentor et confident Herbert Smith après la mort d'Ella qu'il était alors « l'homme le plus seul au monde ».

Cependant, ce chagrin ne suffit pas à expliquer un des plus grands ratés de sa carrière – qui est aussi paradoxalement une de ses plus belles réalisations ! L'histoire de la physique a en effet retenu que Carl Anderson, qui avait étudié à Caltech avec Oppenheimer, avait apporté la preuve expérimentale de l'existence du positron, confirmant une prédiction contenue dans les équations de l'électrodynamique quantique de Dirac. C'est d'ailleurs cette découverte qui valut aux deux chercheurs de partager chacun un prix Nobel de physique – Dirac en 1933 avec Schrödinger et Anderson en 1936 avec Victor Franz Hess. Le rôle que joua Oppenheimer dans cette révélation a en revanche été quasiment oublié. C'est pourtant lui qui, en 1930, découvre que l'électrodynamique quantique de Dirac impliquerait l'existence d'une particule alors inconnue, chargée positivement, mais aussi légère qu'un électron. Il ne croyait cependant pas à l'existence de cet antiélectron, plus tard rebaptisé « positon », puis « positron », et y voyait au contraire la preuve que les équations de Dirac étaient défectueuses ! En faisant fortuitement la démonstration expérimentale de leur existence alors qu'il étudiait les rayons cosmiques, Anderson avait dévoilé tout un monde caché, celui de l'antimatière, négatif ou image en miroir de la matière connue, et dont le positron fut la première particule découverte. Si Oppie avait vu juste dans la QED, il en avait tiré des conclusions erronées.

Un pas vers le trou noir

Pourtant, le thème de recherche le plus important sur lequel il travailla pendant ces années 1930, celui qui, de l'avis d'éminents physiciens, aurait pu lui valoir le prix Nobel s'il avait vécu quelques années de plus, fut sans doute le moins remarqué à l'époque. Preuve s'il en fallait de la variété de ses intérêts scientifiques, il s'agissait d'une incursion sur le terrain de l'astrophysique, qui était nouvelle pour lui.

La question portait sur le devenir des étoiles après leur « mort », quand elles épuisent leurs réserves de « carburant » (en l'occurrence l'hydrogène) et s'affaissent sous leur propre force gravitationnelle. Selon la masse initiale de l'étoile, celle-ci pouvait passer par différentes phases, de plus en plus réduites et denses : naine blanche, supernova puis étoile à neutron. Or que se passait-il quand cette contraction ne prenait pas fin ? La réponse se trouvait dans les équations de la relativité générale présentées par Einstein en 1915 et dans leur solution calculée l'année suivante par Karl Schwarzschild (1873-1916). Mathématiquement, il s'agissait d'une singularité, d'un passage à la limite, où les équations s'emballent et produisent des résultats aberrants, dont l'interprétation physique défie l'entendement. La réalité qui devait correspondre à cette singularité est particulièrement difficile à se représenter : un objet tellement dense qu'il attirerait à lui non seulement toute la matière environnante, mais aussi la lumière dans un périmètre donné (appelé « horizon des événements »), et que sous l'effet de sa colossale force gravitationnelle, le temps lui-même s'arrêterait. Avec sa théorie de la relativité générale, Einstein avait justement montré que la gravitation « étirait » les durées. Dans leur article paru en septembre 1939 sur « La contraction gravitationnelle continue », Oppenheimer et son coauteur Hartland Snyder (1913-1962) (alors un des étudiants de son « groupe de Berkeley » les plus doués en mathématiques) employaient un procédé astucieux, qui sera ensuite repris par de nombreux ouvrages de vulgarisation. Ils comparent la perception du temps d'un observateur extérieur avec celle d'un autre, « happé » dans le cœur de ce concentré d'étoile. Ce qui n'était encore qu'une spéculation théorique sous leur plume deviendrait plus tard un des sujets de recherche les plus fascinants de l'astrophysique : les trous noirs, ainsi appelés parce qu'ils absorbent la lumière à leur voisinage. Sur le moment, le caractère novateur de cet article n'apparut guère à la communauté scientifique, et sans doute pas à Oppenheimer lui-même. Il n'en demeure pas moins, à la lumière des développements ultérieurs de la physique des trous noirs, un des principaux titres de gloire scientifique du chercheur.

Cependant, l'horizon d'autres événements, historiques ceux-ci, avait déjà éclipsé ces étincelles scientifiques et relégué ces recherches à l'arrière-plan des préoccupations de tous, y compris de leur auteur : le 1er septembre, il apprenait avec angoisse l'invasion de la Pologne par les troupes du IIIe Reich, acte déclencheur de la Seconde Guerre mondiale.

Chapitre 5

SUR LE CHEMIN DE LOS ALAMOS : VERS LA CONCEPTION DE LA PREMIÈRE BOMBE ATOMIQUE

Alors qu'il était devenu l'étoile montante de la physique théorique américaine, un enseignant adulé et un chercheur admiré, la politique vint bouleverser la vie du professeur Oppenheimer. Après des années d'activisme politique très orienté à gauche, la tournure prise par la Seconde Guerre mondiale et l'emballement de la recherche autour du phénomène de fission nucléaire le précipitèrent dans l'aventure inimaginable et folle de la bombe atomique.

Berkeley, un nid de gauchistes ?

Durant ses premières années en Californie, Oppie ne s'intéressait pas plus à la politique et aux problèmes sociaux qu'il ne l'avait fait jusqu'alors. Son éducation à la culture éthique l'avait certes sensibilisé aux inégalités et à la nécessité de lutter contre les injustices, mais depuis qu'il s'était consacré à la science, ces questions semblaient loin de ses préoccupations. Lorsque éclata le krach boursier, suivi par la grande crise financière de 1929, il n'en fut informé que six mois plus tard. Par un heureux concours de circonstances, son père avait pris sa retraite peu de temps avant et sa fortune n'en fut presque pas affectée. Au début des années 1930, à un ami qui s'étonnait de son manque d'intérêt pour la politique, il répondit même : « Qu'est-ce que la politique a à voir avec la vérité, la bonté et la beauté ? » Il participa certes à quelques manifestations en soutien à la grève des dockers de San Francisco en 1934, mais il avoua avoir voté pour la première fois en 1936.

C'est cette année-là que Robert s'ouvrit réellement aux problèmes du monde. Il commença non seulement à s'intéresser à la politique, américaine et internationale, mais il devint un intellectuel engagé et extraordinairement actif. Il s'inscrivit au syndicat des enseignants américains, participa à des réunions, en organisa même à son domicile. La cause qu'il embrassa le plus passionnément fut celle de la République espagnole, menacée et finalement terrassée par la dictature du général Franco à l'issue d'une guerre civile de trois ans, entre 1936 et 1939.

La plupart des groupes, comités ou associations auxquels il participa activement pendant ces années étaient affiliés, de près ou de loin, avec le Parti communiste américain. Bien des années plus tard, la question de savoir si Oppenheimer avait ou non été membre du Parti devint cruciale lorsque son accréditation de sécurité militaire fut remise en question et sa « loyauté » discutée. Lui-même nia toujours avoir été « encarté » et il est vrai qu'il n'a jamais eu de carte de membre ni payé de cotisations. On peut cependant aussi considérer qu'il était alors membre de fait du Parti communiste, tant ses relations, ses combats et ses idées étaient toutes proches de ce courant politique. S'il n'a jamais payé de cotisations au Parti, ses participations pécuniaires, fréquentes et substantielles, à des causes patronnées ou soutenues par les communistes américains pouvaient être prises pour une contribution équivalente, voire supérieure. Très à l'aise financièrement – les placements réalisés par son père lui assuraient une pension qui aurait amplement suffi à sa subsistance, ce à quoi s'ajoutait son salaire très confortable de professeur d'université –, il ne s'était jamais départi de sa générosité et n'hésitait pas à verser des sommes importantes pour aider les causes en lesquelles il croyait – et toujours en liquide…

Nous aurons à revenir plus loin sur la question de ses relations avec le Parti communiste qui ressurgirent après la guerre, en pleine paranoïa anticommuniste de la période du maccarthysme. Il faut replacer ses engagements politiques dans le contexte de leur époque, les années 1930. Qu'il ait été alors très nettement situé à gauche est indéniable. Cette sensibilité politique, dont son éducation à l'École de la culture éthique et son milieu familial avaient sans doute planté les graines, s'était réveillée à partir de 1936 et il s'était adonné à ses activités politiques avec la même intensité qu'il mettait dans son travail scientifique. Qu'il ait été proche des communistes américains est non moins certain. Son propre frère Frank, qui avait embrassé lui aussi une carrière de physicien, ainsi que l'épouse de celui-ci, Jacquenette dite « Jackie », une Québécoise au verbe haut issue d'un milieu ouvrier, étaient tous deux inscrits au Parti. Nombre de ses amis, de ses étudiants, de ses connaissances étaient également des communistes avérés ou au moins des sympathisants, des « compagnons de route » comme on disait alors. Ce terme définirait d'ailleurs tout aussi bien la position d'Oppenheimer à l'égard du parti.

Il faut préciser qu'à cette époque, si une partie de l'opinion, des dirigeants et des élites américaines est déjà très hostile au communisme et à l'Union soviétique, perçus comme une menace pour le mode de vie et le modèle économique américains, il n'est pas encore forcément honteux ou scandaleux d'être communiste aux États-Unis et de se revendiquer comme tel. Le Parti communiste est alors légitime et y adhérer n'est pas considéré comme une action subversive, encore moins comme un acte de trahison. Si déjà le FBI surveille de très près les activités des communistes, avérés ou soupçonnés, encartés ou simples compagnons de route, le Parti communiste américain n'a rien d'un satellite de Moscou. Ses dirigeants cherchent au contraire à faire accepter l'idée d'un communisme pleinement américain, indépendant et en phase avec la réalité de leur pays.

À l'instar de nombreux communistes américains, Oppenheimer lui-même voit son rapprochement avec le Parti davantage comme une conséquence de son soutien à la politique du « New Deal » (Nouvelle Donne) que comme une allégeance à l'URSS. Promu et porté par le président Franklin Delano Roosevelt, le New Deal avait permis de sortir le pays de la crise économique survenue en 1929, en défendant notamment l'action sociale et l'intervention de l'État en faveur des plus démunis. Aux États-Unis, nombreux étaient donc les communistes qui se voyaient comme « l'aile gauche du New Deal », militant pour encore plus de solidarité et de justice sociale.

Certes, comme sans doute beaucoup d'autres « camarades », Oppenheimer afficha un temps ce que l'on peut appeler des « signes extérieurs de communisme ». Il se vantait à ses amis gauchistes d'avoir lu dans le texte original allemand les trois tomes du *Capital* de Karl Marx, la bible du communisme, mais aussi un ouvrage d'économie très difficile et exigeant, dans le train qui le conduisait de New York à Berkeley ! Il prétendit également avoir acquis et lu les œuvres complètes de Lénine. Bien qu'il ait été un lecteur avide, rien ne laisse penser qu'il ait beaucoup tiré profit de ces lectures. Il n'eut jamais rien d'un doctrinaire du communisme et le « catéchisme » de la lutte des classes, du matérialisme dialectique, de la dictature du prolétariat ou du travail aliéné ne se retrouve guère dans ses propos ou ses lettres.

De même, pendant cette période d'engagement à gauche et de proximité avec le communisme, il exprima un temps un soutien sans faille et une admiration exagérée pour l'Union soviétique. Jusqu'à ce qu'il reçoive la visite de trois de ses collègues physiciens – qui revenaient d'URSS et lui racontèrent la réalité de ce qui s'y déroulait : les purges, la terreur, l'incompétence des dirigeants, la misère et les souffrances du peuple russe sous l'impitoyable dictature de Staline. Ce témoignage de première main, rapporté par des hommes qu'il respectait et aux jugements desquels il se fiait, le vaccina durablement contre l'aveuglement partagé par tant de communistes à travers le monde. Il marqua le début d'une prise de distance vis-à-vis de l'extrême gauche, qui ne devait aboutir à une rupture définitive qu'à la faveur de ce qui serait la grande aventure, et la grande malédiction de sa vie : la conception de la première arme nucléaire de l'histoire.

Les femmes de sa vie

Au-delà de ses causes idéologiques et historiques profondes, l'activisme politique d'Oppenheimer et son implication dans les milieux communistes et gauchistes sont indissociables de sa vie privée, en particulier de sa vie amoureuse. C'est en effet durant les trois années qui séparent le début de la guerre civile espagnole de celui de la Seconde Guerre mondiale qu'il rencontra les deux femmes qui marquèrent son existence et qui toutes deux avaient des liens étroits – bien que complexes – avec le communisme.

C'est en 1936 qu'il fit la connaissance de Jean Tatlock, la fille d'un de ses collègues, professeur d'anglais à Berkeley. Elle était plus jeune de dix ans (elle en avait 22, Robert 32), mais avait beaucoup de points communs avec le physicien. Elle était intellectuellement brillante, érudite, passionnée de littérature et de poésie. Elle lui fit notamment découvrir l'œuvre de John Donne (1572-1631), un poète anglais du courant métaphysique de l'époque élisabéthaine. Elle était indépendante, ne se laissait pas intimider. Passionnée comme Robert par la psychanalyse, elle étudiait la médecine et se destinait à la psychiatrie. Elle était aussi très engagée politiquement à l'extrême gauche, depuis plus longtemps et plus activement qu'Oppenheimer.

Elle fut membre du Parti communiste, mais elle entretenait avec cette organisation une relation en dents de scie. Elle n'avait rien d'une doctrinaire aveugle, et se retrouvait régulièrement en désaccord avec la ligne officielle.

Liaisons instables

Jusqu'ici on ne connaissait à Robert que des flirts, des relations épisodiques. L'une d'elles – dont on ne sait à quel point elle fut intime – lui vaudra en 1934 une première apparition dans la presse, non pas pour un exploit scientifique…, mais au moins pour un amour de la physique plus fort que les amourettes !

Oppie passait la soirée avec Melba Phillips (1907-2004), une étudiante originaire de l'Indiana, dont il avait dirigé la thèse et avec laquelle il cosignera l'année suivante un article de physique nucléaire. Au volant de sa Chrysler, il l'avait emmenée pour une promenade dans les collines surplombant la baie de San Francisco pour admirer le panorama. Alors que la jeune femme commençait à somnoler, il lui dit de l'attendre dans la voiture pendant qu'il allait faire une promenade à pied. Quand elle se réveilla, elle l'attendit, mais deux heures plus tard, il n'avait toujours pas réintégré le véhicule. Melba commença à s'inquiéter et alerta des policiers de passage de la disparition de son mentor. Après avoir fouillé les alentours en craignant d'y retrouver sa dépouille, ils se rendirent finalement à son domicile… d'où ils le tirèrent d'un profond sommeil ! Il leur dit avoir tout simplement oublié son « flirt » dans sa voiture (et le véhicule par la même occasion !) alors qu'il marchait vers son domicile, absorbé dans ses réflexions scientifiques. Selon ses proches, il était pourtant loin du cliché du savant distrait et étourdi, et il faut peut-être seulement voir dans cet incident une belle manifestation de goujaterie ordinaire. L'incident fut relaté dans la presse locale, puis repris par des journaux étrangers, au grand embarras des intéressés.

Pendant ses premières années d'enseignement en Californie, Robert semblait surtout intéressé par les femmes des autres, en particulier de ses collègues, faisant à plusieurs d'entre elles une cour très correcte, mais pour le moins déplacée. Il s'aliéna ainsi un de ses amis et collaborateurs, le chimiste Linus Pauling (1901-1994), qui fut un pionnier de la chimie quantique. Or nous l'avons vu, ce domaine de recherche, qui consiste à appliquer les principes de la physique quantique aux molécules et non plus aux simples atomes, intéressait particulièrement Oppenheimer au début de sa carrière. Peut-être lui permettait-il de concilier sa théorie fétiche, la physique quantique, avec son premier amour scientifique : la chimie. Quand il rencontra Pauling à Caltech, les deux jeunes savants entreprirent de partager cet engouement commun et de collaborer à un programme de recherche sur la chimie quantique. La répartition des tâches avait même été arrêtée : Robert se chargerait de la partie mathématique et Linus de l'interprétation des résultats. Le physicien avait même fait au chimiste un cadeau qui en disait long sur l'affection qu'il lui portait : il lui avait fait don de sa précieuse collection de minéraux, qu'il avait commencée enfant avec le coffret offert par son grand-père, puis enrichie au gré de ses sorties minéralogiques.

Tout se dégrada quand Oppie, qui était fréquemment invité chez les Pauling, rendit visite à Ava Helen, la femme de Linus, en l'absence de celui-ci et se montra entreprenant au point de l'inviter dans son ranch de Perro Caliente au Nouveau-Mexique… sans son époux ! Pauling, d'autant plus outré qu'Helen prenait l'incident à la légère, rompit tout contact avec le physicien. Ils gardèrent des relations professionnelles cordiales, mais leur amitié était brisée. Pauling connut plus tard la célébrité en dévoilant les secrets de la liaison chimique, qui est basée sur l'échange (ou le partage) d'électrons entre les atomes. Ce travail lui valut le prix Nobel de chimie en 1954. Il fut aussi par la suite un fervent militant contre la prolifération nucléaire et se vit décerner le prix Nobel de la paix en 1962 pour sa lutte contre les essais d'armes atomiques – ce qui fit de lui le second lauréat à remporter deux Nobel dans des domaines différents, après Marie Curie qui gagna ceux de physique et de chimie.

Jean et Oppie, entre Marx et Freud

Oppie avait donc dépassé les complexes de ce qu'il appelait lui-même sa « longue adolescence », les névroses et les frustrations sexuelles de ses années d'étudiant à Harvard et à Cambridge. Depuis son installation en Californie, il multipliait les conquêtes éphémères.

Tout fut différent avec Jean Tatlock. Dès le début de leur relation, les amis proches du couple virent bien qu'il venait de rencontrer le grand amour de sa vie. Leur relation fut pourtant aussi orageuse que celle de Jean avec le Parti communiste. La rencontre de ces deux tempéraments ombrageux et complexes était explosive, comme deux blocs d'uranium qui une fois réunis forment une masse critique – mais cette métaphore ne signifiait encore rien à cette époque…

Jean était souvent exaspérée par les largesses d'Oppie, l'ostentation avec laquelle il dépensait son argent. Totalement à l'abri du besoin, il ne vivait pourtant pas dans le luxe et était même d'une sobriété presque ascétique dans certains domaines. Or il avait gardé l'habitude de faire crouler ses conquêtes sous les cadeaux, les dîners chics et les fleurs – et Jean n'entendait pas se laisser amadouer ainsi. « Arrête avec les fleurs ! », avait-elle fini par l'admonester lors d'une de leurs disputes.

Leur histoire d'amour exerça une profonde influence sur Oppenheimer. Si Jean ne fut pas la seule cause de son engagement politique, elle en fut assurément un catalyseur, le poussant à l'action et le mettant en contact avec des membres importants du Parti communiste et d'autres organisations affiliées. Elle l'incita également à approfondir son intérêt pour la psychanalyste, en lui présentant le docteur Siegfried Bernfeld. Cet ancien disciple de Freud avait, comme son maître, quitté Vienne pour fuir la menace nazie. Grand amateur d'art, il essayait de concilier marxisme et freudisme et réunissait régulièrement à son domicile de San Francisco un groupe d'intellectuels pour discuter de psychanalyse. Invité régulièrement à ce séminaire informel, Robert était très impressionné par Bernfeld – au point de l'imiter jusque dans ses choix vestimentaires en adoptant le même style de chapeau *pork pie hat.*

De son côté, l'intérêt de Jean pour la psychanalyse n'était pas uniquement intellectuel, ni purement professionnel. Elle était la proie d'accès de dépression aiguë et exprimait des doutes sur son orientation sexuelle à une époque où la psychanalyse, au diapason de l'ensemble de la société, considérait l'homosexualité comme une maladie à traiter.

Elle vécut avec Robert trois ans d'une relation houleuse, scandée par les séparations, les réconciliations et les demandes de mariage de la part du physicien – qui essuya au moins deux refus avant de déposer les armes.

Madame Oppenheimer

Peu de temps après sa dernière rupture avec Jean Tatlock, en août 1939, Robert fit la connaissance d'une autre jeune femme appelée Katherine « Kitty » Harrison. Elle était née Katherine Puening en 1910 en Allemagne, mais sa famille avait émigré aux États-Unis deux ans plus tard. Elle descendait de la haute noblesse germanique par sa mère, qui aurait eu des liens de parenté avec toutes les têtes couronnées d'Europe, dont le roi des Belges et la reine Victoria. Bien qu'elle soit née dans un milieu aisé, Kitty, jeune fille rebelle, qui poursuivait des études sans beaucoup d'assiduité ni de sérieux, avait vécu une existence mouvementée : elle avait eu trois maris, et bien qu'elle en ait été séparée de fait, elle était encore mariée avec le dernier. À Paris, elle avait d'abord épousé sur un coup de tête Frank Ramseyer, un musicien qu'elle connaissait à peine et qui s'avéra homosexuel et toxicomane. Elle obtint l'annulation du mariage et retourna aux États-Unis. En 1933, elle rencontra un jeune communiste américain, Joe Dallet. Il était, comme Oppenheimer, le fils d'un riche homme d'affaires juif allemand, mais avait consacré sa vie à la lutte politique plutôt qu'à la recherche scientifique. Kitty tomba « amoureuse de Joe et de son Parti », et épousa l'homme en même temps que sa cause. Elle s'inscrivit à son tour au Parti et vécut auprès de lui des années de bohème, distribuant des tracts et des journaux pendant que Joe s'occupait d'organisations syndicales. Elle finit cependant par être déprimée par la « pauvreté » de leur mode de vie. Elle quitta Joe en juin 1936 mais le retrouva peu après à Paris et renoua avec lui avant qu'il ne s'engage aux côtés des troupes républicaines dans la guerre civile espagnole. Kitty avait formé le projet de l'y rejoindre et de se porter volontaire comme infirmière, mais alors qu'elle se trouvait encore en France, il fut tué par une rafale de mitraillette alors qu'il menait l'assaut. Effondrée, elle rentra aux États-Unis où elle reprit des études de botanique. Elle épousa ensuite Richard Harrison, un médecin britannique plus âgé qu'elle, mais ces troisièmes noces ne furent guère passionnées et le couple était en instance de rupture quand elle rencontra Oppenheimer.

Malgré ce passé très engagé à gauche, Kitty n'avait rien d'une pasionaria. Si son amour pour Joe Dallet était sans doute profond et sincère, tout porte à penser qu'elle n'avait jamais réellement embrassé ses idéaux, et son implication dans le Parti communiste était très superficielle. Elle était néanmoins aux yeux des « camarades » américains la veuve d'un martyr de la guerre d'Espagne, ce qui lui conférait un statut particulier.

L'arrivée de Kitty marqua un changement certain dans la vie de Robert. Plusieurs de ses amis furent d'abord quelque peu choqués de sa liaison avec une femme mariée, qui fut enceinte de ses œuvres avant même que son divorce avec Harrison fût prononcé, le 1er novembre 1940. Ils se marièrent le jour même et Kitty donna naissance en mai de l'année suivante à leur premier enfant, Peter.

L'épouse du physicien fut diversement appréciée par ses proches. Robert Serber (1909-1997), un ancien étudiant et très proche collaborateur d'Oppenheimer, par l'intermédiaire de qui il l'avait rencontrée, était en adoration devant elle. À l'opposé, sa belle-sœur, Jackie, la détestait littéralement, la jugeant retorse et fausse. Abraham Pais (1918-2000), un physicien néerlandais, qui fut également le biographe d'Einstein et de Bohr, et qui connut Oppenheimer plus tard à Princeton, disait qu'elle était « la femme la plus méprisable qu'[il ait] jamais connue, à cause de sa cruauté » ! Sans aller aussi loin, beaucoup des amis d'Oppie s'accordaient pour la trouver sèche, péremptoire, agressive, jalouse et exclusive. Mais autant ses nombreux points communs avec Jean avaient pu rendre leur relation orageuse, autant le caractère diamétralement opposé de Kitty semblait s'accorder avec le sien. Le physicien ne devait pas s'en étonner, qui savait bien que les charges opposées s'attirent quand les semblables se repoussent ! Et il est un point que même ses plus farouches détracteurs concédaient à Katherine Oppenheimer : elle était entièrement et sincèrement dévouée à son époux.

Il est également un trait sur lequel tous leurs proches s'accordent : l'influence qu'elle eut sur l'ambition de son mari. S'il n'avait rien d'un homme modeste et humble avant de la rencontrer, son ambition était surtout scientifique. Sa position sociale et sa situation financière étaient déjà enviables : après le décès de son père en 1937, il avait hérité d'une fortune substantielle… que, dans un geste de générosité, il avait léguée à l'université de Berkeley pour financer des bourses d'études. Il était donc à l'abri du besoin et ne recherchait pas la fortune personnelle. En revanche, Kitty attendait autre chose encore : un poste prestigieux, une position, qui lui attirerait honneurs et reconnaissance, même au-delà du monde scientifique. Une telle opportunité allait se présenter à eux peu de temps après.

Naissance de la Big Science

Nous l'avons vu, Oppenheimer était un pur théoricien, et sa tentative malheureuse dans le monde de la physique expérimentale l'en avait définitivement convaincu. Il ne commit pas pour autant la même erreur que certains de ses confrères théoriciens : se couper du monde des expérimentateurs au point de ne plus rien comprendre aux subtilités des manipulations. Il avait compris qu'à défaut de mettre lui-même la main à la pâte, il devait rester en contact avec les meilleurs expérimentateurs et se tenir au courant de leur travail. Or à U-Cal Berkeley officiait aussi l'un des plus grands physiciens américains de l'époque dans ce domaine, le contrepoint idéal au théoricien qu'était Oppie, aussi différent que complémentaire : Ernest Lawrence (1901-1958). Ses origines et son parcours étaient bien différents de ceux de Robert. Descendant d'émigrés norvégiens, enfant du Middle West (il était né au Dakota du Sud), Lawrence était aussi débrouillard et simple que Robert était guindé et sophistiqué, aussi bricoleur que son collègue était empoté. Ses opinions politiques étaient plutôt conservatrices et bien qu'il s'intéressât peu au sujet, les activités gauchistes de son ami et collègue l'exaspéraient – ce qui ne l'empêchait pas de l'apprécier et de l'admirer.

Lawrence est surtout connu pour être l'inventeur du cyclotron, un accélérateur de particules circulaire qui marque l'entrée de la physique dans l'ère que la Big Science, cette alliance entre scientifiques, industriels et pouvoirs publics – auxquels s'ajoutèrent bientôt les autorités militaires – rendue nécessaire par les moyens matériels et financiers colossaux mis en œuvre. En effet, la physique nucléaire était devenue, au début du XXe siècle, un vaste jeu de bombardements !

De gauche à droite : Robert Oppenheimer, Enrico Fermi et Ernest O. Lawrence (1940).

Dans un premier temps, ceux-ci étaient bien innocents et pacifiques, puisqu'il ne s'agissait que de bombarder des atomes (précisément des noyaux atomiques) avec des rayons, dont on avait découvert qu'ils pouvaient être aussi décrits comme des faisceaux de particules. Ernest Rutherford avait initié cette pratique expérimentale, mais la radioactivité naturelle fut vite insuffisante pour réaliser les expériences de transmutation nécessaires aux progrès espérés. Il fallait que les particules « bombardées » le soient avec des énergies bien plus élevées – c'est pourquoi on désignera cette nouvelle branche de la science comme la « physique des hautes énergies ».

Pour ce faire, on utilisa d'abord des accélérateurs linéaires, partant du principe qu'une particule pouvait acquérir une vitesse – et donc une énergie – supérieure après son passage par un champ électrique dont on inversait périodiquement la polarité. Lawrence améliora le dispositif en concevant en 1929 le premier accélérateur circulaire, qui fut opérationnel en 1931. Il remporta en 1939 le prix Nobel de physique pour cette invention et les progrès qu'elle avait permis dans la synthèse d'éléments radioactifs artificiels. Il se lança dès lors dans une véritable course aux hautes énergies, surenchérissant sans cesse sur ses propres exploits : ses « cyclotrons », ainsi qu'ils furent baptisés, étaient sans cesse plus imposants. Équipés d'électroaimants toujours plus puissants, ils accéléraient les particules vers des énergies toujours plus colossales… et coûtaient de plus en plus cher ! Outre ses connaissances en physique et ses compétences en ingénierie, Lawrence était aussi un commercial de génie. Il savait « vendre » ses projets, convaincre les décideurs et réunir les fonds exigés par ses machines. Ses cyclotrons toujours plus grands, toujours plus performants, n'intéressaient pas la seule recherche fondamentale. En permettant la synthèse d'éléments et d'isotopes radioactifs artificiels, ils satisfaisaient également les besoins de la médecine nucléaire alors en plein essor, de l'imagerie médicale, ainsi que ceux de l'industrie – et bientôt de l'armée.

Bien qu'il ne se soit pas intéressé tout de suite à la physique nucléaire et à ces expériences de bombardement des particules à de hautes énergies, Oppenheimer sympathisa avec Lawrence dès son arrivée à Berkeley. L'amitié et la collaboration entre les deux savants s'avérèrent décisives par la suite. À la tête de son propre laboratoire, le Berkeley Radiation Laboratory (Laboratoire d'études des radiations de Berkeley, souvent abrégé en Rad Lab), Lawrence régnait en maître sur la physique expérimentale américaine. Et Oppie était aux premières loges pour suivre les progrès fulgurants qu'il impulsait dans ce domaine.

Fission et réactions en chaîne

Cela aurait pu être une découverte scientifique comme une autre. Importante, peut-être même capitale pour les initiés, mais ne dépassant guère le microcosme scientifique une fois passé l'effet d'annonce. Celle-ci allait, en quelques années seulement, transformer l'histoire et le monde à jamais.

Parmi les nombreux chercheurs du cercle de collègues et d'amis d'Oppenheimer à Berkeley figurait Luis Alvarez (1911-1988), qui travaillait auprès d'Ernest Lawrence au Rad Lab. Le dimanche 29 janvier 1939, le jeune physicien était paisiblement assis dans un fauteuil chez son coiffeur et parcourait un quotidien local, le *San Francisco Chronicle* (le même qui, cinq ans auparavant, avait rapporté l'anecdote de Robert « oubliant » Melba Phillips dans sa Chrysler !). Une dépêche lui sauta littéralement au visage, à tel point qu'il interrompit le coiffeur en plein travail et quitta son échoppe pour se précipiter au Rad Lab : en décembre 1938 à Berlin, deux chercheurs allemands, Otto Hahn (1879-1968) et Fritz Strassmann (1902-1980), avaient produit du baryum en bombardant de neutrons de l'uranium. C'est surtout l'interprétation de cette expérience par deux physiciens autrichiens, qui avaient fui l'Allemagne d'Hitler – Lise Meitner (1878-1968), une ancienne collaboratrice de Hahn réfugiée en Suède, et son neveu Otto Frisch (1904-1979) qui travaillait avec Bohr à Copenhague – qui fit bondir Alvarez du fauteuil de son coiffeur. Leurs confrères venaient de réaliser pour la première fois la fission d'un noyau atomique.

En arrivant essoufflé à son laboratoire, le premier avec qui il partagea la nouvelle fut un de ses étudiants, Philip Abelson, qui cherchait à la même époque à produire des éléments transuraniens (plus lourds que l'uranium dans la classification périodique des éléments et qui n'existent donc pas dans la nature) en bombardant de l'uranium avec des neutrons. Le jeune expérimentateur, qui selon Alvarez aurait pu arriver à la même conclusion que les Allemands seulement quelques semaines plus tard, en fut évidemment dépité, mais son professeur mit immédiatement au point une expérience pour confirmer ce résultat stupéfiant. C'est alors seulement qu'il appela son ami Oppie pour qu'il soit témoin de la nouvelle. Ce dernier jugea d'abord que la fission nucléaire était « impossible », lui donnant plusieurs raisons théoriques pour étayer cette affirmation. Mais il dut vite se rendre à l'évidence face au résultat expérimental, et Alvarez fut stupéfait de voir « à quelle vitesse son esprit fonctionnait », absorbant ces nouvelles données et y ajustant sa théorie. Il appela immédiatement son ami Felix Bloch (1905-1983), un physicien suisse qu'il avait rencontré à Zurich et qui était alors professeur à l'université voisine de Stanford, avec « un ton d'urgence dans la voix », pour partager son étonnement et ses réflexions.

Qu'y avait-il de si bouleversant dans cette découverte pour mettre ainsi en émoi Alvarez et Oppenheimer ? En 1932, Cockcroft et Walton avaient réalisé la désintégration du lithium par bombardement de protons ; mais leur expérience n'avait fait en quelque sorte que « gratter » la surface du noyau atomique, lui arrachant seulement quelques particules sans altérer profondément sa structure. La fission nucléaire accomplie par Hahn et Strassmann était d'une tout autre ampleur, elle consistait à désagréger le noyau de l'élément naturel le plus lourd : l'uranium. Sous l'impact d'un neutron, le noyau se mettait en vibration, jusqu'à sa rupture. Il se scindait en produisant deux nouveaux noyaux (de baryum et de krypton).

Les implications de cette découverte apparurent aussitôt à tous les physiciens qui en prirent connaissance, car l'énergie qui assure la cohésion d'un noyau atomique est considérable, d'autant plus s'agissant d'un élément aussi lourd que l'uranium. En 1905, Albert Einstein a en effet présenté l'équivalence entre matière et énergie sous la forme de l'équation la plus célèbre au monde : $E=mc^2$, où E est l'énergie et *m* la masse. Cette dernière étant multipliée par la vitesse de la lumière (qui, selon la théorie de la relativité restreinte du même Einstein, est la vitesse maximale absolue) élevée au carré, on voit qu'une énorme quantité d'énergie peut être contenue dans une masse même minime. Le noyau d'uranium est le plus lourd parmi les éléments naturels ; en se scindant en deux sous l'impact des neutrons, il libère donc une énergie phénoménale, sans commune mesure avec celle contenue dans les liaisons chimiques. Or tous les explosifs connus jusqu'alors étaient basés sur des réactions chimiques.

Une bombe utilisant l'énergie atomique libérée par la fission pouvait donc atteindre une puissance alors inconcevable.

L'énergie libérée par la fission d'un atome isolé n'était pas suffisante et si elle avait le temps de se dissiper, elle était sans danger. La possibilité d'une déflagration de grande ampleur dépendait donc de l'initiation d'une réaction en chaîne : si la fission libérait à son tour un ou plusieurs neutrons, ils pouvaient provoquer la fission d'autres atomes d'uranium, qui à leur tour expulsaient des neutrons… Si cette réaction en chaîne était contrôlée, l'uranium pouvait devenir une source d'énergie utilisable, pour la propulsion des sous-marins ou des usages civils, mais si elle s'emballait et devenait trop rapide, sa puissance était libérée d'un seul coup sous la forme d'une explosion dévastatrice.

S'il ne fut pas le seul ni le premier, Oppenheimer envisagea lui aussi cette possibilité dès que Luis Alvarez l'eut mis au courant de la réalité de la fission nucléaire. Dans des lettres envoyées à cette époque, il dit par exemple que, si la fission produisait suffisamment de neutrons, « 10 centimètres cubes d'uranium pourraient bien faire une explosion de tous les diables ». Si le sujet le passionne d'emblée, ce n'est donc pas pour une fois du point de vue purement théorique, mais pour ses applications pratiques – et en l'occurrence explosives ! Dans l'effervescence qui suivit l'arrivée de cette nouvelle à Berkeley, Oppie et ses collaborateurs allèrent jusqu'à dessiner au tableau noir un premier croquis de bombe. Mais loin de ces spéculations, il semblait y avoir encore du travail avant sa réalisation finale.

Pour provoquer une réaction en chaîne, il fallait concentrer une masse suffisante d'uranium appelée masse critique, afin que les neutrons libérés par la fission de chaque atome aient d'autant plus de chance d'entrer en collision avec les autres noyaux. Cette masse critique avait d'abord été évaluée à des milliers de tonnes, ce qui n'aurait pas permis de construire une bombe transportable. Or le calcul n'était valable que pour l'uranium à l'état naturel, qui est majoritairement composé d'un isotope de masse atomique 238[4]. En 1939, Niels Bohr montra que c'était son « cousin », l'uranium 235, beaucoup plus rare, qui était fissile (susceptible de fissionner). Par conséquent, la masse critique avec cet isotope une fois purifié ne se calculait plus en tonnes, mais en kilogrammes.

Il était d'autant plus impossible pour les scientifiques de ne pas penser à cette application militaire, encore purement conjecturale, que le monde venait de basculer dans la Seconde Guerre mondiale et que l'Allemagne était à la pointe de la recherche en physique nucléaire.

Les scientifiques des pays alliés contre l'Allemagne, ou qui, comme les États-Unis, n'étaient pas encore engagés dans le conflit, mais sentaient grandir la menace nazie, ne mirent pas longtemps à comprendre l'urgence de la situation : si les savants allemands parvenaient à concevoir une « superbombe » à fission nucléaire, le IIIe Reich était pratiquement assuré de la victoire.

Lanceurs d'alerte

À l'annonce de la première expérience de fission nucléaire, l'idée d'une réaction en chaîne potentiellement explosive et dévastatrice ne tarda pas à venir à l'esprit des physiciens. L'un d'eux avait pourtant devancé tout le monde sur ce terrain : le Hongrois Leó Szilárd (1898-1964). Dès 1933, alors qu'il s'était exilé en Angleterre pour fuir le nazisme, il avait envisagé cette possibilité théorique en réaction aux propos d'Ernest Rutherford, qui jugeait que l'espoir d'exploiter l'énergie

4. Les isotopes sont plusieurs « versions » d'un même élément, qui possèdent le même nombre de particules chargées – les protons dans le noyau et les électrons qui gravitent autour – et peuvent donc établir autant de liaisons chimiques avec d'autres atomes, mais pas le même nombre de neutrons, ils ont donc des masses atomiques différentes.

issue de la transformation des atomes était illusoire. Lorsqu'il eut la confirmation de la possibilité de la fission nucléaire, il prit conscience de l'urgence de la situation. Il exhorta notamment ses collègues des pays alliés ou neutres à cesser la publication de leurs recherches sur ces sujets devenus trop sensibles. Il remettait ainsi en question un principe cher à la communauté scientifique, celui de la libre circulation de l'information, mais il s'agissait d'un cas de force majeure. Szilárd avait été témoin de la réalité du régime nazi et l'idée qu'Hitler puisse disposer d'une arme atomique n'était tout simplement pas concevable pour lui. La solution était évidente : il fallait que les États-Unis produisent cette bombe avant. C'est une véritable course contre la montre qui venait d'être lancée.

Szilárd se tourna alors vers le scientifique le plus célèbre et le plus adulé au monde, qui depuis 1933 s'était lui aussi installé aux États-Unis pour fuir la barbarie nazie : Albert Einstein, dont il avait été l'étudiant et le collaborateur à Berlin. Il vint lui rendre visite dans sa maison de Long Island, en compagnie d'un autre physicien hongrois, Eugene Wigner (1902-1995).

Une croyance populaire tenace prête à Einstein la responsabilité de la conception de la bombe atomique, comme si sa fameuse équation $E=mc^2$ portait en elle l'idée de cette arme – de la même manière que l'atome recèle en son sein une telle puissance de déflagration. En réalité, si son équation de l'équivalence matière-énergie a certes permis de mieux concevoir, et peut-être de prévoir le potentiel destructeur de la fission puis de la fusion nucléaire, ses travaux n'ont pas conduit directement à la construction de la bombe et lui-même a été totalement à l'écart des recherches sur le sujet. C'est quand il reçut la visite de ses jeunes collègues hongrois qu'il découvrit le danger réel et imminent que pouvait receler la manipulation du noyau atomique. Il fut convaincu à la fois de la solidité scientifique de leurs arguments et des conséquences désastreuses qu'aurait pu avoir la possession d'une telle arme par l'Allemagne nazie.

Son ancien étudiant espère dans un premier temps l'inciter à user de son crédit auprès de la reine Élisabeth de Belgique, une amie proche du père de la relativité, qui était comme elle un violoniste dilettante, mais passionné, ce qui avait certainement séduit la souveraine mélomane. La Belgique jouissait en effet d'une position stratégique dans ce qui deviendra une véritable course à l'uranium, car la conception et surtout la construction à grande échelle d'une bombe à fission dépendent de la disponibilité de ce métal rare. Or le plus abondant gisement connu de minerais d'uranium se situe dans la partie du Congo alors sous domination belge. Les Allemands, qui ont déjà fait main basse sur les mines d'uranium de Bohême depuis leur annexion des territoires tchèques germanophones – les Sudètes –, ont suspendu toute exportation du précieux métal. Preuve s'il en fallait que les dirigeants du IIIe Reich ont aussi compris le potentiel destructeur que l'on pouvait tirer de la fission nucléaire. L'approvisionnement en uranium sera le nerf de cette guerre de l'atome.

Toutefois, l'intervention d'Einstein ne sera pas nécessaire à cette étape réellement cruciale de la « course à la bombe ». Sans qu'il ait eu à intercéder auprès de la reine des Belges, l'uranium congolais, le plus pur au monde, fut réquisitionné par Edgar Sengier (1879-1963), le directeur de l'Union minière du Haut Katanga. Alerté de l'importance stratégique qu'allait bientôt prendre l'uranium par le chimiste britannique Henry Tizard (1885-1959), l'ingénieur et magnat belge de l'exploitation minière expédia ses stocks par bateau vers les États-Unis dans le plus grand secret.

L'influence d'Einstein fut pourtant décisive, mais pour alerter une personnalité bien plus proche et influente : le président des États-Unis d'Amérique, Franklin D. Roosevelt. De retour chez Einstein, cette fois-ci en compagnie d'Edward Teller (1908-2003) – un autre physicien hongrois qui jouera un rôle fatidique dans l'histoire de l'armement nucléaire –, Szilárd rédige une lettre exposant le problème. Il y expliquait les implications de la fission nucléaire, l'existence hautement probable d'un programme de recherche sur une bombe atomique dans l'Allemagne nazie et la puissance de destruction que recèlerait une telle arme. Selon les calculs alors effectués, on pensait la masse d'uranium nécessaire trop élevée pour être transportée par avion, mais la lettre évoque la possibilité d'un navire qui, chargé de la bombe, pourrait détruire un port entier et une partie de la ville environnante. Pour donner plus de poids à cet avertissement, la lettre est signée du seul Einstein, caution à la fois scientifique et morale et célébrité scientifique incontestée. Cette signature sera la seule véritable responsabilité prise par le savant le plus célèbre au monde dans la construction de la bombe atomique. Comme tous les scientifiques impliqués dans ce projet, il voulait à tout prix éviter de laisser cet avantage stratégique décisif entre les mains d'Hitler.

Roosevelt ne reçut pas la missive avant octobre 1939. Il comprit cependant tout de suite l'essentiel du message signé par Einstein, mais rédigé par les trois Hongrois (principalement Szilárd, assisté de Wigner et Teller). Le 11 octobre 1939, il le résuma ainsi à Alexander Sachs, son ancien conseiller économique pendant la période du New Deal et un ami de Szilárd, qui servit d'intermédiaire dans la communication entre les deux hommes : « Alex, ce que vous cherchez à faire, c'est bien d'éviter que les nazis ne fassent sauter notre pays, n'est-ce pas ? » Il décida alors de nommer un Comité consultatif de l'uranium pour étudier la question.

Pourtant, l'entreprise mit quelque temps à décoller. La Grande-Bretagne, qui était en première ligne dans la lutte contre le IIIe Reich, fut dans un premier temps plus réactive, alors qu'aux États-Unis, le Comité consultatif de l'uranium semblait végéter. Dès 1940, deux physiciens qui s'étaient exilés en Grande-Bretagne pour fuir le régime nazi, Otto Frisch (le neveu de Lise Meitner, avec qui il avait correctement interprété la première expérience de fission nucléaire) et Rudolf Peierls (qu'Oppenheimer avait connu à Zurich), avaient calculé que la masse critique d'uranium 235 nécessaire à une réaction en chaîne explosive était de l'ordre du kilogramme. Ils avaient également envisagé un mode de détonation consistant à faire se percuter deux masses d'uranium qui, une fois réunies, dépasseraient le seuil de criticité (au-delà duquel la masse devient critique, amorçant la réaction en chaîne). Enfin, ils proposèrent une méthode de séparation des isotopes 238 et 235 de l'uranium, qui restait un des obstacles techniques majeurs à la réalisation d'une bombe à fission nucléaire. Cette perspective n'est dès lors plus une hypothèse vague et lointaine, mais une possibilité de plus en plus concrète. En mars 1940, Frisch et Peierls communiquent le fruit de leurs recherches à la commission MAUD, composée de quelques-uns des meilleurs physiciens de Grande-Bretagne, dont James Chadwick, William Cockcroft et Patrick Blackett. Ceux-ci confirment à leur tour la faisabilité à court terme d'une arme de destruction extrêmement puissante et consignent leurs conclusions dans un rapport remis aux autorités britanniques.

Cependant, l'ampleur du chantier dépasse les capacités d'un pays qui doit déjà faire face aux bombardements allemands et se mobiliser dans l'effort de guerre. Seul le « grand-frère » d'outre-Atlantique pourrait réunir les fonds et les moyens matériels et humains nécessaires pour mener à bien la construction de la bombe. Le « rapport MAUD » est communiqué au gouvernement américain, mais reste pratiquement ignoré par le Comité consultatif de l'uranium. En 1941, le physicien australien Marcus Oliphant (1901-2000) est donc dépêché aux États-Unis par le gouvernement britannique, avec la mission d'enquêter sur la réception du rapport MAUD et de convaincre enfin l'Oncle Sam de se lancer dans la course à l'arme atomique. Sans égard pour les protocoles diplomatiques ni un grand souci du secret défense, il s'efforça de « vendre » le projet de la bombe à fission aux scientifiques et décideurs américains.

Masse critique et pile atomique

Une première étape consistait à prouver que la fission de l'uranium produit bien des neutrons dits « secondaires » et à évaluer leur nombre. Szilárd parvint à montrer qu'il est de l'ordre de deux, ce qui rend possible une réaction en chaîne exponentielle, chaque noyau fissionné pouvant à son tour en fissionner deux autres, et ainsi de suite. Loin de le stimuler, cette découverte l'accable : ses espoirs que la réalisation d'une bombe à fission soit impossible s'évanouissent les uns après les autres. Mais si la bombe est réalisable, il sait que le plus important est de la construire avant les nazis. Il poursuit donc ses recherches et les plus grands physiciens de l'époque se joignent chacun à leur tour à cette course des cerveaux. Sur ce front, Hitler avec sa frénésie antisémite a été privé de ses meilleurs atouts : quelques-uns des plus brillants scientifiques d'Allemagne et des territoires annexés par le Reich, qu'ils soient Juifs ou simplement hostiles au nazisme, ont émigré vers la Grande-Bretagne ou les États-Unis.

Tout portait donc à croire qu'une réaction en chaîne était possible à partir d'une masse critique d'uranium. Restait à en faire la démonstration. Pourtant, avant d'envisager le scénario explosif, il fallait réaliser une réaction en chaîne contrôlée. Il s'agissait d'abord de démontrer sa possibilité, mais également de produire du plutonium, un élément plus fissile que l'uranium, envisagé comme une alternative pour la construction de la bombe. C'est à cette expérience colossale que s'attela une équipe de chercheurs et de techniciens de l'université de Chicago, dirigée par Szilárd et l'Italien Enrico Fermi (1901-1954). Célèbre pour ses expériences de transmutations atomiques, pour lesquelles il avait remporté le prix Nobel de physique en 1933, Fermi avait profité de la cérémonie de remise de son prix à Stockholm pour fuir l'Italie fasciste dans laquelle sa femme, qui était juive, était menacée. Il travaillait depuis un an au problème de la réaction en chaîne avec Szilárd à l'université Columbia. Le choix de Chicago était dû à Arthur Compton (1892-1962), qui joua un rôle de premier plan dans cette première phase de la recherche américaine sur l'arme atomique avant d'être supplanté par Oppenheimer, et qui enseignait dans cette ville.

Le test consistait à réunir une masse critique d'uranium et à utiliser du graphite comme modérateur (ou « ralentisseur ») de neutrons, afin d'éviter que la réaction ne soit explosive. Des briques de ces deux matériaux furent empilées dans une ancienne salle de squash située sous le stade de football de l'université de Chicago. C'est pourquoi on appela ce premier réacteur à fission de l'histoire une « pile atomique », nom de code « Chicago Pile-1 ». Pour atteindre lentement le seuil critique et garder le contrôle de la fission en chaîne, des barres de cadmium, un métal qui absorbe les neutrons, furent insérées dans les briques et retirées progressivement. Le 2 décembre 1942, à l'issue de cette expérience, Fermi peut déclarer triomphant : « La pile est devenue critique ! »

En première ligne

Après ses premières réactions à chaud à l'annonce de la fission de l'uranium, Oppenheimer se retrouva quelque peu en marge de l'effervescence qui entourait les débuts de la course à l'arme atomique. Frustré de ne pas pouvoir prendre part à l'effort de guerre comme le faisaient nombre de ses collègues qui travaillent par exemple sur le radar, il se sent mis à l'écart du groupe de physiciens dont il était jusqu'ici une figure centrale. Il se doute aussi que quelque chose de top secret se trame du côté du Rad Lab de son ami Ernest Lawrence et c'est par son intermédiaire qu'il va, presque par accident, être mis au courant de l'avancée des chercheurs britanniques sur la possibilité d'une bombe atomique.

Le 21 septembre 1941, Marcus Oliphant se rendit à Berkeley dans le laboratoire de Lawrence pour le mettre au courant des conclusions du rapport MAUD. Or il le trouva en compagnie d'Oppenheimer, ignorant que ce dernier n'était pas dans le secret des plus récents développements du projet d'arme atomique. Face à l'expression surprise de Robert et à son aveu de ne pas faire partie du Comité consultatif de l'uranium, Oliphant s'écria : « Mais c'est terrible ! Nous avons besoin de vous ! »

Dès lors, Oppenheimer va devenir un acteur décisif dans la course à la bombe. Pourtant, peu auraient sans doute parié sur lui quand vint le moment de choisir qui allait en superviser tout le volet scientifique.

Il faut dire qu'il était une source d'embarras pour les responsables scientifiques et, plus encore, militaires, du projet. En raison de ses activités politiques et syndicales, il faisait depuis mars 1941 l'objet d'une surveillance, d'abord assez légère, de la part du FBI. Il n'était pas (encore !) soupçonné d'espionnage au profit de l'URSS, mais il était très clairement étiqueté comme gauchiste, voire communiste, et pour certains gradés, il était hors de question de lui délivrer l'accréditation nécessaire pour sa participation à la conception de la bombe. Il fut donc impliqué dans les recherches sur l'arme nucléaire avant d'y être officiellement autorisé, et ce pour deux raisons. D'une part, il bénéficiait du soutien de la plupart des scientifiques qui y travaillaient déjà et savaient à quel point sa participation pourrait être précieuse. D'autre part, ayant été mis au courant des recherches britanniques par les indiscrétions de Marcus Oliphant, il semblait dès lors préférable de l'impliquer plutôt que de le laisser hors d'une entreprise sur laquelle il en savait trop.

Parti comme un outsider, il prit rapidement une place centrale dans le comité S-1 – correspondant à la « section 1 » du Bureau de la recherche et du développement scientifique (*Office of Scientific Research and Development*), qui avait remplacé le trop inefficace Comité consultatif de l'uranium. Il fut d'abord nommé, en juin 1942, coordinateur de la rupture rapide (c'est-à-dire de la recherche sur la réaction en chaîne explosive, à neutrons rapides) – et ce, alors que son habilitation de sécurité ne lui avait toujours pas été accordée. Or le 17 juin, l'ensemble du projet de construction de l'arme atomique était officiellement passé sous le contrôle de l'armée.

Bien qu'il n'ait pas été en odeur de sainteté auprès de l'armée et du FBI, Oppenheimer était donc parvenu à occuper une place centrale dans le projet américain de construction d'une bombe atomique. Bien entendu, il n'en serait sans doute pas devenu le maître d'œuvre, l'architecte scientifique, sans la nomination préalable de son nouveau responsable militaire : le colonel Leslie Groves.

Chapitre 6

À LA TÊTE DU PROJET *Y* : *TRINITY* OU LES MÉTAMORPHOSES DE VISHNOU

Nommé par le général Groves directeur du projet *Y*, la branche scientifique du projet *Manhattan* – le nom de code derrière lequel se cachait la conception et la construction de la première bombe atomique –, Oppenheimer se retrouva à la tête d'une entreprise inédite dans l'histoire, un laboratoire à l'échelle d'une ville, qui réunit quelques-uns des plus grands noms de la science physique de l'époque. Le chemin qui allait conduire au premier essai nucléaire, baptisé *Trinity*, s'avéra néanmoins tortueux et semé d'obstacles.

Le général Leslie R. Groves et Robert Oppenheimer en 1942, associés dans le projet Manhattan.

Un duo improbable

L'histoire de la première bombe atomique n'aurait certainement pas été la même sans la rencontre de ces deux hommes que rien ne destinait à s'associer : J. Robert Oppenheimer et Leslie R. Groves.

Groves, alors colonel du Génie, était un homme à la carrure aussi imposante

(1 mètre 82 pour 114 kilogrammes) que sa personnalité. Autoritaire, il avait toutes les qualités d'un meneur d'hommes et les défauts correspondants !

Il venait de se distinguer en menant à bien un chantier pharaonique : la construction du Pentagone, qui est aujourd'hui encore le plus grand bâtiment administratif au monde et accueille le quartier général de l'armée américaine. Si sa volonté de fer et sa gouvernance inflexible avaient fait merveille dans ce projet, qui n'avait pas pris le moindre retard ni dépassé son budget (déjà faramineux !), il n'avait qu'une envie : abandonner ces tâches administratives qui l'avaient si longtemps accaparé et renouer avec l'action militaire en se voyant confier un poste de commandement sur le théâtre des opérations, en Afrique du Nord ou en Europe.

Il fut donc assez déçu et contrarié quand, le 17 septembre 1942, on lui proposa de diriger un nouveau projet depuis Washington, d'autant plus qu'il devait cette fois-ci encadrer des scientifiques. Il était lui-même ingénieur et avait été reçu quatrième de sa promotion à West Point, la plus prestigieuse académie militaire américaine. Toutefois, il avait peu de goût pour les intellectuels, les purs esprits qu'il jugeait trop éloignés de la réalité du terrain. Il se laissa cependant convaincre par un argument de poids : s'il menait l'entreprise à bien, il pouvait faire gagner la guerre à son pays ! Pour achever d'emporter son adhésion, il fut immédiatement promu au rang de brigadier général.

Le prédécesseur de Groves, le colonel James Marshall, avait été chargé trois mois plus tôt, le 18 juin 1942, de créer un nouveau département du Génie entièrement consacré au développement de l'arme nucléaire. Ses bureaux ayant peu après été transférés à New York, il donna à son « bébé » le nom de code *Manhattan Engineering District* (Département d'ingénierie de Manhattan). Le plan visant la construction d'une bombe atomique avait donc été baptisé plus simplement projet *Manhattan*. Le nom fut conservé, d'autant plus qu'il ne correspondait plus à aucun site géographique impliqué dans l'entreprise (Groves était basé à Washington), ce qui en faisait un parfait nom de code, propre à semer la confusion chez l'ennemi.

Pancarte à l'entrée de la ville d'Oak Ridge, créée en 1942 pour le projet Manhattan et longtemps restée secrète.

Dès qu'il en eut pris en main les rênes, Groves y employa son zèle et sa stratégie de bulldozer : pas toujours très subtile, mais diablement efficace ! Le jour même de sa nomination, il ordonna l'achat du stock d'uranium (1 250 tonnes) de la Compagnie minière du Haut Katanga qui, attendant une réaction qui tardait à venir de la part du gouvernement étasunien, avait été entreposé dans les docks de Staten Island à New York. Il fit également acheter par l'armée plus de 20 000 hectares de terrain à Oak Ridge (Tennessee), destinés à accueillir les usines nécessaires à l'enrichissement de l'uranium, c'est-à-dire à la purification de son isotope 235 (quand on parle d'uranium enrichi, on sous-entend enrichi en ^{235}U). Enfin, il fit délivrer au projet une priorité AAA, la plus élevée dans la hiérarchie militaire : rien ne devait se mettre en travers de son chemin !

De son côté – et dans son style propre, bien différent – Oppenheimer, qui venait d'être nommé coordinateur de la rupture rapide au S-1, y avait insufflé tout autant d'énergie et de dynamisme. En juillet 1942, il avait réuni à Berkeley ce qu'il appela ses « phares », soit neuf des plus éminents physiciens alors présents aux États-Unis, pour qu'ils échangent leurs idées sur la faisabilité d'une bombe à fission et les détails de son élaboration. Y étaient notamment conviés l'Allemand Hans Bethe (un des plus grands spécialistes de physique nucléaire) ; le Hongrois Edward Teller (qui avait, avec Szilárd et Eugene Wigner, participé à la lettre signée par Einstein et envoyée à Roosevelt) ; Emil Konopinski (1911-1990), un Américain d'origine polonaise qui travaillait avec Fermi au projet de réacteur nucléaire à Chicago ; Felix Bloch, qui avait partagé les réactions à chaud d'Oppie à l'annonce de la fission nucléaire ; Richard Tolman, qu'il avait côtoyé à Caltech et chez qui il avait rencontré Kitty ; et Robert Serber, son collègue et très proche ami de Berkeley.

Pour donner aux participants un ordre d'idée de la puissance de feu qu'une bombe à fission pouvait déchaîner, Oppie évoqua un accident survenu le 6 décembre 1917 dans le port d'Halifax en Nouvelle-Écosse (Canada). Deux navires s'étaient heurtés et l'un d'eux avait pris feu, provoquant l'explosion de sa cargaison de munitions, dont 5 000 tonnes de TNT. La déflagration avait entraîné la mort de près de deux mille personnes en détruisant tout sur une surface de plus de 2,5 kilomètres carrés, provoquant un raz-de-marée et projetant l'ancre d'un des deux bateaux à 4 kilomètres de là. Mais Oppenheimer prévoyait que « leur » bombe devrait receler un pouvoir destructeur plusieurs fois supérieur à celui de cette explosion, l'équivalent de 15 à 20 kilotonnes de TNT pour un kilogramme d'uranium.

Si cette perspective avait de quoi faire frémir, l'un des physiciens présents, qui considérait la bombe à fission comme une affaire réglée, voyait déjà plus loin. Edward Teller était venu de Chicago avec Hans Bethe et il avait eu là-bas une conversation avec Enrico Fermi sur un autre phénomène au potentiel dévastateur encore plus effrayant : la fusion nucléaire.

La fusion est la réaction qui se déroule au cœur des étoiles comme notre Soleil et produit l'énergie qui en émane. Elle correspond en quelque sorte à l'inverse de la fission : au lieu d'un noyau atomique qui se scinde en deux, ce sont deux noyaux d'hydrogène qui fusionnent pour former un seul noyau d'hélium. On pourrait s'attendre à ce que la fusion consomme de l'énergie au lieu d'en produire ; il n'en est rien. Si la fusion de deux noyaux d'hydrogène libère moins d'énergie que la fission d'un noyau d'uranium ou de plutonium, la légèreté de l'hydrogène rend le premier phénomène plus rapide et l'énergie libérée par unité de masse est donc plus élevée. Ainsi, durant leur symposium secret, Teller et les autres « phares » avaient estimé que la fusion d'un kilogramme d'hydrogène produirait une explosion d'une puissance de 80 à 100 kilotonnes en équivalent TNT et qu'il suffirait de 10 kilogrammes d'hydrogène liquide (une quantité assez facile à obtenir) pour atteindre la puissance destructrice d'un million de tonnes de TNT !

Déclencher la fusion de noyaux d'hydrogène – en réalité d'isotopes « lourds » radioactifs de l'hydrogène, le deutérium (qui contient un neutron en plus de l'unique proton constituant le noyau de l'hydrogène « naturel ») ou le tritium (qui contient deux neutrons) – demandait un apport énergétique jusque-là inimaginable. La découverte de la fission, en revanche, changeait la donne : une réaction en chaîne explosive permettrait d'atteindre des températures si élevées qu'elles pouvaient faire entrer l'hydrogène en fusion et provoquer une réaction thermonucléaire.

Cette « superbombe » n'est alors considérée que comme une simple possibilité à long terme et sa réalisation n'entre pas dans le programme nucléaire américain à cette date (la bombe à fission a parfois été nommée « superbombe » durant les premiers stades de son développement, mais le terme, souvent abrégé en « super », désignera dès lors la bombe thermonucléaire, appelée aussi bombe à fusion ou plus couramment bombe H pour hydrogène). Teller sera dès lors obsédé par cette arme de la surenchère et cet engouement aura des conséquences graves pour Oppenheimer après la guerre.

Durant ce colloque privé, Teller souleva une autre question dérangeante : la réaction en chaîne déclenchée par une bombe à fission serait-elle susceptible de se propager à l'azote de l'atmosphère terrestre ou à l'hydrogène des océans, provoquant en quelques secondes leur fusion à l'échelle planétaire ? L'hypothèse était très peu probable, mais Oppenheimer jugea qu'elle méritait tout de même d'être envisagée, sachant qu'elle signifierait la fin de la vie sur Terre. Comme le dit Arthur Compton, auquel Oppie rendit visite à Chicago pour avoir son avis sur la question : « Ce serait la catastrophe ultime. Mieux vaudrait accepter d'être les esclaves de nazis que de courir le risque de tirer définitivement le rideau sur le genre humain ! » Compton souhaitait que ce scénario apocalyptique soit définitivement écarté avant de poursuivre les recherches, mais quand Oppenheimer revint à Berkeley, les calculs de ses collègues l'avaient déjà invalidé.

On ne peut toutefois s'empêcher de frémir devant les risques pris pendant la conception de la bombe atomique. Même s'ils s'entouraient de mille précautions et procédaient à des calculs minutieux, les scientifiques impliqués dans le projet semblaient parfois jouer aux apprentis sorciers. Lors du déclenchement de la première pile atomique au Met Lab (« Laboratoire de métallurgie » ainsi qu'il avait été prosaïquement baptisé pour ne pas éveiller les curiosités), Fermi savait qu'il existait un risque. La réaction en chaîne pouvait échapper à leur contrôle et ce en plein cœur de Chicago, une grande ville densément peuplée dont les habitants n'avaient évidemment pas été avertis du danger, avec les conséquences que l'on imagine si le réacteur avait explosé…

À l'issue de ces discussions, Oppenheimer consigna dans un rapport les conclusions auxquelles lui et ses « phares » étaient parvenus : on pouvait envisager la construction d'une bombe à fission, au prix d'un « effort scientifique et technique considérable ». Bien que la quantité d'uranium 235 requise pour atteindre la masse critique

– une trentaine de kilos – était un peu plus grande que prévu, elle devrait produire une déflagration équivalente à 100 kilotonnes de TNT. Le rapport évoquait également la possibilité d'une superbombe plus puissante encore, dans laquelle l'énergie dégagée par la fission sous forme de chaleur pourrait déclencher la fusion de 2 ou 3 tonnes de deutérium liquide. Son explosion aurait la puissance de 100 millions de tonnes de TNT – de quoi raser une surface de près de 100 000 hectares (1 000 kilomètres carrés), soit l'équivalent d'une métropole comme New York ou Paris.

Le yin et le yang

Ironie de l'histoire, c'est ce rapport qui, en parvenant à Vannevar Bush, directeur du Bureau de la recherche et du développement scientifique (OSRD) et du comité de supervision du projet *Manhattan*, a provoqué la nomination de Groves. En prenant conscience que la construction de la bombe était réalisable à court terme, les hauts responsables sentirent la nécessité d'une direction énergique, pour laquelle l'imposant militaire semblait prédestiné. Oppie avait donc, indirectement et involontairement, entraîné la promotion de Groves, qui allait à son tour propulser le physicien en première ligne.

Peu après sa prise de poste, Groves visita les principaux sites qui hébergeaient la recherche scientifique sur la fission nucléaire et son potentiel emploi dans une bombe. À Chicago, c'est la méfiance et l'incompréhension mutuelles qui dominèrent lors de son premier contact avec les physiciens qui travaillaient sur la réaction en chaîne, en particulier Szilárd, qui avait déjà un a priori défavorable sur les militaires. Le général se sentit méprisé et pris de haut par les scientifiques, qui de leur côté le trouvèrent arrogant et brutal. L'entrevue suivante, avec Ernest Lawrence au Radiation Laboratory de Berkeley, ne fut guère plus engageante. Obsédé par l'aspect technique de son travail, l'inventeur du cyclotron lui donna l'impression que ses expériences piétinaient et qu'il n'avait guère avancé vers la réalisation d'une bombe. Après ces premiers contacts houleux et tendus avec le monde scientifique, Groves rencontra finalement Oppenheimer à Berkeley le 8 octobre 1942.

Tout aurait dû opposer les deux hommes : le savant arrogant et le militaire inflexible. L'intellectuel raffiné et introverti, qui était encore très récemment sympathisant communiste, et l'officier aux manières rudes, qui considérait déjà l'Union soviétique comme un ennemi à abattre.

Pourtant, on peut parler d'un véritable coup de foudre, d'une entente immédiate mais durable entre les deux hommes, à laquelle la réussite du projet *Manhattan* dut beaucoup. Malgré les tensions et les oppositions, les deux hommes incarnaient à merveille le concept de complémentarité introduit par Niels Bohr en physique quantique ! Il faut dire qu'Oppie avait tout de suite su dire à Groves ce que celui-ci désespérait d'entendre depuis qu'il avait commencé à sonder la communauté des physiciens : un discours pragmatique, traduisant un souci d'efficacité et prenant en compte les impératifs et les obligations de l'armée dans l'entreprise. Il lui confirma surtout l'impression qu'il avait dû retirer de ses premières visites : la recherche sur la fission qui devait aboutir à la bombe était trop dispersée, la communication trop lente et difficile. Pour le physicien de Berkeley comme pour l'ingénieur militaire, il était impératif de créer un nouveau laboratoire entièrement consacré à ce seul objectif, centralisant le travail expérimental et la recherche théorique sur un même site, où tous les participants seraient tenus au secret.

Qu'est-ce qui a pu motiver le choix de Groves de confier à Oppenheimer la direction scientifique du projet ? Quelles qualités avait-il décelées en lui qui l'incita à lui confier cette énorme responsabilité ? Les arguments contre ce choix ne manquaient pourtant pas. Pur théoricien, Oppenheimer s'était jusqu'alors consacré exclusivement à la recherche et à l'enseignement. Il n'avait dirigé que des thèses, des cours ou des séminaires et la rédaction d'articles, mais jamais une expérience, encore moins un laboratoire ou une équipe. Il n'avait assumé aucune charge administrative dans les universités où il était en poste et n'avait pas non plus eu à gérer des budgets importants. Dans un premier temps, il laissa craindre à certains qu'il risquait de ne pas être à la hauteur de la tâche. Un assistant lui avait été adjoint pour le projet : John Henry Manley (1907-1990), un expérimentateur spécialiste de la physique des neutrons, qui avait travaillé avec Szilárd et Fermi à Colombia puis au Met Lab de Chicago. Celui-ci fut tout d'abord sceptique sur les compétences d'organisateur de son « patron ». Il insistait pour qu'il établisse une charte, un plan d'organisation du laboratoire. Oppenheimer finit par le lui présenter, lui lançant, visiblement agacé : « La voici votre satanée charte ! »

Ce document répartissait le travail entre quatre sections : théorique, expérimentale, chimie et métallurgie, et enfin artillerie. À part la première, chaque section était divisée en plusieurs groupes. Pour le seconder dans la tâche herculéenne de mener de front toutes ces équipes, Oppie avait demandé à son vieil ami Isidor Rabi (1898-1988) d'être son adjoint. Cependant, le physicien d'origine polonaise, qu'il avait rencontré à Zurich pendant ses recherches postdoctorales, déclina son offre. Non seulement lui et son épouse n'étaient pas prêts à s'installer au Nouveau-Mexique, et il ne voulait pas abandonner le travail qu'il effectuait déjà sur le radar, mais surtout il était moralement opposé à l'idée même du bombardement qui frappe indistinctement innocents et coupables. Cela ne l'empêcha pas de se rendre fréquemment à Los Alamos en qualité de consultant et d'assumer le rôle d'une sorte de conscience morale auprès d'Oppie, qui nomma à sa place Edward Condon (1902-1974) comme directeur adjoint.

Dans un premier temps, Robert avait prévu de diriger lui-même la section théorique, mais il en fut rapidement dissuadé par Rabi, qui lui fit comprendre qu'il ne pourrait combiner cette charge avec la direction de l'ensemble du laboratoire. Il confia donc ce poste à Hans Bethe – ce qui attisa la jalousie d'Edward Teller, qui pensait qu'il lui revenait de droit. Composer avec les caractères et les susceptibilités de ces divas de la physique qu'il avait réussi à recruter ne fut pas le moindre de ses soucis !

Sur le plan scientifique, Groves envisagea un autre obstacle à la nomination d'Oppenheimer : il n'avait pas de prix Nobel ! Aux yeux du militaire, il aurait pu être difficile pour lui de diriger une équipe de chercheurs composée d'une proportion assez impressionnante de « nobélisés ». Ce scrupule de la part du général trahit son ignorance du monde scientifique, car si le Nobel représente certes une reconnaissance honorifique indéniable, son prestige rayonne surtout dans le grand public. Nous reviendrons sur les raisons qui peuvent expliquer qu'Oppenheimer n'a jamais remporté le prestigieux prix, mais qu'il en soit dépourvu n'empêchait nullement ses collègues de le respecter, souvent de l'admirer, et à tout le moins de le traiter d'égal à égal, qu'ils aient eux-mêmes reçu ou non un Nobel. C'est sans doute aussi aux yeux des non-scientifiques, responsables militaires politiques, que la gloire entourant le prix suédois pouvait être un argument, mais pas un critère décisif.

Il y avait plus grave dans le dossier d'Oppenheimer, bien que sans rapport avec sa carrière scientifique : son très récent passé d'activiste politique. C'est aussi sur ce point qu'on aurait pu s'attendre au maximum de réticence et de soupçons de la part de Groves, qui n'avait aucune forme de sympathie pour les « rouges ». Il avait cependant très tôt acquis l'intime conviction qu'Oppenheimer était loyal envers son pays et s'était tout à fait éloigné de ses amis et contacts communistes depuis son implication dans le projet d'arme nucléaire. Il avait également percé à jour son point faible : son ambition, qui le pousserait à rejeter son passé militant plutôt que risquer de perdre son prestigieux poste et la gloire et les honneurs qui l'attendaient s'il réussissait. Pour lui, il était surtout l'homme de la situation dont dépendrait le succès du projet.

Retour à Los Alamos

Dès que les deux hommes se furent mis d'accord sur la nécessité de construire ce nouveau laboratoire à grande échelle consacré à la recherche et aux tests sur la bombe atomique, Oppenheimer convainquit Groves de chercher le site adéquat au Nouveau-Mexique. Ce choix était tout à fait sensé du point de vue stratégique et satisfaisait aux exigences de sécurité du projet. Il fallait que la mise au point de la bombe se déroule loin des grands centres de population, non seulement pour demeurer sous le plus grand secret possible, mais également pour limiter les dégâts en cas d'accident grave – une éventualité qu'il était impossible de rejeter tout à fait, tant la manipulation de matériaux fissiles présentait des dangers potentiels.

Les motivations d'Oppie n'étaient évidemment pas entièrement désintéressées dans cette suggestion géographique. Ceux qui le connaissaient savaient que les deux grands amours de sa vie – outre évidemment Jean Tatlock et Kitty ! – étaient la physique et le Nouveau-Mexique. Jusqu'ici, il avait souffert de l'impossibilité de concilier les deux, ne pouvant goûter l'évasion dans les grandioses paysages de ses chères mesas que lorsque son activité scientifique lui laissait un court répit. Il voyait ici l'occasion rêvée de réunir ses deux passions, tout en répondant aux exigences de Groves et du projet *Manhattan*.

Le 16 novembre 1942, il se rendit en mission de repérage au Nouveau-Mexique, en compagnie d'Edwin McMillan (1907-1991) le physicien qui avait en juin 1940 réalisé au Rad Lab la synthèse du neptunium, le premier élément transuranien (plus lourd que l'uranium) créé en laboratoire – et du colonel Dudley. Ils commencèrent par le site de Jemez Springs, où les trois hommes furent rejoints dans l'après-midi par le général Groves, qui confirma l'impression d'Oppie : « Ça ne fera jamais l'affaire ! » Le canyon était trop étroit et encaissé pour envisager une construction de grande ampleur et permettre les déplacements. Le physicien lui suggéra alors un lieu qui pourrait convenir, non loin du plateau appelé Los Pajaritos, et qui accueillait le ranch-école de Los Alamos. Arrivé sur cette mesa que Robert avait découverte vingt ans plus tôt au cours d'une randonnée équestre, Groves fut tout de suite emballé : « *This is it!* » « Nous le tenons ! », s'exclama-t-il. Le plateau était assez dégagé pour accueillir les bâtiments nécessaires, alimenté en eau, assez éloigné des centres de populations, mais sans être inaccessible. Il prit les mesures nécessaires, ordonna la fermeture administrative de l'école-ranch le 7 décembre et fit acquérir les terrains environnants par l'armée.

C'est ainsi que le site principal du projet *Manhattan*, baptisé

Plan du site de Los Alamos, au Nouveau Mexique, qui abritera le projet Manhattan.

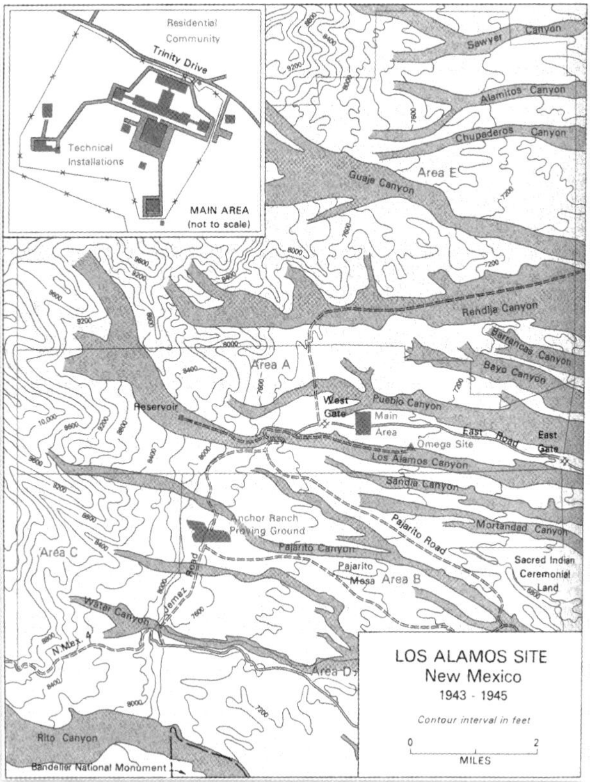

« site Y », poussa au milieu de nulle part, entre canyons, mesas et montagnes, à plus de 2 000 mètres d'altitude. Les bâtiments existants, ceux de l'école et les dépendances attenantes, étaient largement insuffisants pour accueillir tous les laboratoires et loger l'ensemble du personnel scientifique, technique et logistique. D'autant plus qu'en raison de la sécurité et du secret qui devait impérativement entourer le projet, les savants recrutés seraient obligés de vivre à temps complet sur le site avec leurs familles s'ils en avaient. Le chantier fut donc lancé immédiatement et c'est une ville entièrement nouvelle qui en émergea en mars 1943. Outre les bâtiments réservés aux expériences, réunions et conférences, et les maisons d'habitation, Los Alamos possédait un hôpital (qui accueillait une maternité), une école, un cinéma et une épicerie.

En référence au site Y où il était localisé, ce laboratoire consacré à la construction de la bombe atomique fut appelé projet *Y*. Dans la mesure où il centralisait et chapeautait l'ensemble des travaux répartis sur les autres sites (principalement le site X d'Oak Ridge chargé de la purification de l'uranium et le site W de Hanford, dans l'État de Washington, chargé de la production du plutonium), le projet *Y* était de fait considéré comme le volet scientifique du projet *Manhattan* et Oppenheimer fut nommé à sa tête. La date de sa prise de fonction officielle n'est pas connue avec certitude, mais elle aurait pu lui être signifiée le 15 octobre 1942, dans un train entre Chicago et New York. Ce n'est cependant pas avant le 25 février 1943, moins d'un mois avant son installation sur le site de Los Alamos, qu'il fut fixé par écrit sur sa mission et ses attributions. Celles-ci concernaient principalement le volet scientifique du projet, ainsi que le respect de la confidentialité et des mesures de sécurité en interne. En d'autres termes, il se portait garant de la discrétion et de la prudence des scientifiques qu'il allait recruter.

Les chevaliers de l'atome

Oppenheimer, Kitty et le petit Peter, qui n'avait pas encore 2 ans, arrivèrent à Los Alamos le 16 mars 1943. Leur maison n'étant pas encore habitable, ils durent loger à l'hôtel à Santa Fe jusqu'à la fin du mois. C'est dans cette ville, la grande agglomération la plus proche de Los Alamos, que les nouveaux arrivants étaient accueillis par une secrétaire (qui ignorait tout du but de l'entreprise) avant d'être conduits sur le site dont la localisation restait secrète. La ville-laboratoire, qui accueillit jusqu'à cinq mille personnes, dont plus de mille scientifiques, n'avait pas même d'existence administrative ; la seule adresse que les résidents étaient autorisés à communiquer était celle d'une boîte postale : « P. O. Box 1663. » Cela compliquait les communications, en particulier l'acheminement du matériel, qui devait de plus transiter selon un chemin compliqué pour brouiller les pistes.

Passe militaire de J.R. Oppenheimer pour rentrer sur le site contrôlé par l'armée américaine.

Outre les Oppenheimer, les premiers occupants du site Y furent Robert Serber et sa femme Charlotte, puis Robert et Jane Wilson. Seules six maisons étaient équipées de baignoires – dont évidemment celle des Oppenheimer –, ce qui leur valut le surnom de *Bathtub row* « Rangée des baignoires ». Wilson, qui travaillait au Rab Lab, n'arriva pas les mains vides. Il était accompagné d'un cyclotron, et d'autres appareillages lourds, indispensables pour mener les expériences nécessitées par le projet, furent empruntés aux plus grands laboratoires du pays.

Quand il vit les difficultés qu'il rencontrait pour faire parvenir et installer l'équipement nécessaire au milieu de nulle part, son assistant John Manley pensa qu'Oppenheimer n'avait pas su adopter le point de vue des expérimentateurs pour qui la « plomberie » représentait une part essentielle du travail. Pendant les premiers mois de cette aventure inouïe que représentait le laboratoire de Los Alamos, ce furent d'ailleurs les discussions théoriques qui prévalurent, en attendant que les appareillages soient fonctionnels. Pendant la période où il supervisait son projet de super-laboratoire depuis Berkeley, Oppie avait donné à certains, dont Manley, l'impression d'être dépassé par la tâche qu'il avait à assumer, de se disperser et de n'être pas à la hauteur. Mais dès qu'il eut pris ses fonctions à Los Alamos, ses proches assistèrent à une métamorphose : il était véritablement devenu le patron, gérant les imbroglios administratifs, les détails techniques et les ressources humaines avec la même maîtrise qu'il avait montrée dans l'étude et l'enseignement de la théorie quantique depuis près de vingt ans.

L'entrée pricipale
du laboratoire de Los Alamos

Sous haute sécurité

Peu habitués aux contraintes de la vie militaire, les scientifiques réunis à Los Alamos eurent vite du mal à accepter les restrictions qui leur étaient imposées. Dès la première de leurs réunions plénières hebdomadaires, le mot *bombe* avait notamment été proscrit et ils ne durent se référer à ce qui était le but ultime de leur travail que comme le « gadget ».

Ce fut bientôt le principe même de ces réunions qui se trouva mis en cause. Un bras de fer s'engagea entre Oppenheimer et Groves, le premier défendant la nécessité de la libre discussion et de la circulation de l'information – uniquement entre les physiciens travaillant sur le projet –, le second insistant pour maintenir un cloisonnement des savoirs, chacun ne devant selon lui connaître que ce qui était indispensable à sa tâche, dans l'ignorance de ce que pouvaient faire ses collègues. C'est Oppie qui eut finalement gain de cause, le succès du projet *Manhattan* dépendant justement de la collaboration et de la communication entre les responsables des différentes sections. En retour, Groves fut intraitable sur la communication avec l'extérieur. Le courrier des résidents du laboratoire était lu et censuré, leurs appels téléphoniques restreints et écoutés, leurs déplacements surveillés.

Parmi les chercheurs engagés à Los Alamos, un jeune New-Yorkais fraîchement diplômé de Princeton avait décidé de réagir par l'humour et l'intelligence à l'absurdité des règlements militaires. Richard Feynman avait pourtant encore plus de sujets d'inquiétudes que ses collègues. Sa femme Arline était gravement malade, à un stade avancé de la tuberculose. Elle était hospitalisée à Albuquerque, un arrangement trouvé par Oppenheimer qui montre combien il prenait un soin personnel au bien-être de « ses » physiciens et qui lui valut la gratitude du jeune génie de la physique. Malheureusement, l'esprit farceur et irrévérencieux de Feynman ne put résister à la situation kafkaïenne qui était imposée aux résidents de Los Alamos. Il avait repéré un trou dans le grillage entourant le périmètre, percé par des ouvriers désireux de pouvoir aller et venir à leur guise sans devoir se plier aux contrôles de sécurité obligatoires. Il s'amusa à emprunter ce passage pour sortir, puis à rentrer par le poste de sécurité en arborant son badge… plusieurs fois par jour, jusqu'à ce que les soldats postés en sentinelles se demandent pourquoi cet hurluberlu rentrait sans arrêt sans qu'ils ne le voient jamais ressortir ! Avec sa femme, qu'il allait visiter dès qu'il pouvait à Albuquerque, mais avec qui il communiquait surtout par lettres, ils jouèrent à tourner en ridicule les militaires chargés de la censure, échangeant des messages codés et défiant la logique du secret défense. Arline s'étant plusieurs fois plainte dans ses lettres que l'idée qu'elles étaient ouvertes et lues par d'autres la mettait mal à l'aise, son physicien de mari reçut une note de rappel à l'ordre afin qu'il l'informe de ne pas évoquer la censure dans son courrier. Étant lui-même astreint à la même interdiction, il pointa du doigt dans sa réponse le dilemme logique où l'enfermait cette injonction : comment pouvait-il par lettre informer sa femme qu'elle ne devait pas parler de la censure sans lui-même mentionner la censure ? On imagine bien quelle devait être la cote de popularité de Feynman au sein du service de sécurité du laboratoire… Passionné de cryptographie et débrouillard, il s'était aussi fait une spécialité de s'amuser à ouvrir les coffres-forts dont disposaient les chercheurs pour ranger à l'abri les documents confidentiels et d'y laisser une petite note de sa main, en guise de pied de nez aux services de sécurité. À tel point que ses collègues reçurent la consigne de changer leur code secret après le passage de « Dick » Feynman !

Tous ne supportèrent pas avec autant d'humour la chape de plomb des règlements militaires imposés au sein du projet *Y*. Edward Condon, qui était peut-être le plus « local » de l'équipe (il était né à Alamogordo au Nouveau-Mexique, qui allait deux ans plus tard devenir un lieu historique du projet *Y*), connaissait Oppenheimer depuis leurs études à Göttingen. Il avait d'ailleurs été quelque peu jaloux à l'époque de l'attention admirative que lui portait Max Born – lequel avait de surcroît d'autant moins de temps à lui consacrer. Il avait ensuite retrouvé Oppie à Berkeley et avec qui il avait d'excellents rapports, si bien que ce dernier avait décidé de le nommer directeur adjoint du Laboratoire national de Los Alamos. Un mois et demi après son installation, Oppenheimer se rendit à Chicago, pour s'entretenir avec Arthur Compton – le responsable du Met Lab – des progrès des recherches dans cet autre site essentiel du projet *Manhattan*, notamment de la production de plutonium par le réacteur à fission. C'est le moment que choisit Groves pour remonter les bretelles des savants et leur imposer le principe de cloisonnement des savoirs qui lui était si cher. Quand il fit irruption dans le bureau d'Oppenheimer pour lui passer un savon, Condon défendit son directeur et ami de longue date. Mais il fut désagréablement surpris de le voir se ranger à l'avis du général au lieu de faire corps avec lui et leurs collègues scientifiques contre l'ingérence des militaires. Il fut si outré qu'il fit parvenir peu après une longue lettre de démission à Oppenheimer, dans laquelle il l'avertissait que la politique de compartimentation imposée par Groves l'obligerait à « faire un travail extrêmement difficile avec trois mains attachées dans le dos » ! Il craignait surtout d'être « si déprimé » par « le souci extrême mis à la sécurité », en particulier « la censure du courrier et des appels téléphoniques, la possible militarisation et l'isolement complet du personnel avec le monde extérieur », qu'il serait devenu inutile au projet.

Condon fut ainsi le premier scientifique employé au laboratoire de Los Alamos à en démissionner, six semaines seulement après son entrée en fonction. Si la réaction d'Oppie le surprit, celle-ci s'explique par la position extrêmement délicate qui était encore la sienne vis-à-vis des autorités militaires : son habilitation de sécurité ne lui avait en effet pas encore été délivrée. Certes, il avait depuis sa nomination à la tête du projet *Y* fait preuve d'un zèle parfois surprenant dans sa volonté de se plier à la mainmise du militaire sur le scientifique. Contrairement à la grande majorité des chercheurs qu'il dirigeait, il n'était pas hostile dans le principe à la militarisation de tout le laboratoire. Il était d'abord prévu que celle-ci devienne effective dès que le projet passerait à la phase des essais, mais devant les réactions souvent très vives des savants face à cette perspective, cette décision ne fut jamais appliquée. L'idée qu'ils cesseraient d'être des civils et devraient se plier aux règlements militaires et accepter Groves comme autorité supérieure était insupportable à beaucoup des physiciens de Los Alamos. Nombre d'entre eux avaient fui l'Allemagne ou les pays annexés au Reich à cause, entre autres, de la militarisation qui y était imposée à toute la société et qui bafouait les droits individuels. D'autres ne voulaient pas entendre parler de servir sous les drapeaux.

Pourtant, le directeur scientifique lui-même semblait avoir bien moins de scrupules à se plier aux ordres de l'armée. Il arborait volontiers des signes extérieurs de soumission : il avait fait couper très court sa chevelure autrefois luxuriante et, dans les premiers temps du projet *Y*, il alla jusqu'à se pavaner en uniforme ! Il passa même les tests d'aptitude préalable à son enrôlement dans l'armée, mais sans succès : sa maigreur maladive, ainsi que sa toux de fumeur persistante qui évoquait les premiers stades de la tuberculose, le firent juger inapte au service. Ce zèle agaça sans doute certains de ses « employés », mais il émanait d'un réel sentiment patriotique, qui avait toujours animé le physicien et qui se révélait ici dans toute sa force.

Cette attitude déférente, pour ne pas dire servile vis-à-vis de l'institution militaire, peut elle aussi être mise sur le compte de l'anxiété d'Oppenheimer attendant le feu vert pour son accréditation de sécurité militaire. Celle-ci était loin d'être une affaire réglée, car au G-2, le service du contre-espionnage de l'armée américaine, Oppie s'était fait sans le savoir un ennemi mortel en la personne du lieutenant-colonel Boris Pash (1900-1995).

Soupçons d'espionnage

Fils d'émigrés russes, Pash (né Pashkovski) s'était engagé aux côtés des Russes blancs contre les bolchéviques lors de la guerre civile qui avait suivi la révolution de 1917. Il était farouchement anticommuniste et se persuada d'emblée que le passé politique d'Oppenheimer en faisait un danger pour le projet *Manhattan*, un agent de liaison en puissance, qui transmettrait dès qu'il en aurait l'occasion des informations à l'URSS sur les secrets de fabrication de la bombe atomique. Il fut encore conforté dans cette idée par une conversation captée par un des innombrables micros clandestinement installés pour surveiller quiconque était soupçonné de sympathies avec l'extrême gauche. Elle eut lieu le 30 mars 1943 au domicile de Steve Nelson, qui avait été mis sur écoute. Nelson avait été un ami très proche de Joe Dallet et de son épouse, la future Kitty Oppenheimer. C'est lui qui avait appris à cette dernière la mort de Dallet aux côtés des républicains pendant la guerre civile espagnole. Figure importante du Parti communiste en Californie, il était proche d'Oppenheimer avant même que celui-ci n'épouse Kitty. Sur l'enregistrement, on entendait Nelson s'entretenir avec un certain « Joe », qui fut identifié peu après comme Joseph Weinberg (1917-2002), un ancien étudiant d'Oppie, qui avait été engagé au Rad Lab peu après sous sa recommandation. Il informa Nelson de l'avancée des travaux sur une arme secrète et de l'imminent déménagement de tous les chercheurs impliqués vers une destination encore inconnue.

Dans cette conversation enregistrée à leur insu, les deux hommes évoquent Oppenheimer sans le nommer, le désignant comme « le professeur ». Les quelques mots qu'ils échangent à son propos ne sont pas de nature compromettante et confirment ce qu'il dira lui-même par la suite et ce que corroborent tous ses proches. Dès qu'il fut impliqué dans la conception d'une arme atomique, il cessa toute activité politique et rompit tous ses contacts avec les mouvances d'extrême gauche et les membres ou compagnons de route du Parti communiste qu'il avait fréquentés auparavant.

Quelques jours plus tard, Giovanni Rossi Lomanitz (1921-2002), un autre ancien étudiant d'Oppenheimer, qui était l'objet d'une surveillance rapprochée de la part du FBI et du contre-espionnage en raison de ses sympathies communistes, posa pour un photographe professionnel dans le campus de Berkeley, en compagnie de trois autres camarades : « Joe » Weinberg, David Bohm (qui avait été lui aussi l'élève de Robert) et Max Friedman. L'agent chargé de le surveiller acheta aussitôt le négatif et ce cliché pourtant bien innocent fut pris par Pash pour la preuve qu'il avait débusqué une cellule de l'espionnage soviétique. Les conséquences pour les quatre compagnons furent immédiates. Non seulement ils furent écartés du projet *Manhattan* et de toutes les recherches qui y étaient associées et qui accaparaient à l'époque la quasi-totalité des physiciens américains, mais ils se virent refuser tous les emplois scientifiques auxquels ils postulèrent, et Lomanitz et Weinberg furent enrôlés de force dans l'armée. Leur sort aurait pu être bien pire : Pash était tellement convaincu qu'il avait affaire à un groupe d'espions à la solde de Moscou qu'il était prêt à les faire enlever et à les interroger « à la russe » pour leur faire avouer les noms de leurs contacts, avant de les exécuter sommairement et de jeter leurs dépouilles à la mer ! La physique n'était décidément pas une vocation sans risques à cette époque…

Pash était dès lors convaincu qu'Oppenheimer, lié à tous ces jeunes gens qui étaient soit ses anciens étudiants soit des proches, était prêt, si ce n'était déjà fait, à communiquer les secrets du programme atomique à l'Union soviétique. Le directeur scientifique du projet *Manhattan* allait alors commettre un faux pas qui devait conforter Pash dans sa conviction.

Un dernier adieu

Depuis leur rupture et son mariage avec Kitty, Robert n'avait jamais complètement effacé Jean Tatlock de sa vie. Ils continuaient de se voir épisodiquement et étaient restés très proches, amis et peut-être amants. La fragilité psychologique de Jean inquiétait Robert, qui de son côté n'était peut-être jamais parvenu à oublier complètement son grand amour.

Au moment où il devait prendre ses fonctions à Los Alamos, Jean avait exprimé le désir de le revoir, mais il n'avait pas pu accéder à sa demande ni lui dire où il allait ou pourquoi il devait s'absenter pendant une durée indéterminée. Malgré tout, il ne l'avait pas oubliée et ne put se résoudre à la laisser ainsi sans nouvelles. Le 14 juin 1943, alors qu'il se savait certainement surveillé dans ses moindres déplacements, il saisit l'occasion d'un séjour à Berkeley où il devait s'occuper du recrutement de son assistant personnel, poste qu'il devait confier à son ami le philosophe David Hawkins, soupçonné lui aussi de collusions avec le Parti communiste, et qui sera l'historien officiel de Los Alamos. Ignorant sa feuille de route, il se rendit à San Francisco, où Jean, après avoir passé son diplôme de médecine, avait été engagée comme psychiatre pour enfants à l'hôpital de Mount Zion. Les agents du renseignement qui avaient pris le physicien en filature virent les deux anciens amants s'embrasser, puis monter dans la voiture de Jean, dîner au restaurant et monter dans l'appartement de la jeune pédopsychiatre, où ils passèrent la nuit ensemble.

Étant donné les relations que Tatlock avait entretenues avec le Parti communiste, Pash s'empressa de voir en elle un probable agent de liaison avec le consulat soviétique, et il la fit surveiller et mettre sur écoute.

Quand on demanda dix ans plus tard à Robert pourquoi il avait rejoint la jeune femme, au mépris des règles de sécurité et de confidentialité qui lui étaient imposées – ou à tout le moins au risque de se voir soupçonné de les avoir enfreintes –, il répondit simplement qu'elle avait besoin de le voir parce qu'elle était « encore amoureuse » de lui et qu'elle était psychologiquement et émotionnellement fragile. Sans doute par respect pour son épouse et par pudeur, il avait omis alors de mentionner ses propres sentiments à son égard. Si les raisons de ce premier « dérapage » sont bien compréhensibles, il allait, en resserrant sur lui l'étau des soupçons de Pash, en entraîner un autre, qui aura après la guerre des conséquences désastreuses.

Le contact fantôme

Peu de temps avant de s'installer à Los Alamos, Oppie avait invité à dîner chez un de ses meilleurs amis, Haakon Chevalier (1901-1985). Ce professeur de littérature française, qui avait hérité son nom de famille de son père français et son prénom de sa mère norvégienne, avait connu le physicien à Berkeley où il enseignait également. Les deux hommes avaient beaucoup de goûts en commun et des idées politiques très proches. Chevalier avait donc participé avec Oppie aux actions politiques et syndicales qui l'avaient accaparé dans la seconde moitié des années 1930.

Lorsqu'il le revit avant de partir pour le Nouveau-Mexique, Robert était en train de rompre ses derniers liens avec la mouvance communiste et son passé d'activiste pour se consacrer à son immense travail de recherche militaire, qu'il ne voulait pas voir compromis. Quand ils se retrouvèrent seuls dans la cuisine, Chevalier lui parla d'une connaissance commune : George Eltenton, un ingénieur britannique travaillant pour la firme pétrolière Shell, qui avait séjourné longtemps à Moscou et était très proche du Parti. Il lui avait dit pouvoir transmettre aux Russes des informations sur les programmes secrets de recherche et, le sachant proche d'Oppenheimer, lui avait proposé de l'entreprendre en ce sens. Chevalier n'avait pas accepté, mais quand il évoqua l'incident à Robert, celui-ci, outré, mit brutalement fin à la conversation, rappelant à son ami que ce qu'il évoquait relevait de la trahison. L'affaire en resta là, et s'il était clair qu'Oppie avait rompu avec le militantisme, il conservait à Chevalier toute son amitié.

Lorsqu'il se trouva soupçonné par les agents du contre-espionnage, sentant que l'étau se resserrait autour de ses amis et anciens étudiants d'extrême gauche et que son passé politique risquait de mettre en péril sa position au sein du projet *Manhattan*, il pensa sans doute qu'il fallait donner un os à ronger à Pash et un gage de bonne foi à Groves. Son idée de départ était de leur donner le nom d'Eltenton, un contact avéré du consulat soviétique, qui avait essayé par l'intermédiaire d'Haakon Chevalier d'obtenir de lui des renseignements confidentiels sur son travail avec l'armée. Cependant, il le fit avec une telle maladresse qu'il mit le doigt dans un engrenage infernal, qui allait se retourner plus tard contre lui et contre l'un de ses plus chers amis.

Il prit donc l'initiative d'avertir Pash qu'un nommé Eltenton avait tenté, par l'intermédiaire d'un professeur de Berkeley, d'approcher plusieurs scientifiques (trois à sa connaissance) pour qu'ils communiquent des informations confidentielles sur les projets de nouvelles armes dont la rumeur courrait autour du campus, afin qu'il les transmette à ses contacts travaillant pour l'Union soviétique. Il ne nomma pas Chevalier et n'avoua pas avoir lui-même été l'un des savants contactés. En attirant l'attention de Groves et Pash sur le danger que pouvait représenter Eltenton pour la sécurité et la confidentialité du projet *Manhattan*, il ne leur avait rien appris qu'ils ne savaient déjà. Ce qui intéressait en revanche Pash au plus haut point était l'identité des trois contacts de Berkeley que Robert avait mentionnés, et plus encore du mystérieux intermédiaire qui avait ainsi infiltré le campus. L'officier du contre-espionnage était convaincu qu'il s'agissait d'un scientifique du Rad Lab et d'un ancien élève d'Oppie et n'aurait jamais soupçonné Chevalier qui, bien que communiste notoire, enseignait la littérature.

Oppie fut donc pressé, pour ne pas dire sommé, de nommer ces mystérieux contacts. Il refusa, arguant que les intéressés étaient selon lui au-dessus de tout soupçon, qu'ils n'avaient pas cédé à la requête d'Eltenton et ne s'étaient rendus coupables d'aucune trahison envers leur pays. Pash lui fit bien comprendre qu'il ne se contenterait pas de cette réponse. Il fut également interrogé par John Lansdale, l'adjoint de Groves chargé de la sécurité. Celui-ci ne partageait pas les soupçons de Pash quant à l'implication d'Oppenheimer, mais n'en cherchait pas moins à identifier les potentiels informateurs. Robert ayant déclaré qu'il ne donnerait les noms demandés que si Groves, son seul supérieur dans le projet *Manhattan*, lui en intimait l'ordre, ce dernier finit par le faire le 12 décembre 1943. Robert nomma avec réticence Haakon Chevalier et, bien que les témoignages des uns et des autres soient confus sur ce point, aurait reconnu que les trois chercheurs soi-disant contactés n'étaient qu'un coup de bluff de sa part, destiné à brouiller les pistes.

Alors qu'ils consacraient tous leurs efforts à tenter de démanteler un imaginaire réseau d'espions infiltrés au Rad Lab et à incriminer Oppenheimer, les agents du contre-espionnage passèrent à côté des vrais informateurs au service de l'Union soviétique. Klaus Fuchs (1911-1988), un communiste allemand qui avait fui l'Allemagne nazie et travaillait sur le projet britannique de bombe (*Tube Alloys*) avant de rejoindre les sites de Oak Ridge puis de Los Alamos, fut de ceux-là. David Greenglass (1922-2014), un technicien employé à Oak Ridge puis au projet *Y*, dont les contacts à New York étaient sa sœur Ethel et son beau-frère Julius Rosenberg qui connurent après-guerre un destin tragique, était aussi concerné. Theodore « Ted » Hall (1925-1999), qui préparait sa thèse à Harvard quand il fut en 1944 le plus jeune chercheur engagé sur le projet *Manhattan*, à l'âge de

19 ans, complète cette liste. Ce sont les informations précises délivrées par ces trois espions, dont les activités ne seront découvertes qu'après la guerre, qui permirent aux Russes de connaître en détail l'avancement du projet *Manhattan*.

Blues *atomique*

Alors qu'il se pensait débarrassé du harcèlement des services du contre-espionnage et espérait se consacrer enfin pleinement à la mission qui lui avait été confiée, celle de lever les obstacles scientifiques et techniques à la réalisation d'une bombe à fission nucléaire, un nouveau coup s'abattit sur la tête de Robert Oppenheimer au début de l'année 1944. Sans doute par les services de sécurité qui l'avaient maintenue sous surveillance permanente depuis son escapade du mois de juin de l'année précédente, il fut informé que Jean Tatlock s'était suicidée le 4 janvier. Son père, qui l'avait vue la veille, était inquiet qu'elle ne réponde pas à ses appels téléphoniques et avait fini par pénétrer chez elle par une fenêtre. Il l'avait retrouvée morte dans sa baignoire, la tête immergée. Elle avait laissé une lettre d'adieu sur la table, disant qu'elle était « dégoûtée de tout », qu'elle avait tenté de lutter, mais que son âme était « paralysée ». L'autopsie révéla qu'elle avait absorbé des barbituriques, mais que la cause du décès était un « œdème pulmonaire aigu avec congestion » : en d'autres termes, elle était morte noyée, sans doute après avoir perdu connaissance.

Les circonstances de la mort de Jean laissent apparaître des zones d'ombres et des incohérences qui ont conduit certains historiens ou des proches de la jeune femme à soupçonner un assassinat maquillé en suicide. Le contexte historique et politique, qui l'avait associée indirectement à un secret militaire hautement sensible et avait pu la faire soupçonner d'espionnage, était favorable à ces spéculations, mais rien ne permet de les étayer sérieusement.

Oppenheimer fut profondément atteint par le décès de son grand amour. La culpabilité ne pouvait manquer de se mêler au chagrin, à la colère et au désarroi. Étonnamment, il s'en serait confié au capitaine Peer de Silva (1917-1978), l'officier responsable de la sécurité à Los Alamos. Bien qu'il ait été aussi soupçonneux que Boris Pash à son égard, convaincu qu'il était un espion des « rouges », il se trouvait à ses côtés quand il apprit le suicide de Jean et témoigna de la réaction du physicien. Ne pouvant afficher le deuil de sa maîtresse face à son épouse et à ses collègues, il poursuivit la tâche éreintante qui lui avait été confiée.

Si elle était exténuante et contraignante, la vie des savants travaillant à Los Alamos était à tout le moins intense. L'excitation et l'émulation, ainsi que le sentiment de travailler à un projet important, crucial même, les galvanisait et leur permettait de surmonter les inconvénients de la vie spartiate qu'ils menaient. Bien moins enviable encore était l'existence menée par leurs épouses et parmi elles, la « première dame » du lieu, la femme du directeur Oppenheimer, était peut-être la plus à plaindre. Elle avait dans un premier temps accepté un poste à mi-temps au laboratoire médical qui étudiait les effets des radiations sur l'organisme, mais elle abandonna bientôt cette tâche qu'elle jugeait indigne d'elle. Elle ne fut pas plus enthousiaste à l'idée de jouer le rôle qui lui était imposé, celui de la « femme du patron », qui aurait assuré les festivités et les mondanités dans la communauté qui s'était créée à Los Alamos, laissant son époux lutter avec les innombrables problèmes qui se dressaient devant lui. Elle détestait cet emploi de « première dame du labo » et délaissa ses obligations sociales, déléguant l'organisation des cocktails et autres réjouissances aux autres épouses de savants. Elle sombrait chaque jour un peu plus dans la dépression et sa consommation d'alcool devenait préoccupante.

Le laboratoire de Los Alamos accueillant de nombreux couples, il était inévitable que la population du site augmente naturellement.

Le général Groves s'inquiéta même du pic de natalité qu'affichait la petite communauté de scientifiques, ce à quoi Oppenheimer lui rétorqua qu'on ne pouvait empêcher les chercheurs de se reproduire ! Parmi ces bébés nés dans l'enceinte du projet *Y*, et dont le certificat de naissance portait pour seule adresse celle de la boîte postale « P. O. Box 1663 », la propre fille du directeur scientifique, prénommée Katherine comme sa mère, mais que ses parents surnommèrent plus tard Toni, vit le jour le 7 décembre 1944.

Kitty vécut très mal cette seconde maternité dans l'ambiance du laboratoire devenue pour elle irrespirable. Elle ne parvenait pas à s'occuper du bébé et quatre mois après la naissance de sa fille, elle partit avec son aîné Peter pour Pittsburgh, laissant Katherine à son père qui ne pouvait guère davantage prendre soin d'un nourrisson. « Je ne peux pas l'aimer », avoua-t-il un jour à Pat Sherr, une amie du couple qui avait fait une fausse couche peu avant et assuma le rôle de nourrice de l'enfant. Il lui proposa même d'adopter le bébé, ce que Sherr refusa fermement.

Cet épisode donne une idée de l'état psychologique d'Oppenheimer, qui semblait au bord de la rupture. Écrasé sous le poids des responsabilités, des soupçons sur sa loyauté envers son pays, et sans doute meurtri encore par la nouvelle du suicide de Jean, il était visiblement éreinté. Bien qu'il ait toujours été mince, il avait encore perdu du poids, pesant à peine 50 kilogrammes. Il fumait encore plus frénétiquement qu'à son habitude et buvait plus qu'il n'aurait fallu, les effets de l'alcool étant accentués par l'altitude. Les traits tirés, il n'était plus que l'ombre de lui-même et bien qu'il eût à peine passé le cap de la quarantaine, on lui aurait facilement donné dix ans de plus. Pourtant, il tenait bon et maintenait le cap, convaincu que de sa ténacité dépendait le succès de toute l'entreprise qui lui avait été confiée.

De l'avis quasi unanime de tous les acteurs du projet *Y*, bien qu'il n'ait pas été seul à y œuvrer, son rôle fut capital dans sa réussite.

Selon Hans Bethe, un de ses plus proches collaborateurs, le projet de bombe aurait sans doute pu être mené à bien sans lui, mais pas avec autant d'efficacité. Sans nécessairement prendre part à toutes les recherches qui y étaient menées de front, sa seule présence suffisait à galvaniser les équipes et à leur donner le sentiment de contribuer à une aventure unique, en servant leur pays. Omniprésent sur le site de Los Alamos, on le voyait souvent, son inséparable *pork pie hat* vissé au crâne, l'arpenter à cheval ou au volant de sa Cadillac qu'il avait la réputation (justifiée!) de conduire à tombeau ouvert (il avait eu d'ailleurs plusieurs accidents sérieux dans les années précédentes). Il était l'âme et le lien d'une communauté unique, un phalanstère de physiciens pour la plupart très jeunes, réunis au milieu de nulle part, coupés du monde, et travaillant ensemble à une mission dont ils sentaient bien qu'elle devait changer l'Histoire. La partie était pourtant encore loin d'être gagnée, car s'ajoutant aux tensions dues aux mesures de sécurité et aux suspicions d'espionnage ainsi qu'aux difficultés matérielles et personnelles, tous les obstacles techniques à la construction de la bombe n'étaient pas levés.

Balistique et implosion

Un des principaux défis pratiques qui se posa à l'équipe du projet *Y* fut la détonation, l'amorce de la réaction en chaîne. Le problème était d'arriver à dépasser la masse critique de l'élément fissile, qu'il s'agisse d'uranium 235 ou de plutonium, avant qu'une fission spontanée ne fasse s'évacuer l'énergie trop lentement pour produire une explosion. L'idée initiale proposée en Angleterre par Peierls et Frisch, celle d'une masse d'uranium projetée comme une balle de fusil contre une autre, était encore envisagée, mais elle n'était pas facile à réaliser. Il fallait trouver comment propulser la masse-projectile à une vitesse suffisante pour produire une réaction en chaîne explosive. Une autre solution fut donc envisagée : comprimer une masse d'uranium (qui fut finalement remplacée par du plutonium) en plaçant des charges explosives classiques tout autour, provoquant ainsi une implosion. Cette méthode avait été suggérée dès 1942 par Richard Tolman lors d'une conférence à Berkeley, avant même le lancement du laboratoire de Los Alamos. La recherche sur le sujet devait être menée par Robert Serber, mais c'est finalement un autre chercheur, Seth Neddermeyer (1907-1988), qui s'y attela avec zèle. À la tête du laboratoire, il buta néanmoins sur la réalisation pratique de l'implosion et Groves jugea préférable de faire appel à des ingénieurs militaires et à des chimistes plus habitués aux réalités de la manipulation et des propriétés des explosifs.

La recherche théorique sur le processus d'implosion qui, pour être efficace, devait être parfaitement homogène, en comprimant également la masse de plutonium sur toute sa surface sans l'écraser comme une crêpe, bénéficia également des lumières d'un des plus grands esprits du XXe siècle, le mathématicien et physicien hongrois John von Neumann (1903-1957). À partir de 1943, celui-ci se rendit régulièrement à Los Alamos en tant que consultant. Il avait apporté des contributions décisives et historiques dans plusieurs branches de mathématiques, ainsi qu'en physique quantique, et avait conçu l'architecture des premiers ordinateurs, celle qui est encore utilisée dans tous les processeurs. Von Neumann était également devenu un expert dans l'étude des explosions et la modélisation mathématique des ondes de choc, et il suggéra un moyen plus efficace de comprimer le matériau fissile par des détonations.

Cette suggestion relança l'idée d'une bombe à implosion, qui était restée jusque-là assez marginale. Elle devint d'autant plus intéressante que le plutonium, un élément découvert en 1941, constituait un matériau fissile bien plus prometteur avec ce procédé que l'uranium, plus adapté pour une bombe à projectile. Or le plutonium, qui n'existe pas à l'état naturel, était produit lors de la fission de l'uranium et pouvait donc être obtenu grâce aux réacteurs nucléaires, dont la pile atomique de Chicago avait fourni le prototype. Oppenheimer décida donc de tout miser sur la technique de l'implosion, au point de réorganiser l'ensemble du laboratoire et de créer une section spécialement dévolue aux recherches sur le sujet. Le modèle balistique, à l'uranium, ne fut pas abandonné, mais il était considéré comme pratiquement achevé et fut gardé en réserve, sans même qu'un test soit envisagé.

L'espoir déçu d'un monde meilleur : Niels Bohr en Amérique

Au milieu des soucis, des difficultés et des chagrins auxquels Oppenheimer eut à faire face, un rayon d'espoir se profila le 30 décembre 1943 quand son idole et son modèle, Niels Bohr, arriva à Los Alamos. Il se joignait aux scientifiques britanniques venus prêter main forte à leurs collègues d'outre-Atlantique, depuis la signature le 19 août 1943 de l'accord de Québec entre Roosevelt et le Premier ministre anglais Winston Churchill. Cet accord établissait la coopération entre les deux grandes nations alliées dans le projet de construction d'une bombe atomique, le projet britannique *Tube Alloys* étant dès lors englobé dans le projet *Manhattan*.

Le physicien danois avait de son côté connu bien des péripéties depuis l'annonce de la première fission nucléaire au début 1939. Il avait été parmi les premiers scientifiques à tirer les conclusions de cette découverte, et c'est même lui qui était venu la présenter à ses confrères américains. Il était resté sur l'idée que la réalisation d'une arme nucléaire ne serait possible qu'à condition de pouvoir séparer en grandes quantités les isotopes 235 et 238 de l'uranium, ce qu'il pensait irréalisable, à moins de transformer les États-Unis en une gigantesque usine. Il ne croyait pas si bien dire, car son trait d'esprit allait presque devenir une réalité : jusqu'à la fin de la guerre, l'ensemble du projet *Manhattan* employa au total plus de six cent mille personnes, pour la plupart des ouvriers travaillant sur les sites de séparation de l'uranium ou de production de plutonium et qui ignoraient tout du but de leur travail.

Il se ravisa pourtant en 1941 quand il reçut la visite de son ami et ancien étudiant Werner Heisenberg. Le Danemark était occupé par les nazis depuis le 9 avril 1940 et le programme allemand de recherche sur l'énergie atomique et ses utilisations militaires semblait bien avancer. Les scientifiques qui, en Amérique, s'étaient inquiétés de la possibilité qu'Hitler détienne « la » bombe dans un futur proche ne s'étaient donc pas alarmés sans raison.

Juif par sa mère et résolument antifasciste, Bohr n'avait aucune raison de collaborer aussi peu que ce soit avec l'Allemagne nazie. La position d'Heisenberg dans cet échange, comme dans toute l'histoire du programme nucléaire militaire allemand, était quant à elle bien plus ambiguë. Le grand physicien n'était pas membre du parti nazi et ne partageait pas les idées racistes et antisémites de ses dirigeants. Néanmoins, il refusa de quitter son pays par patriotisme et pour, selon lui, assurer la pérennité de la science allemande. Il faut aussi souligner que la position des physiciens allemands était différente de celle de leurs homologues (et de fait, adversaires) d'outre-Atlantique : s'ils refusaient de collaborer au projet de bombe atomique, ils étaient assurés d'être envoyés au front ou arrêtés et exécutés comme traîtres. Quoi qu'il en soit, l'atout que représentait un physicien de la trempe d'Heisenberg pour cette entreprise était tel que les services secrets alliés envisagèrent un temps de le faire kidnapper, voire exécuter, avant de renoncer à une solution aussi radicale !

La teneur des propos qu'échangèrent ces deux génies scientifiques est entourée d'un halo de mystère, les versions des intéressés divergeant sur plus d'un point. Il semblerait qu'Heisenberg ait surtout cherché à sonder Bohr sur ce qu'il savait des possibilités de réalisation d'une arme atomique. En lui présentant l'avancement des travaux réalisés par son équipe à l'Institut Kaiser-Wilhelm de Berlin, il avait surtout alarmé son vieux mentor. Craignant que la séparation des isotopes d'uranium ne soit pas aussi irréalisable qu'il l'avait cru, ce qui rendait envisageable l'explosion d'une masse critique raisonnable, Bohr mit fin à la discussion et se garda de tout commentaire qui aurait pu aider les Allemands à progresser. Il ressentit néanmoins la nécessité de se rapprocher des Alliés, non seulement pour les alerter sur les progrès du projet de bombe outre-Rhin et leur apporter son soutien, mais également parce qu'entre-temps, les conditions de l'occupation du Danemark s'étaient durcies. À l'été 1943, les Allemands mirent fin brutalement au régime de semi-autonomie qu'ils avaient accordé à leur voisin scandinave et les troupes occupèrent de nouveau Copenhague. Bohr fut averti qu'il n'était plus en sécurité dans son propre pays et que son arrestation par la Gestapo était imminente.

Il fut donc exfiltré de Copenhague dans des conditions assez rocambolesques. Le 29 septembre 1943, il gagna tout d'abord clandestinement à bord d'un bateau de pêche la Suède voisine, qui contrairement au Danemark et à la Norvège était demeurée neutre dans le conflit et n'avait donc pas été envahie. En transit à Stockholm, il échappa de peu aux agents allemands présents sur place qui avaient pour mission de l'abattre. De là, il prit l'avion pour le Royaume-Uni. N'ayant pas compris les instructions du pilote qui le convoyait, il n'avait pas enfilé le masque à oxygène qu'il lui avait confié – d'autant plus qu'il était, selon lui, trop étroit pour sa « grosse tête » ! Il perdit connaissance pendant le vol, mais ne se départit pas de son humour et de sa bonne humeur, déclarant avoir fait « un délicieux somme » avant son atterrissage en Écosse le 5 octobre. Il avait au moins échappé au joug nazi et pouvait participer librement au projet anglo-américain qui devait prendre les Allemands de vitesse dans la course à la bombe.

Bohr ne se faisait cependant pas d'illusions sur son rôle dans cette aventure. Malgré ses contributions théoriques déterminantes dans les premiers stades de la recherche sur la fission, il était quelque peu pris de vitesse par les progrès dans ce domaine. « Ils n'avaient pas besoin de moi pour construire la bombe », avoua-t-il plus tard. S'il avait néanmoins accepté de traverser l'Atlantique, c'était pour une mission d'un autre ordre.

Pendant les années d'isolement et d'anxiété croissante passées dans le Danemark occupé, cette figure tutélaire de la physique quantique avait eu le temps de méditer sur les implications de cette bombe au pouvoir destructeur défiant l'imagination. Il n'était effectivement pas seulement un des plus grands physiciens de son temps, mais aussi, comme Oppenheimer, un penseur, ouvert à la réflexion philosophique. Contrairement à ses homologues américains, britanniques ou même allemands, aveuglés par l'urgence de la réalisation matérielle de la bombe, il avait pris pleinement conscience des conséquences qu'une telle arme allait avoir sur l'histoire, sur la politique internationale et sur la notion même de guerre.

Ces armes de destruction massive, les bombes à fission – pour ne rien dire de leurs grandes sœurs à fusion, les bombes H, qui allaient leur emboîter le pas quelques années après – pouvaient, il en était convaincu, signifier la fin de la civilisation, peut-être de l'humanité. Paradoxalement, il y entrevoyait aussi un espoir et les paradoxes n'étaient pas pour le faire reculer. Son concept de complémentarité, qu'il avait élaboré en 1927 pour rendre compte de la double nature apparemment contradictoire, ondulatoire et corpusculaire, de toutes les particules élémentaires, pouvait selon lui s'appliquer aussi bien à la bombe atomique. Elle était à la fois la plus grande menace qui ait jamais plané sur la paix et l'espèce humaine entière, mais pouvait tout aussi bien s'avérer porteuse de l'espoir d'un avenir meilleur, d'une concorde entre les peuples, libérés du spectre de la guerre.

Selon une logique qui allait perdurer pendant tout ce que l'on appellera l'ère nucléaire et dont les implications tortueuses allaient vite se révéler au grand jour, la puissance destructrice même de l'arme nucléaire pouvait, par son effet dissuasif, mettre fin aux conflits. C'est au moins en substance ce que pensait Bohr et c'est avec cette idée qu'il débarqua aux États-Unis fin 1943. Cet espoir ne pouvait cependant se réaliser qu'à une condition : la communication ouverte à l'échelle internationale sur le modèle de l'ouverture qui prévalait au sein de la communauté scientifique – tout au moins avant que la guerre n'éclate. S'il n'était évidemment pas question de partager les savoirs sur la fission et les explosions atomiques avec les forces de l'Axe et les nazis, Bohr voyait déjà plus loin. Les Russes, alliés avec la Grande-Bretagne et les États-Unis depuis leur invasion par l'Allemagne en 1942, qui rompait le pacte germano-soviétique et la neutralité observée par l'URSS pendant tout le début de la guerre, devaient être mis au courant de la possibilité d'une telle arme et être associés à la recherche dans ce domaine.

Porteur de ce message d'ouverture, de libre communication et d'un espoir de paix future, c'est peu dire que Bohr ne suscita pas un enthousiasme unanime à son arrivée en Amérique. Groves, qui l'accompagna dans le train entre Washington et le Nouveau-Mexique, fut vite obsédé par une seule idée : le faire taire ! Si sa vision des relations internationales dans le monde d'après l'arme atomique put séduire certains conseillers de la Maison-Blanche, si quand il l'approcha dans ce sens, Roosevelt lui-même semblait favorable à cette solution pacifique et éclairée, le savant danois rencontra sur sa route un adversaire résolu qui mit fin à son optimisme utopique : un obstacle de taille, puisqu'il s'agissait de Churchill lui-même ! Roosevelt avait en effet prévenu Bohr qu'il ne lui donnerait aucun accord sans avoir auparavant l'aval de son homologue britannique. Quand le physicien se rendit à Londres, peu avant le débarquement allié en Normandie, pour lui exposer sa vision des choses, il se heurta à un refus catégorique. Churchill ne voyait nullement l'Union soviétique comme un allié, mais comme le prochain ennemi, et il n'était pas question pour lui de partager avec les Russes les secrets de l'arme atomique. Il rallia finalement le président américain à son camp : non seulement toute possibilité de coopération avec l'URSS sur les questions nucléaires fut rejetée, mais il fut recommandé de s'assurer que Bohr lui-même n'ait pas déjà divulgué des secrets militaires ! Ce fut la fin de la participation du Danois au projet *Manhattan*, mais les quelques mois qu'il y passa avaient suffi à planter les graines de sa réflexion.

S'il était devenu, pour Churchill et pour beaucoup de responsables politiques et militaires américains, sinon un homme à abattre, au moins un électron libre gênant et qu'il était urgent de faire taire, il fut accueilli au sein de la petite communauté des physiciens de Los Alamos avec un enthousiasme unanime. Déjà à Berkeley, il était ce « Dieu » dont Oppie était le prophète, et on peut dire qu'au Nouveau-Mexique, il fut accueilli comme le Messie, tout particulièrement par le directeur du laboratoire, qui n'avait jamais caché son admiration pour lui.

Comme il le reconnaissait lui-même, Bohr avait peu à apporter au projet *Manhattan* sur le plan théorique. Il considérait d'ailleurs que le savoir sur la fission nucléaire était alors bien assimilé, qu'il était pour ainsi dire dans le domaine public, ce qui le confortait dans le bien-fondé de sa politique de l'ouverture. Il était pourtant loin de tout savoir sur les détails techniques de la réalisation de la bombe. Ainsi, quand il leur présenta un croquis du dispositif sur lequel travaillaient leurs adversaires allemands, les physiciens de Los Alamos furent à la fois éberlués, consternés et rassurés : il ne s'agissait pas du schéma d'une bombe, mais de celui d'un réacteur, proche dans son principe de la Chicago-Pile 1 que Fermi et Szilárd avaient déclenchée fin 1942. « Que comptent-ils faire, lancer un réacteur sur Londres ? » demanda un Oppie incrédule. Il semblait décidément que les Américains avaient largement rattrapé leur retard sur le programme nucléaire du IIIe Reich.

Le rôle de Bohr dans le projet *Manhattan* fut donc moins scientifique que psychologique et philosophique. Non seulement, grâce à son charisme, son rayonnement et l'aura de prestige qui l'entourait dans le monde scientifique, il exerça une influence bénéfique sur le moral des chercheurs du projet *Y*, qui commençaient à être minés par le surmenage, les contraintes et une atmosphère de suspicion pesante, mais il apporta aussi ce point de vue qui avait été si mal accueilli dans le monde politico-militaire. Il alimentait un besoin de réflexion et de recul, une hauteur de vue et une perspective à long terme dont beaucoup ressentaient un cruel besoin. Personne cependant ne l'accueillit sans doute avec plus d'enthousiasme, n'embrassa sa vision des choses aussi sincèrement qu'Oppenheimer lui-même. Face aux réalités de la géopolitique et de la guerre, aux impératifs qui lui étaient imposés et à son propre degré d'implication dans le projet qui avait atteint un point de non-retour, la vision ouverte et internationale transmise par Bohr prit chez lui une tournure bien différente de celle qu'avait dû envisager le maître de Copenhague. Ce qu'il retint surtout, ce fut l'idée d'une arme si puissante qu'elle pouvait mettre fin à toutes les guerres. La « der des der » ? C'était un refrain que l'on avait pourtant déjà entendu…

Nouvelle donne

La visite de Bohr, et la perspective inédite qu'il apportait sur l'utilisation de la bombe, s'inscrivit aussi dans un changement de contexte général qui n'apparut pas d'emblée comme tel, mais conduisit les acteurs du projet *Manhattan* à se questionner profondément, voire à se remettre totalement en question, sur le bien-fondé de leur entreprise.

En effet, plus les scientifiques, ingénieurs et techniciens s'approchaient de la réalisation de leur objectif, plus son but initial, la raison qui avait motivé leur implication devenait vague et lointaine. Les chances de victoire de l'Allemagne nazie et des pays de l'Axe diminuaient de jour en jour. Après la défaite allemande à Stalingrad, puis les débarquements alliés en Sicile et enfin en Normandie, Hitler était encerclé, acculé et aux abois. Quant au programme nucléaire allemand, il avait depuis longtemps perdu son avance sur celui des Alliés et la menace d'une bombe atomique entre les mains des nazis était devenue illusoire.

Or la plupart des scientifiques travaillant au projet *Manhattan* n'œuvraient que dans cet unique but : prendre de vitesse les Allemands en disposant avant eux d'une bombe atomique fonctionnelle. Si la course était déjà gagnée, pourquoi la poursuivre ?

Peut-être pour l'éloigner du projet *Manhattan* et éviter qu'il n'en écarte Oppenheimer, Groves avait confié à Boris Pash la direction d'une mission qui devait suivre l'avancée des troupes alliées débarquées en Sicile, et obtenir des informations sur les projets d'arme atomique en territoires ennemis. Baptisé « *Alsos* » (une allusion au nom du général, *alsos* signifiant en grec « bosquets », « groves » en anglais), ce commando était parti le 7 décembre 1943 et en novembre 1944, il avait réuni assez d'informations pour pratiquement écarter le danger d'une bombe atomique allemande. Malgré leurs avancées au début de la guerre, les savants travaillant à ce projet ne s'étaient pas même approchés du but. À peine envisageaient-ils la construction d'un réacteur de fission contrôlée, donc à usage civil, mais les moyens consacrés à l'effort de guerre ne leur permirent pas d'en commencer la construction. S'ajoutant aux informations déjà rapportées par Bohr, ces nouvelles dressaient un constat sans appel : les nazis ne disposeraient jamais de la bombe.

Étonnamment, ce retournement de situation ne sembla pas affecter les chercheurs travaillant à Los Alamos, obsédés par la réussite du projet *Manhattan* et l'aboutissement de leur travail. Seul l'un d'entre eux, Józef Rotblat (1908-2005), un Polonais exilé en Angleterre qui avait participé aux recherches des Britanniques sur la bombe avant de rejoindre le projet *Manhattan*, démissionna le 8 décembre 1944 lorsqu'il se rendit compte que le spectre d'une bombe allemande s'était évanoui, mais que la cible avait changé. Il fut en effet choqué d'entendre le général Groves déclarer lors d'un dîner que le vrai but du projet *Manhattan* était de « mettre au pas les Russkofs » ! Malgré une campagne de dénigrement de la part du FBI, qui tenta en vain après la guerre de le faire passer pour un espion soviétique, Rotblat lutta par la suite contre la course à l'armement nucléaire et fut récompensé par le prix Nobel de la paix en 1995.

La personnalité qui incarne le mieux ce retournement de situation et le dilemme qu'il impliquait fut sans doute Leó Szilárd. Plus qu'aucun autre scientifique, il s'était démené pour lancer les États-Unis, le seul pays qui en avait les moyens financiers, matériels et humains, dans cette course à la bombe. Bien qu'effrayé dès le début – et sans doute bien avant tout le monde – par le potentiel destructeur d'une telle arme et les conséquences qu'elle pourrait avoir, il avait été obsédé par l'impératif de battre les Allemands de vitesse dans sa réalisation. Le péril nazi écarté, sa priorité devint d'empêcher que la bombe, dont la construction n'était plus qu'une question de mois, ne soit utilisée contre des civils. En effet, les deux autres cibles de cette arme aux possibilités terrifiantes se profilaient déjà à l'horizon : dans l'immédiat, le Japon, qui n'avait pas capitulé et se livrait dans le Pacifique à des combats sans merci avec les Américains ; et, aux premières loges de la démonstration de force qui se préparait, les Russes, dont on espérait bien à Washington qu'ils comprendraient l'avertissement…

Szilárd redoubla donc d'efforts pour empêcher l'utilisation militaire de la bombe atomique. Sa solution, qui serait bien rentrée dans le plan d'ouverture défendu par Bohr, était de faire une démonstration du pouvoir destructeur de la bombe sur une zone inhabitée et d'y convier des observateurs nippons pour obtenir la reddition immédiate et inconditionnelle de leur part. En cas de refus seulement, l'utilisation militaire pourrait être envisagée.

Cependant, le physicien hongrois se heurta à un mur – ou plutôt à une série de murs. Il réussit pourtant à obtenir la signature de cent cinquante-cinq personnalités scientifiques en faveur d'une démonstration sans victimes. Il obtint même un entretien avec Oppenheimer et tenta de le rallier à ses vues. Le directeur scientifique du projet *Manhattan* lui fit cette réponse aussi abrupte qu'inattendue : « La bombe atomique, c'est de la merde ! » Devant les yeux ronds et l'air interloqué de Szilárd, Oppenheimer précisa : « Ça fera un gros boum – un très gros boum ! –, mais une telle arme n'a aucune valeur sur le plan militaire. » On ne peut manquer, aujourd'hui encore, de s'interroger sur le sens de ces propos. Quel message voulait-il transmettre à Szilárd, sachant qu'il avait sûrement déjà tranché contre l'idée d'une simple démonstration ? Il est évident que c'est avant tout l'impact psychologique que recherchaient les partisans d'un bombardement nucléaire. Comment penser que là se bornait le pouvoir de l'arme atomique et qu'il n'y avait aucun risque d'abus si on la laissait sans contrôle entre les mains des militaires ?

On pouvait aussi – et cet argument fut également avancé pour justifier l'emploi de la bombe – considérer que celle-ci n'était que l'équivalent, en plus puissant, des bombes « traditionnelles » qui avaient plu sur les grandes métropoles tout au long de cette guerre, de Londres à Dresde et de Tokyo à Paris. Ces bombardements avaient certes fait des centaines de milliers de victimes, mais il était impossible de nier qu'avec la bombe atomique, on basculait dans une nouvelle ère.

Oppenheimer avait-il déjà en tête la bombe H, dont la puissance destructrice était estimée mille fois supérieure à celle des bombes à fission, et qui aurait constitué le vrai avantage stratégique dans les guerres à venir ? Impossible de le savoir avec certitude, mais dans la brusquerie de sa répartie on sent la tension qui tiraillait le directeur du projet *Y*, trahissant le conflit intérieur qui le tourmentait.

Pouvait-il, à ce stade du projet, faire encore machine arrière, enrayer l'engrenage infernal qui devait mener à la destruction totale et quasi instantanée de deux villes ? Avait-il atteint ce stade où les sentiments humains cèdent le pas face à ce qu'on pense être l'intérêt supérieur ? Oppenheimer n'avait rien d'une brute sanguinaire, mais on comprend que, comme beaucoup de participants au projet *Manhattan*, il ait été prêt à envisager des solutions radicales pour vaincre l'Allemagne nazie. À plusieurs reprises cependant, il a fait preuve d'un pragmatisme assez glaçant, qui laisse penser que sa boussole morale avait fini par s'affoler. Il envisagea par exemple un temps avec Hans Bethe un « plan B », dans l'éventualité où la bombe n'aurait pas été réalisable dans les délais impartis : l'empoisonnement des ressources alimentaires de l'ennemi par un élément hautement radioactif comme le strontium 90, qui aurait provoqué des cancers en masse. S'il avait finalement abandonné l'idée, ce n'était pas par scrupule éthique, mais parce que le plan aurait nécessité d'infester les populations sur une trop grande échelle pour être réalisable, « à moins de pouvoir empoisonner suffisamment de nourriture pour tuer un demi-million de personnes » !

Toujours est-il qu'Oppie finit par opposer à la proposition de Szilárd le même discours que Groves : une démonstration ne suffirait pas. La conclusion était claire : une bombe atomique allait tomber sur le Japon. Auparavant, Oppenheimer insista cependant sur la nécessité d'un test, secret, mais indispensable, car la bombe était pour ainsi dire prête, mais en deux « versions » : la « balistique », à l'uranium 235 ; et la bombe à implosion, dont le matériau fissile était du plutonium. C'est cette seconde qui devait être testée en conditions réelles. D'abord réticent, Groves finit par acquiescer à cet essai, qui devait être la première réaction en chaîne de fission nucléaire non contrôlée de l'histoire, en un mot la première explosion atomique.

Jour 1 : Maintenant je suis devenu la Mort

Après de longs repérages dans les environs de Los Alamos, Robert avait fini par trouver un site adapté, à quelque 80 kilomètres au nord-ouest de la ville d'Alamogordo : une plaine désertique au nom prédestiné, *Jornada del Muerto*, « Le voyage du mort », qui servait de champ de tir à une base de l'armée de l'air. Elle fut entourée de trois postes d'observation, situés chacun à 9 kilomètres du « point zéro », et d'un camp de base un peu plus éloigné (15 kilomètres), d'où les savants pourraient contempler et étudier la déflagration la plus puissante jamais déclenchée par une main humaine. Oppie avait lui-même choisi le nom du site, qui fut aussi donné par association au test qu'il accueillait ; *Trinity*, « Trinité », sans doute en référence aux vers d'un des *Sonnets sacrés* de John Donne :

« Ébranle mon cœur, Dieu à trois personnes,
car Tu ne fais encore que frapper, respirer, briller et chercher à soigner ;
Pour que je puisse m'élever et me dresser, renverse-moi,
et tends tes forces pour briser, souffler, brûler et me renouveler. »

On retrouve dans ces quelques lignes, sous le voile d'un mysticisme qu'il affectionnait, les idées qu'il avait reprises à son idole Niels Bohr : le pouvoir destructeur de la bombe était aussi un espoir de

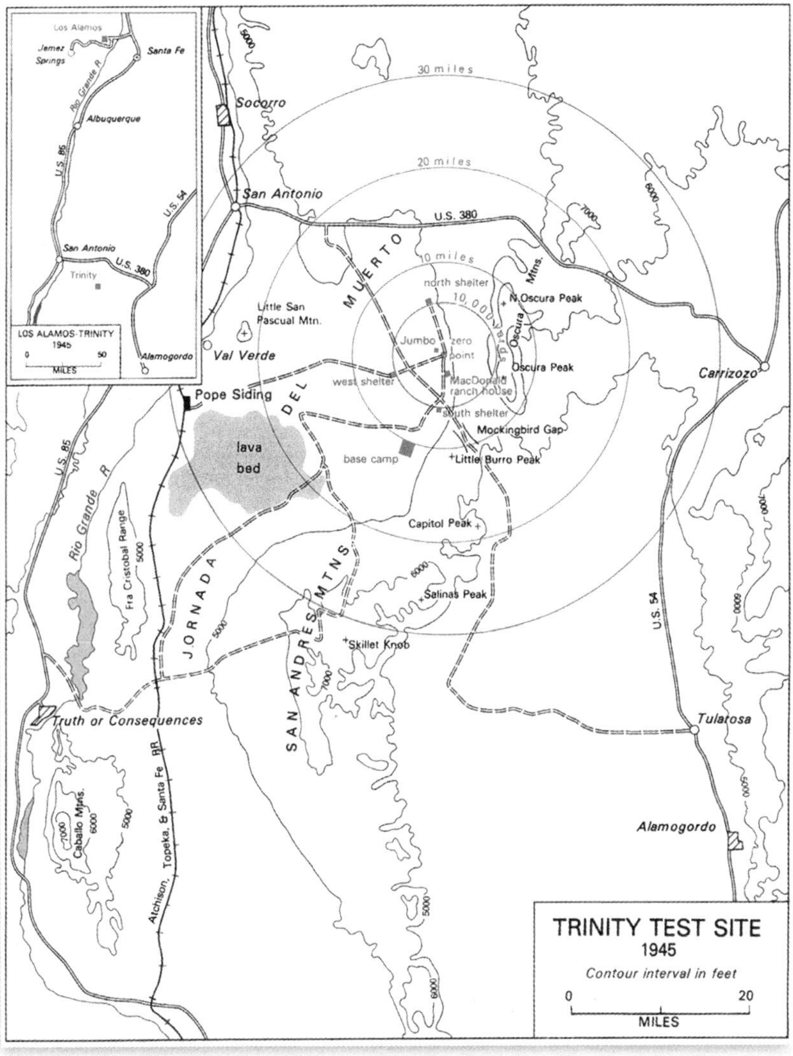

Plan du site où l'essai Trinity a été réalisé.

résurrection, celui que, précisément par la terreur qu'elle inspire, cette arme parvienne à mettre fin à l'idée même de guerre.

On se souvient que Donne était un des auteurs préférés de Jean Tatlock et on peut voir dans cette référence un secret hommage à son grand amour disparu. Oppie resta toujours vague et mystérieux sur la véritable signification de ce choix énigmatique aux consonances si chrétiennes.

Il avait confié la préparation de l'essai à une division spécialement créée pour l'occasion, dirigée par Kenneth Bainbridge (1904-1996), à laquelle vinrent se joindre Hans Bethe, son fidèle bras droit, ainsi que son frère Frank. Celui-ci avait entamé une carrière prometteuse dans la physique et il était plutôt attiré par le travail expérimental, pour lequel il avait bien plus de goût et de talent que son frère aîné. Il venait de traverser une période difficile. Après avoir passé son doctorat à Caltech, il avait perdu son poste à Stanford en 1941, deux ans après y avoir été recruté, sans doute à cause de son appartenance au Parti communiste. Une première vague de « terreur rouge » s'était en effet emparée de l'opinion américaine après la signature du pacte germano-soviétique en 1939. Cet accord de non-agression entre Hitler et Staline avait exacerbé les sentiments anticommunistes et antisoviétiques, assimilant l'URSS à un allié de fait des nazis. La fin du pacte, signifiée par l'invasion de la Russie par les troupes allemandes le 22 juin 1941, avait retourné la situation, mais la méfiance vis-à-vis des communistes était restée vive. Heureusement, Frank avait ensuite retrouvé un travail à Berkeley sous la direction d'Ernest Lawrence, qui l'avait convaincu d'abandonner ses activités politiques, puis au complexe de séparation des isotopes d'uranium à Oak Ridge.

Le temps était à présent compté et il fallait que le test soit réalisé avant la conférence de Potsdam, qui devait débuter le 17 juillet. Elle réunissait les dirigeants des trois grandes puissances alliées (États-Unis, URSS et Royaume-Uni) pour décider de la suite de la guerre, et c'est à cette occasion que Truman comptait révéler à Staline l'existence d'une arme d'une puissance inouïe en sa possession. L'essai fut finalement programmé pour le 16 juillet à 4 heures du matin. Pendant les dernières mises au point, Oppenheimer se montra plus nerveux

Norris Bradbury, physicien américain, près de la première bombe atomique appelée « Gadget », une arme à fission utilisant le plutonium (1945).

que jamais et procéda lui-même aux ultimes vérifications de l'assemblage du « gadget ».

Comme pour prolonger cette attente déjà insoutenable, la météo vint s'en mêler : un orage éclata. Craignant que les retombées radioactives portées par la pluie ne dépassent le périmètre de sécurité et ne contaminent des zones habitées, Enrico Fermi, qui avait rejoint l'équipe de Los Alamos, recommanda de repousser l'heure de la mise à feu. Le temps s'éclaircit finalement et à 5 heures, 29 minutes et 45 secondes, alors que le Soleil ne s'était pas encore levé sur cette matinée du 16 juillet 1945, le ciel s'embrasa au-dessus du Nouveau-Mexique.

La bombe avait été placée au sommet d'un pylône de 35 mètres, qui fut instantanément vaporisé par l'explosion. Celle-ci répandit pendant une ou deux secondes une lumière plus intense que celle de plusieurs soleils à leur zénith et porta la température au voisinage de celle qui règne au cœur de l'astre du jour, aux alentours de 10 millions de degrés Celsius. Quand cette boule de feu toucha le sol quelques fractions de seconde plus tard, le terrain sableux fut littéralement vitrifié par son inimaginable chaleur.

Les employés du projet *Y* qui assistaient à l'explosion s'étaient équipés de lunettes de soleil ou de soudeur pour se protéger les yeux des rayonnements et de la lumière et s'étaient enduit le visage de crème solaire. Craignant que des lunettes noires ne l'empêchent de profiter de ce spectacle unique, l'intrépide Richard Feynman s'était posté dans une voiture, pensant que le pare-brise stopperait suffisamment les rayons ultraviolets. Il fut aveuglé par l'éclat de l'explosion, incapable de voir autre chose pendant plusieurs secondes que la tache violette qui restait imprimée sur sa rétine.

La boule de feu, d'un diamètre de plusieurs centaines de mètres, s'éleva en refroidissant dans l'atmosphère et passa du jaune au rouge, puis au violet et au bleu, dessinant un nuage relié au sol par une colonne de fumée et de poussière. Cette formation nébuleuse, le fameux « champignon atomique », serait dès lors intimement liée à l'arme nucléaire dans l'imaginaire collectif.

Voyageant plus lentement que la lumière, le fracas de l'explosion, assourdissant, ne parvint aux témoins que plus d'une seconde après ce torrent lumineux. L'onde de choc renversa au sol quelques imprudents qui étaient restés debout et un vent suffocant balaya la fraîcheur du petit matin. La puissance de feu du « gadget », mesurée à 20 000 tonnes d'équivalent TNT, atteignait les estimations théoriques les plus élevées.

La première réaction d'Oppenheimer fut un triomphe mêlé de soulagement. Il put enfin relâcher la tension intenable des derniers jours et il ne vit à cet instant que la réussite technique éclatante (au propre comme au figuré !) de plus de deux années de travail. Il ne put cependant manquer de songer aux implications de ce dont il venait d'être témoin.

Toujours aussi érudit et curieux, Oppie s'était découvert une passion durant ses années d'enseignement : le sanskrit. Il avait étudié cette langue sacrée de l'Inde auprès d'Arthur Ryder, un professeur de Berkeley avec qui il s'était lié d'amitié.

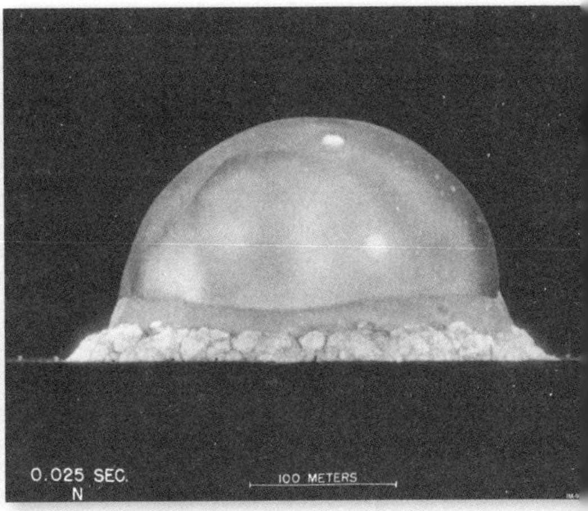

Trinity, le nom de code attribué au premier essai nucléaire réalisé par l'armée américaine le 16 juillet 1945 dans le cadre du projet *Manhattan*, dans la zone désertique de Jornada del Muerto au Nouveau-Mexique.

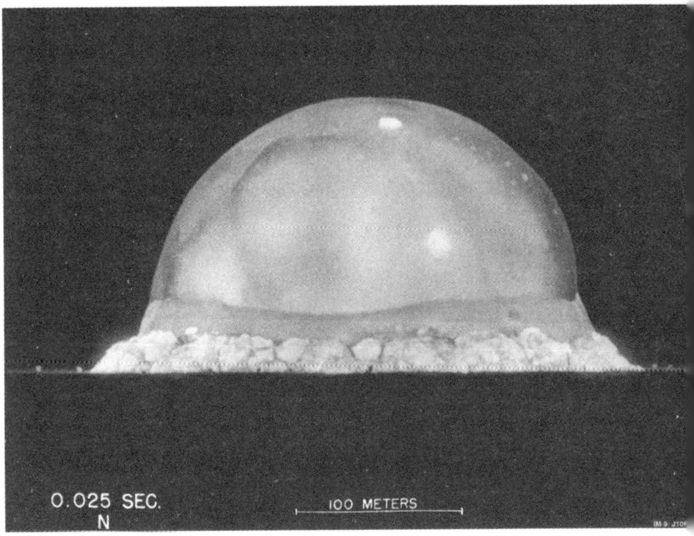

Il dit plus tard, lors d'un entretien télévisé enregistré dans les années 1960, qu'au moment de l'explosion de *Trinity*, alors qu'autour de lui « quelques-uns riaient, d'autres pleuraient, la plupart restaient silencieux », lui était revenu à l'esprit un passage du *Bhagavad-Gîtâ* « Le Chant du seigneur ».

Dans ce texte sacré hindouiste, qui constitue la partie centrale de la grande épopée du *Mahâbhârata* et expose les principes moraux qui doivent présider à toute action, le dieu Vishnou exhorte le prince Arjuna à partir en guerre. Devant les atermoiements du prince, qui sait que nombre de ses amis et parents présents dans le camp adverse périront par sa faute, Vishnou revêt son aspect le plus souvent représenté, celui d'un homme aux bras multiples, et s'écrie : « Maintenant je suis devenu la Mort, le destructeur de mondes. » « C'est ce que nous pensâmes alors tous d'une façon ou d'une autre », conclut le physicien.

Ces résonances orientales étaient loin d'être un simple snobisme de lettré pour Oppenheimer. L'étude du sanskrit ne lui avait pas fait seulement découvrir la poésie millénaire des textes fondateurs de l'hindouisme, elle l'avait également initié au mode de pensée et à la sagesse de l'Inde. Il renouait ainsi, sur un mode plus personnel et exotique, avec l'enseignement de la culture éthique, ainsi qu'avec son goût précoce pour les langues et les textes de l'Antiquité. C'est sa philosophie qu'il admirait particulièrement chez Ryder qui, selon lui, « sentait, pensait et parlait comme un stoïcien ». Il le comptait parmi les rares personnes ayant « un sens tragique de la vie, en ce qu'ils attribuent aux actions humaines le rôle absolument décisif dans la différence entre salut et damnation. Ryder savait qu'un homme pouvait commettre une erreur irréparable et qu'en face de ce fait, tous les autres étaient secondaires. » Oppenheimer sentait bien qu'il venait de commettre un tel acte décisif, mais il ne pouvait que se demander s'il serait damné ou sauvé.

Plus prosaïque, mais sans équivoque fut la réaction de Kenneth Bainbridge. Alors qu'Oppeheimer regagnait sa Jeep, il croisa celui qu'il avait nommé responsable de la division chargée de préparer l'essai de *Trinity,* dont la réussite lui inspira ce seul commentaire : « Maintenant nous sommes tous des fils de p... » « C'est la meilleure chose que quiconque ait dite après le test », reconnut plus tard le directeur du projet *Y.*

En effet, déjà sous les cris de triomphe, perçaient les premiers signes d'un malaise grandissant. Après le succès de *Trinity,* assis sur le capot d'une Jeep, l'extravagant Richard Feynman battait un rythme endiablé sur ses bongos – un hobby qui le suivit pendant toute sa longue et brillante carrière. Son euphorie était peut-être plus excusable encore que celle de ses camarades : non seulement il avait participé comme eux à ce qui était indéniablement une réussite technique et scientifique, mais il avait auparavant traversé un drame personnel. Son épouse Arline avait succombé à la tuberculose le 16 juin 1945 au sanatorium d'Albuquerque, pendant que la frénésie de la préparation de *Trinity* battait son plein. Célébrer ce succès lui permettait aussi d'oublier son chagrin.

Alors qu'il laissait libre cours à ce triomphalisme tapageur, Feynman vit son ami Robert Wilson (1914-2000) agenouillé, se tenant la tête dans les mains. Quand il lui demanda pourquoi il se morfondait ainsi, Wilson lui répondit : « Nous avons fait une chose horrible ! » « Dick » lui rappela alors que c'était lui qui l'avait entraîné dans cette aventure en le faisant engager... Wilson exprima plus tard son regret de ne pas avoir abandonné le projet après la capitulation de l'Allemagne.

Comme Oppie le déclara dans un mélange de pragmatisme et de mauvaise foi à ses employés, la suite des événements n'était plus entre leurs mains. Ils avaient accompli leur mission en réalisant une bombe à fission nucléaire ou plutôt deux bombes : « Fat Man », qui était la réplique de celle qui avait explosé lors de l'essai *Trinity*, une bombe à implosion utilisant du plutonium ; et « Little Boy », son « petit frère », fonctionnant avec de l'uranium 235 sur le principe balistique imaginé dès 1940 par Peierls et Frisch. Oppie et ses collaborateurs étaient si confiants dans la fiabilité de ce dernier qu'ils jugèrent inutile de procéder à un test – d'autant plus que les matériaux fissiles étaient une denrée précieuse, difficile et coûteuse à obtenir.

L'utilisation qui allait en être faite n'était plus de leur ressort, ils l'avaient laissée entre les mains des militaires et du gouvernement, mais ils savaient bien que les futures cibles avaient déjà été choisies.

Chapitre 7

BOMBES ET RETOMBÉES : D'HIROSHIMA À LA BOMBE H – ET APRÈS (S'IL Y A UN APRÈS !)

Après la réussite de l'essai *Trinity*, et malgré un bras de fer entre scientifiques, politiques et militaires sur l'emploi qu'il convenait de faire de cette nouvelle arme, l'Amérique mit fin à la Seconde Guerre mondiale en larguant deux bombes atomiques, détruisant presque entièrement les villes japonaises d'Hiroshima et de Nagasaki. Célébré comme un héros, Oppenheimer prit part aux négociations de l'après-guerre, tentant en vain de faire aboutir un accord international sur le contrôle des armes nucléaires. En essayant ainsi de dompter le monstre qu'il a lâché sur le monde, il va se faire des ennemis puissants et déterminés à neutraliser son influence sur les décisions politiques.

Point de non-retour

Avant même l'essai de la bombe à implosion de *Trinity*, un comité cible, auquel participait Oppenheimer, s'était réuni pour la première fois le 2 mai 1945 à Los Alamos, pour décider sur quelles villes japonaises seraient lâchées sa jumelle, « Fat Man », et sa petite sœur à déclenchement balistique, « Little Boy ». Les deux bombes avaient été baptisées en raison de leur aspect, la bombe à implosion étant plus renflée et celle à projection plus effilée, mais ces noms étaient aussi censés semer la confusion chez l'ennemi. Un premier

La bombe « Little boy », qui fut larguée sur Hiroshima le 6 août 1945.

prototype de bombe balistique avait été prévu à l'origine pour fonctionner également au plutonium, avant que l'Italien Emilio Segrè (1905-1989) ne découvre que le taux de fission spontanée de cet élément aurait désamorcé la réaction en chaîne avant qu'elle ne puisse devenir explosive. Ce « gadget » avorté avait été appelé « Thin Man », et si des espions avaient surpris des conversations ou intercepté des messages sur cette bombe et sa grande sœur à implosion, Fat Man, ils auraient pu croire qu'il s'agissait du « gros » Churchill et du « mince » Roosevelt (et par un effet comique involontaire, ces surnoms évoquaient aussi les figures contrastées de Groves et Oppenheimer !).

L'accent avait été d'abord mis sur des cibles militaires (dépôts de munitions, usines d'armements ou chantiers navals), mais il avait été aussi préconisé, afin « d'obtenir un impact psychologique maximum sur le plus grand nombre d'habitants possible », de choisir « une usine de guerre employant un grand nombre de travailleurs, entourée de logements ouvriers » et donc de sacrifier la vie de civils innocents. Après avoir écarté la ville de Kyoto, la capitale culturelle de l'Empire nippon, pour épargner ses richesses historiques – au grand dam de Groves qui y voyait un objectif idéal – ainsi que les villes qui avaient déjà été pilonnées par des bombardements « classiques », mais terriblement meurtriers (Tokyo, Osaka ou Kobe), quatre cibles avaient été retenues le 24 juillet : Hiroshima, Kokura, Niigata et Nagasaki.

Les tractations de Szilárd et quelques-uns de ses collègues pour s'opposer à un usage militaire des bombes nucléaires et ne procéder qu'à une démonstration sans victimes avaient buté sur l'inflexibilité de la plupart des officiers ainsi que sur celles de plusieurs autres scientifiques, dont Oppenheimer. Ce dernier était même parvenu à convaincre ceux des chercheurs employés à Los Alamos qui doutaient ou étaient franchement hostiles à la solution du bombardement.

Les arguments en faveur de l'utilisation militaire de « la » bombe n'étaient pas sans pertinence. Depuis l'attaque-surprise de l'aviation japonaise sur Pearl Harbor le 7 décembre 1941, qui avait détruit une partie de la flotte américaine et provoqué l'entrée en guerre des États-Unis, le Japon était un ennemi au moins aussi détesté que les Allemands, sinon plus. À mesure que s'éloignait la menace nazie, qui n'avait d'ailleurs jamais pesé directement sur le territoire étasunien, la rancune et le désir de vengeance se tournaient de l'autre côté du Pacifique, où se déroulerait le dernier acte sanglant de la Seconde Guerre mondiale.

Au vu des pertes déjà enregistrées des deux côtés, et de celles plus énormes encore que laissait craindre la perspective d'une invasion du Japon, les bombardements atomiques promettaient une fin rapide du conflit. Cette puissance de destruction inouïe devait faire comprendre aux belligérants nippons jusqu'au-boutistes et prêts à se battre jusqu'au dernier homme qu'ils ne pouvaient l'emporter, et faire plier leur inflexible volonté. Il fut d'abord question de cibles purement militaires, et tel fut le souhait initial du président Truman. Mais l'impact psychologique recherché et le désir des Américains de faire une démonstration terrifiante de leur nouvelle arme réclamaient leur lot de morts innocentes. L'argument avancé pour justifier l'absence d'ultimatum précis ou d'un avertissement qui aurait permis d'évacuer les populations civiles était qu'une telle précaution aurait pu permettre à l'ennemi d'organiser la défense antiaérienne, et peut-être même d'utiliser des prisonniers de guerre américains comme boucliers humains. La surprise fut donc présentée comme la condition du succès.

« Les pauvres petites gens »

Pour expliquer son appui à l'utilisation militaire de l'arme atomique contre le Japon, et son refus de la solution pacifique consistant en une simple démonstration, Oppenheimer invoqua certes l'argument du « moindre mal », les morts civils japonais étant le prix à payer pour une fin rapide et, paradoxalement, moins meurtrière du conflit. Pour comprendre ses prises de position souvent déconcertantes, voire incohérentes, il faut également prendre en compte un autre élément déterminant. Depuis le début de sa participation à l'effort de guerre, et presque jusqu'à la fin du projet *Manhattan*, Oppenheimer savait que la décision finale sur l'utilisation militaire de l'arme qu'il était chargé de lui livrer reviendrait à un président qu'il admirait et auquel il accordait sa confiance : Franklin Delano Roosevelt. Bien que celui-ci ait cédé au veto de Churchill après avoir été approché par Bohr pour agir dans le sens d'une communication ouverte avec l'Union soviétique sur l'énergie nucléaire, Robert pensait que le moment venu il saurait faire le choix juste, celui de la paix et d'un accord avec les Russes pour empêcher l'escalade dans la course aux armements.

Cependant, le 12 avril 1945, deux semaines avant qu'Hitler ne se donne la mort dans son bunker berlinois le 30 avril en réalisant qu'il avait perdu la guerre, trois semaines avant la capitulation sans conditions de l'Allemagne qui s'ensuivit le 8 mai, Roosevelt mourut des suites d'une attaque cérébrale. Oppie fut profondément affecté par ce décès, et prononça un vibrant hommage devant ses équipes réunies à Los Alamos en l'honneur du défunt président.

Il ne pouvait qu'espérer que le nouveau résident de la Maison-Blanche, Harry Truman (1884-1972), qui en tant que vice-président assurait l'intérim, serait à la hauteur des espoirs qu'il avait placés dans son prédécesseur. « Roosevelt était un grand architecte, Truman s'avérera peut-être un grand charpentier ? » espérait-il. La déception allait être cruelle.

Il faut reconnaître que le poids qui s'abattit sur les épaules du nouveau président était accablant. Il lui incombait la charge de terminer une guerre qui avait déjà coûté beaucoup de vies américaines et de négocier une situation périlleuse avec l'Union soviétique, qui cherchait déjà à se tailler la part du lion dans le partage du monde qui se préparait entre les vainqueurs. La conférence de Potsdam, qui commença le 17 juillet 1945, le jour suivant l'essai d'Alamogordo, réunissait les trois grandes puissances alliées et devait décider de l'issue de la guerre du Pacifique, comme celle de Yalta avait décidé du sort de l'Europe. Le 24 juillet, enhardi par la nouvelle de la réussite de *Trinity*, Truman annonce à Staline, en des termes choisis et suffisamment flous, que son pays possède une arme d'une puissance inouïe. Le placide tyran ne cille pas et se contente de le remercier du renseignement et de lui souhaiter d'en faire « bon usage contre le Japon ». La nonchalance du maître du Kremlin, qui a dû laisser Truman sans voix, s'expliqua parfaitement par la suite : le président américain ne lui apprenait rien qu'il ne sache déjà. Il en avait été informé bien avant par ses services secrets, eux-mêmes renseignés par Klaus Fuchs, David Greenglass et Ted Hall.

Le surlendemain, le 26 juillet 1945, les États-Unis communiquèrent aux Japonais la déclaration de Potsdam, qui exigeait leur reddition immédiate et inconditionnelle, la seule alternative étant « une destruction rapide et totale ». Cette menace aussi vague que terrible fut le seul avertissement donné au pays du Soleil-Levant avant le cataclysme qui l'attendait – ce à quoi les responsables américains eurent beau jeu d'opposer la surprise totale de l'attaque perpétrée trois ans et demi plus tôt à Pearl Harbor.

Un matin, peu après le test de *Trinity,* Robert Wilson, sans doute le physicien de Los Alamos qui fut le plus sensible et le plus lucide face à l'horreur qui allait résulter de leur réussite, entendit le directeur du laboratoire marmonner la pipe à la bouche : « Ces pauvres petites gens, ces pauvres petites gens. » Il pensait évidemment aux habitants des villes japonaises désignées comme cibles. Ce qui ne l'empêcha pas, le 23 juillet 1945, dans un état de nervosité extrême, de donner des instructions aux officiers chargés de superviser les bombardements pour qu'ils infligent le plus de dégâts possible à « ces pauvres petites gens ». Il fallait qu'ils frappent par temps dégagé, sans se guider au radar, mais visuellement, pas de nuit ou alors par un clair de lune suffisant, et que la bombe n'explose pas trop haut… À ce moment critique de sa vie et de l'histoire, il apparaît plus que jamais comme un homme tiraillé par un conflit intérieur.

Un matin comme les autres

Le 6 août 1945, un bombardier B-29, rebaptisé pour l'occasion *Enola Gay* – le nom de la mère du pilote, Paul Tibbets – et chargé de la bombe à uranium à déclenchement balistique appelée « Little Boy », décolla de la base américaine de Tinian, dans le Pacifique. À 8 h 14, il largua la bombe au-dessus de sa cible, la ville d'Hiroshima. Elle explosa à 580 mètres d'altitude (pour optimiser son efficacité, car une explosion au sol eût fait moins de dégâts), tuant instantanément cent trente mille personnes, brûlées par une température atteignant des millions de degrés ou balayées par une puissance de feu équivalente à 12 500 tonnes de TNT.

Le champignon formé par l'explosion de la bombe atomique sur Hiroshima.

De retour du Japon où ils avaient été chargés de la première mission de reconnaissance scientifique après les bombardements, Robert Serber et Philip Morrison décrivirent à leurs collègues restés à Los Alamos des scènes terrifiantes : là où s'étendait une ville de trois cent cinquante mille habitants, il ne restait presque plus rien. Sur une surface de 13 kilomètres carrés, soit plus de la moitié de la ville, tout n'était plus que cendres. Hiroshima avait été littéralement rayée de la carte. Quelques survivants erraient hagards parmi les décombres, brûlés, ravagés, des lambeaux de chair déchiquetée pendant de leurs visages et de leurs mains. Les scènes les plus horribles les attendaient dans les hôpitaux où s'entassaient les victimes des radiations, qui allaient encore grossir pendant des années l'effrayant bilan humain de l'explosion, le portant à plus de cent cinquante mille morts.

Quand le général Groves annonça la nouvelle à Oppenheimer par téléphone – il avait insisté pour qu'elle ne soit pas relayée avant le communiqué officiel du président Truman –, il le félicita, ainsi que toute son équipe. Mais lorsqu'il ajouta qu'une « des plus sages décisions » qu'il ait jamais prises avait été « le jour où [il avait] choisi le directeur de Los Alamos », celui-ci lui répondit : « Eh bien, j'ai des doutes à ce sujet général Groves. »

À Los Alamos, l'annonce du « succès » du bombardement fut d'abord accueillie avec des débordements de triomphe, moins éclatants toutefois qu'après *Trinity*. Le directeur du laboratoire annonça la nouvelle avec les mains serrées au-dessus de la tête, comme un boxeur célébrant sa victoire. « Il est trop tôt pour dire précisément quels effets ont eu la bombe, mais je suis sûr que les Japonais n'ont pas aimé », claironna-t-il, avant d'ajouter que son seul regret était de ne pas avoir pu utiliser « Little Boy » contre les Allemands, soulevant un tonnerre d'applaudissements. Cependant, derrière ces rodomontades, c'est un homme profondément torturé et rongé par la culpabilité qui se révéla pendant les jours suivants.

« Fat Man », la bombe qui a causé la destruction de Nagasaki le 9 août 1945.

La bombe de trop

Trois jours après la destruction quasi totale d'Hiroshima, une seconde bombe, « Fat Man », qui comme celle de l'essai *Trinity* fonctionnait selon le principe de l'implosion et utilisait du plutonium, fut chargée à bord d'un autre B-29. La cible initialement prévue était la ville de Kokura, choisie pour l'arsenal militaire qu'elle hébergeait, mais elle était cachée par une épaisse couche de nuages et de fumée (résultant des bombardements « classiques » perpétrés peu avant dans les environs) et le pilote se rabattit donc sur la ville côtière de Nagasaki, qui accueillait d'importants chantiers navals de la marine japonaise. Le vol connut plusieurs problèmes, mais malgré une couverture nuageuse persistante, « Fat Man » fut larguée sur Nagasaki à la faveur d'une éclaircie. Bien qu'elle fût plus puissante, l'explosion fit moins de victimes que celle d'Hiroshima, la ville étant située dans une vallée encaissée qui avait contenu le souffle (*blast*) de l'onde de choc initiale, responsable de la plupart des destructions. Elle fut tout de même assez meurtrière pour provoquer la mort immédiate de plus de soixante-dix mille personnes et inspirer la gêne et le dégoût chez de nombreux Américains.

À Los Alamos non plus, l'heure n'était décidément plus à la jubilation. Oppenheimer avait abandonné toutes les manifestations de triomphe qu'il avait affichées après la réussite de *Trinity* et même le bombardement d'Hiroshima. Le rapport d'un agent du FBI chargé de sa surveillance le décrit comme dans un état de « délabrement nerveux ». Non seulement il était au bord de l'épuisement après ces années éprouvantes, mais il avait surtout pris connaissance de l'horrible réalité des souffrances subies par les victimes de « Little Boy » puis de « Fat Man », notamment des dégâts causés par les radiations.

Les effets atroces que pouvait entraîner l'exposition à des doses trop élevées de rayonnements ionisants commençaient à être de mieux en mieux connus. Pendant tout le déroulement des nombreuses étapes du projet *Manhattan*, et malgré les mesures de sécurité prises pour protéger le personnel, le danger était toujours présent. Les physiciens se livraient à des manipulations pendant lesquelles ils frôlaient parfois le seuil critique de la réaction en chaîne. Richard Feynman utilisa pour qualifier ces expériences limites une expression imagée : elles revenaient à « chatouiller la queue d'un dragon endormi ».

Quelques accidents furent à déplorer, dont deux mortels qui par une cruelle ironie survinrent après les deux bombardements au Japon, et à des hommes qui avaient tous deux travaillé à la préparation du test de *Trinity*. Le premier eut lieu le 21 août 1945, lorsque le physicien américain d'origine arménienne Haroutune « Harry » Daghlian (1921-1945) fit tomber accidentellement une brique de carbure de tungstène, utilisée comme réflecteur de neutrons, sur une sphère de plutonium proche de la masse critique. En faisant rebondir les neutrons vers le matériau fissile, le réflecteur augmentait les chances d'une réaction en chaîne. Le noyau de plutonium bascula brusquement au-delà du seuil critique, émettant une vive lumière et d'intenses radiations. Daghlian se précipita sur l'assemblage pour le démonter et stopper la réaction en chaîne, mais sa main fut atrocement brûlée et il avait été exposé à des doses fatales de rayonnements ionisants. Ceux-ci provoquèrent trois semaines plus tard la mort du jeune homme, âgé de seulement 24 ans, des suites du syndrome d'irradiation aigu, appelé alors « maladie ou fièvre des rayons », un effondrement en cascade de plusieurs organes irradiés (système digestif, respiratoire, nerveux, immunitaire, etc.). L'année suivante, un accident de criticité semblable coûta la vie au Canadien Louis Slotin (1910-1946). Le 21 mai 1946, il fut irradié par la même sphère de plutonium de 6,2 kilogrammes et 8,9 centimètres de diamètre, qui avait coûté la vie à Daghlian, et qui fut baptisé *Demon core*, « le noyau (ou le cœur) démon ». Slotin succomba seulement neuf jours après.

Plus choquantes encore furent les expériences menées pour étudier les effets des substances radioactives. En août 1944 à Los Alamos, le chimiste Donald Mastick (1920-2007) ingéra accidentellement une infime quantité de chlorure de plutonium dissous dans de l'acide, à la suite d'une explosion qui avait projeté le liquide sur son visage et sa bouche. Louis Hempelmann (1914-1993), le médecin en chef du projet *Y*, qui suivit et traita Mastick, lui administrant notamment un lavage d'estomac, eut alors l'idée d'un programme de recherche destiné à étudier les effets de cet élément hautement toxique sur le corps humain. Oppenheimer donna son aval à cette initiative et à partir d'avril 1945, c'est délibérément que du plutonium fut injecté à dix-huit cobayes humains dans des hôpitaux situés sur plusieurs sites du projet *Manhattan*. Même si les effets du plutonium étaient alors encore mal connus, et que certains des patients contaminés survécurent plusieurs années (Mastick lui-même mourut à l'âge de 87 ans), beaucoup succombèrent peu de temps après, sans avoir jamais su ce qui les avait empoisonnés. On ne peut qu'être atterré devant l'irresponsabilité et l'inhumanité de ces expériences.

Un héros tourmenté

Oppenheimer en était donc un peu plus convaincu de jour en jour : la bombe atomique était une arme terrifiante, non seulement par sa puissance de destruction immédiate, mais par ses effets durables et les longues souffrances causées par les radiations qu'elle laissait dans son sillage. Le largage de la seconde bombe sur Nagasaki fut sans doute pour lui l'horreur de trop.

Après le bombardement d'Hiroshima, Oppie était sorti de l'ombre du jour au lendemain, passant du rôle de superviseur d'un plan top secret à celui de héros national et de célébrité mondiale. Parmi ses amis qui l'avaient entendu mentionner ou vu en photo dans les pages des journaux, et qui ne connaissaient pas la nature de la mission pour laquelle il avait subitement disparu de la circulation en 1943, Haakon Chevalier lui envoya une lettre particulièrement poignante le 7 août 1945, au lendemain du bombardement d'Hiroshima et avant celui de Nagasaki. « Tu es probablement aujourd'hui l'homme le plus célèbre au monde », s'émerveillait Chevalier. Il ignorait évidemment que bien que sans intention de lui nuire, son ami l'avait tout de même dénoncé comme intermédiaire dans une grave tentative d'espionnage. Hoke (ainsi que l'appelaient ses intimes), qui connaissait bien son « cher Opje » (il utilisait toujours la graphie et la prononciation originelle néerlandaise), ajouta une phrase qui dut raviver ses tourments et son sentiment de culpabilité : « Je peux comprendre maintenant ton humeur sombre pendant nos dernières rencontres. Il y a dans une telle entreprise un poids que peu d'hommes dans l'Histoire ont eu à endosser. Je sais qu'avec ton amour pour les hommes, ce n'est pas avec légèreté que tu as joué un rôle, et un grand rôle, dans une machination diabolique pour les détruire. »

Le directeur du projet *Y* était particulièrement populaire auprès des soldats en poste dans le Pacifique, auxquels les bombardements atomiques et la reddition nipponne avaient évité une campagne de débarquement qui promettait d'être plus meurtrière encore que le *D-Day* qui avait libéré l'Europe. Parmi eux se trouvait Rossi Lomanitz, son ancien étudiant écarté du travail scientifique et appelé sous les drapeaux à cause de ses activités politiques. « Hey, Oppie, tu n'es pas loin d'être l'homme le plus aimé dans les parages », lui écrivit-il en apprenant la capitulation du Japon.

Les journaux célébraient aussi comme des héros quasi surhumains les physiciens, ces « cerveaux » qui avaient dans le secret de leur ville-laboratoire conçu l'arme apocalyptique ultime. Sur un ton emphatique, le numéro de septembre de la revue *Scientific Monthly* claironnait : « Les modernes prométhéens ont de nouveau fait main

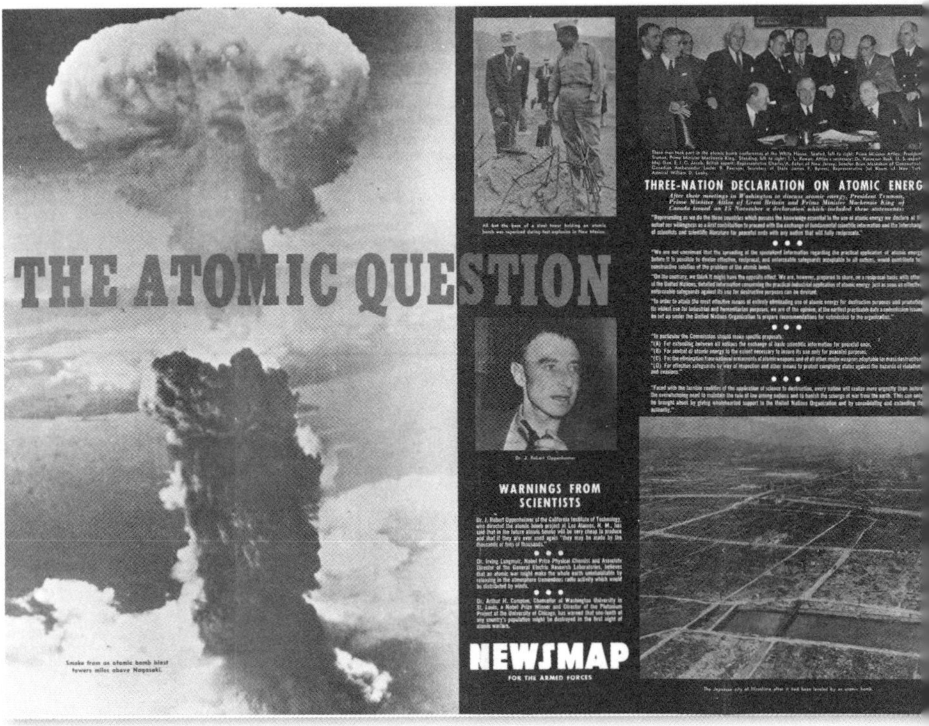

La question atomique à la une de *Newsmap*, le 26 novembre 1945.

basse sur l'Olympe et en ont rapporté pour l'Homme les éclairs mêmes de Zeus. » Seulement le premier et le plus célébré de ces nouveaux supermans de la science, qui connaissait bien ses classiques, ne savait que trop quel châtiment son larcin avait valu à Prométhée dans le récit mythologique : pour avoir dérobé le feu divin, le Titan avait été condamné par Zeus à être enchaîné sur le mont Caucase, et à avoir chaque jour le foie dévoré par un aigle… Si cette seconde référence était peut-être moins présente à son esprit, on ne peut manquer de songer également que « Le Prométhée moderne » était le sous-titre d'un célèbre roman de Mary Shelley, porté à l'écran en

1931, et qui symbolisait les dangers d'une science affranchie de la morale : *Frankenstein.*

Profitant de cette aura de prestige dont il jouissait, et qui s'accompagnait du goût bien amer de la culpabilité, il était temps pour Robert de parachever ce qu'il pensait être la raison d'être de la bombe dont il avait dirigé la création : rendre impossible l'idée même de la guerre.

Après ses revirements pendant la phase préparatoire des bombardements sur le Japon, où il appuya la position dure des militaires désireux de frapper sans pitié et sans discernement, toutes ses actions et ses propos dans l'immédiat après-guerre suivirent une ligne claire. Il utilisa sa position de héros national et l'influence qu'il exerçait désormais dans les plus hautes sphères du pouvoir pour promouvoir l'idée d'un contrôle international de l'énergie nucléaire, et d'une interdiction pure et simple de l'arme atomique.

Il allait malheureusement se heurter à la doctrine dominante dans l'armée et le gouvernement, qui revenait à capitaliser sur le monopole de l'armement nucléaire dont jouissaient les États-Unis et à poursuivre avec encore plus de zèle le projet *Manhattan* et la construction de bombes. Par son opposition et son action à contre-courant, il allait surtout se faire des ennemis puissants et déterminés. Sa nouvelle popularité, sa position au sein des comités gouvernementaux et son passé de militant d'extrême gauche en faisaient à leurs yeux un homme à abattre, gênant, voire dangereux.

À commencer par le redoutable directeur du FBI, J. Edgar Hoover (1895-1972). Comme Pash pendant la guerre, Hoover semblait déterminé à « avoir la peau » d'Oppenheimer, n'hésitant pas à inscrire à son dossier des ragots scabreux.

Sous haute surveillance

Oppie avait déjà attiré l'attention du FBI juste avant sa nomination à la direction scientifique du projet *Manhattan*, mais son « cas » avait été aussitôt transféré aux services de contre-espionnage de l'armée. Peu après les bombardements d'Hiroshima et Nagasaki, ses anciens amis et contacts communistes s'interrogeaient aussi sur le rôle que jouerait Robert dans les relations avec l'URSS, qui s'annonçaient tendues. Le physicien était-il encore (si tant qu'il ne l'eut jamais été) « des leurs » ? Des propos qui n'avaient pas pu échapper aux micros espions dont Hoover avait truffé les domiciles de ces activistes. Il avait dès lors fait exercer une surveillance serrée sur le physicien : il était suivi dans tous ses déplacements et son domicile fut mis sur écoute. C'est pourtant bien en vain que le chef du FBI espérait ainsi le surprendre divulguant des informations confidentielles à l'URSS. Ce n'est pas par ruse ni par calcul qu'il avait coupé tout contact avec presque toutes ses connaissances proches du Parti communiste, comme l'en soupçonnèrent ses ennemis. Cette partie de sa vie était bien derrière lui et il ne se faisait plus guère d'illusions sur la capacité du régime stalinien à œuvrer à la paix mondiale.

Mais sa détermination à éviter à tout prix l'escalade dans la course aux armements nucléaires et à utiliser au contraire leur terrifiant potentiel de destruction pour mettre fin à toutes les guerres passait pour beaucoup comme la preuve qu'il était un dangereux subversif, ce qu'on appellerait bientôt un « antiaméricain ».

Il perdit bientôt l'occasion de rallier à ses vues le nouveau président. Il avait sollicité un entretien avec lui, mais c'est un échange aussi stérile que désastreux qui s'ensuivit le 25 octobre 1945. Il faut dire que les négociations autour des projets de loi sur le contrôle du nucléaire étaient tendues entre les politiques, les militaires et les scientifiques. Quand Truman lui dit qu'il pensait primordial de légiférer d'abord au niveau national, Robert le contredit poliment, mais fermement : il croyait au contraire qu'un accord international était plus urgent. Ressentant sans doute l'agacement de Truman, Oppie, qui « se tordait les mains » nerveusement, laissa après un long silence gênant échapper une confession : « Monsieur le président, j'ai l'impression d'avoir du sang sur les mains. » Loin de gagner sa sympathie, cet aveu attisa la colère de son interlocuteur, qui se vantera plus tard de lui avoir rétorqué, glacial : « Ne vous inquiétez pas, ça partira au lavage ! » Il put aussi mesurer combien le président s'illusionnait sur les capacités scientifiques de l'URSS. Quand Truman lui avait demandé dans combien de temps il pensait que les Russes disposeraient de la bombe, Robert reconnut qu'il l'ignorait. Le président lui asséna alors : « Moi je vais vous le dire : jamais ! » Il mit fin rapidement à l'entrevue et lui signifia son congé en des termes qui se voulaient rassurants : « Ne vous inquiétez pas, nous allons trouver une solution, et vous allez nous y aider ! » Dès que le physicien quitta le Bureau ovale, il dit, visiblement furieux, à son sous-secrétaire d'État Dean Acheson : « Je ne veux plus jamais le voir dans ce bureau. »

Ce fut de fait la seule occasion qu'il eut de parler en tête-à-tête avec Truman, qui se méfia dès lors systématiquement de tout ce qui émanait de lui. Son refus de participer aux essais nucléaires menés dans l'atoll de Bikini les 1er et 26 juillet 1946 n'arrangea pas les choses. Bien qu'il ait, selon son souhait, quitté ses fonctions de directeur du Laboratoire national de Los Alamos depuis octobre 1945, il avait été convié à assister à ce remake maritime de *Trinity* et à travailler à l'analyse scientifique de ses résultats. Ces nouvelles explosions programmées dans les Îles Marshall (une possession américaine en Micronésie, au beau milieu de l'océan Pacifique) étaient censées faire la démonstration des dégâts causés par la bombe à fission sur une flotte militaire – composée pour l'occasion de navires destinés au démantèlement ou capturés à l'ennemi. Oppie avait décliné l'invitation et avait justifié son choix dans une lettre adressée à Truman le 3 mai, fustigeant l'inutilité de ces nouveaux tests.

Il y avait selon lui plus important, ainsi qu'il s'évertuait à le faire comprendre aux dirigeants comme à l'opinion publique de son pays :

l'arrogance des militaires et des politiciens qui pensaient, comme Truman lui-même, que l'Amérique jouirait longtemps du monopole de la bombe atomique était dérisoire. Ce qui le terrifiait et le poussait à chercher à tout prix à faire accepter l'idée d'un contrôle supranational de l'industrie nucléaire, c'est qu'il avait bien compris que bientôt, plus personne ne serait en sécurité.

Un monde de terreur

Auditionné par le Sénat peu après la fin de la guerre sur les risques qu'une bombe atomique tombe entre des mains mal intentionnées et soit utilisée à des fins terroristes, Oppenheimer avait répondu avec une franchise glaçante : « C'est possible et ils pourraient détruire une ville comme New York. » Quand il lui fut demandé quels moyens il utiliserait pour détecter la bombe si elle était ainsi détournée, il répliqua avec l'ironie cassante dont il savait faire preuve : « un tournevis » – ce qui sous-entendait qu'il n'y aurait d'autre solution que de forcer et fouiller toutes les valises suspectes. La bombe atomique n'était certes pas encore transportable dans une valise, mais sachant que les premières estimations avaient évalué la masse critique pour une réaction de fissions en chaîne à des milliers de tonnes, il était raisonnable de penser qu'on pouvait encore en réduire les dimensions, au point de pouvoir la transporter à la main. Si « Fat Man » par exemple pesait 4 tonnes en tout, le cœur fissile en plutonium ne faisait que 6,4 kilogrammes et on pouvait très bien envisager un système de détonation plus léger. On pouvait imaginer en outre qu'en transportant des éléments séparément, les terroristes aient pu assembler une bombe sur les lieux de leur attentat.

Si la menace d'individus isolés ne suffisait pas, les perspectives en cas de guerre n'étaient pas plus rassurantes, car il suffisait d'être simplement lucide pour comprendre que l'Union soviétique finirait par se doter elle aussi de l'arme atomique. Or c'était surtout une menace plus terrible encore dont l'ombre s'étendait sur le monde de l'après-guerre : une bombe qui s'annonçait mille fois plus puissante que celles lancées sur Hiroshima et Nagasaki, la bombe à fusion ou à hydrogène. La possibilité en avait été envisagée dès les préparations du projet *Manhattan* mais depuis, un homme n'avait cessé d'y songer et d'y consacrer ses recherches : Edward Teller. Alors même qu'il travaillait à Los Alamos et que la « super » n'était pas à l'ordre du jour, il ne perdait jamais une occasion d'y faire allusion. Pendant que tous ses collègues se concentraient sur le problème de l'implosion, Teller s'était brouillé avec Hans Bethe, refusant de suivre ses directives et préférant laisser libre cours à ce qui était devenu pour lui une véritable obsession. Le Hongrois gardait sans doute aussi rancune à Bethe d'avoir été nommé chef de la division théorique, un poste qu'il pensait lui revenir de droit... Au lieu de le sanctionner voire de le renvoyer, Oppie, diplomate, avait consenti à le laisser poursuivre en électron libre ses recherches sur la « super » et acceptait même de lui consacrer chaque semaine quelques heures sur son temps pourtant précieux pour s'entretenir avec lui de son projet, qui ne lui apparaissait alors que comme pure spéculation.

Néanmoins après le succès du projet *Y* et les bombardements sur le Japon, les positions d'Oppenheimer et de Teller sur la bombe à fusion divergèrent de plus en plus. Techniquement, la bombe H était l'étape suivante dans la recherche sur les armements nucléaires, et sa réalisation était pratiquement à portée de main. Les implications pratiques et éthiques de l'existence d'une telle arme étaient une autre affaire. Après avoir assisté aux ravages de la bombe à fission (bombe A), le monde était-il prêt à digérer une menace encore plus effrayante ?

Oppenheimer avait bien conscience qu'en relançant un programme de recherche intensive, consacré cette fois-ci au développement d'une bombe thermonucléaire, les États-Unis risquaient d'ouvrir pour de bon la boîte de Pandore. Étant donné la puissance de feu attendue pour une telle arme – qui de plus semblait ne pas avoir de limite, car elle augmentait avec la quantité d'hydrogène (deutérium ou tritium) utilisée –, elle ne pouvait en effet présenter aucun intérêt tactique, car toutes les cibles militaires et stratégiques envisageables étaient tout simplement trop petites pour l'ampleur de la destruction envisagée. Elle n'était donc qu'une « arme génocidaire » et le simple fait de la posséder pouvait, selon Robert et ceux qui partageaient ses vues, entraîner le monde entier dans un engrenage infernal. Même l'argument que lui avait inspiré Bohr et qu'il avait fait valoir pour la bombe A, selon lequel elle pouvait mettre fin à toutes les guerres par la terreur même qu'elle suscitait, n'était plus tenable et se retournait contre lui-même. Plus que la fin de la guerre, c'est la fin de la Terre, ou au moins la fin de l'Homme que pouvait faire craindre la bombe H, la « super » que Teller tenait absolument à réaliser.

La dure réalité

En janvier 1947, Oppenheimer fut élu président du Comité consultatif général au sein de la Commission de l'énergie atomique (AEC) nouvellement créée. Malgré son dédain pour celui qu'il qualifiait de « scientifique pleurnichard » et refusait de recevoir depuis leur premier (et unique) entretien, Truman ne put décemment l'écarter de cet organisme appelé à définir la politique américaine sur la question du nucléaire. Pour le grand public, Oppie était déjà le père de la bombe atomique. Cette même année 1947, il fut pour la première fois incarné à l'écran dans le film de Norman Taurog, *The Beggining or the End?,* « Le Début ou la Fin ? ». Ce « docu-fiction » (un film tourné avec des acteurs, où ils interprètent des scènes censées représenter les événements tels qu'ils se sont réellement déroulés) est présenté dans un prologue comme un enregistrement conservé dans une capsule temporelle destinée à être déterrée cinq siècles plus tard. Il reflète bien l'état d'esprit de l'époque où le triomphalisme des vainqueurs de la guerre le dispute à l'incertitude quant à l'avenir dans un monde marqué par la menace atomique.

Pourtant, pour Oppenheimer, la lueur d'espoir que le film laisse ouverte se ternissait de plus en plus. 1947 fut pour lui l'année de la fin des illusions et de la résignation. Ses tentatives pour promouvoir la négociation d'un accord international sur le contrôle de l'énergie nucléaire furent sapées par l'administration Truman et les militaires. En assistant impuissant à l'échec du dialogue avec l'URSS, il perdit le peu d'illusions qui lui restaient quant à la capacité d'ouverture de ce régime. Il était déjà assez difficile pour les dirigeants américains d'accepter l'abandon partiel de souveraineté qu'impliquait une instance supranationale de contrôle de l'énergie nucléaire, mais une telle concession était encore plus inconcevable pour un régime aussi fermé que l'Union soviétique. Conscient que le bras de fer avec Moscou était inévitable et que les Russes n'accepteraient jamais une législation internationale sur la puissance atomique, il comprit que c'était au sein des instances américaines qu'il devait agir. Cependant, malgré le prestige dont il jouissait depuis la fin de la guerre, il y était de plus en plus isolé.

Changement de décor : Oppie à Princeton

Pour Oppenheimer, comme sans doute pour beaucoup de scientifiques accaparés pendant la guerre par la course à la bombe ou d'autres recherches militaires, le retour à leur activité « normale » n'a pas été facile. Après avoir quitté ses fonctions à la tête du Laboratoire national de Los Alamos en octobre 1945, il avait repris brièvement son enseignement au Caltech et à Berkeley, mais sans entrain.

En 1946, il avait traversé une période de profonde dépression en voyant échouer toutes les tentatives en vue d'un accord international sur le nucléaire. « Je trouve que la physique et l'enseignement de la physique, qui sont ma vie, semblent maintenant dérisoires », avait-il confié, dépité, à David Lilienthal, un des commissaires de l'AEC, qui était devenu un de ses plus précieux alliés dans les négociations sur la politique atomique américaine et internationale, et un ami personnel. Sur un ton plus ironique, il avait aussi avoué à Wolfgang Pauli ses difficultés pour revenir à la recherche fondamentale, après quatre années pendant lesquelles il disait n'avoir eu « que des idées classées secret-défense ».

Il était pourtant plus demandé que jamais et les autres grands établissements scientifiques du pays se l'arrachaient en lui promettant des rémunérations alléchantes. C'est finalement une offre inattendue qu'il accepta, dans une institution quelque peu en marge du monde académique. À la fin de l'année 1946, alors qu'il allait être nommé au Comité consultatif de l'AEC, il fut approché par l'un des commissaires de cette institution, choisi par Truman : l'homme d'affaires, politicien et amiral réserviste Lewis Strauss (1896-1974). En plus de ses nouvelles responsabilités dans l'instance de contrôle de l'énergie nucléaire créée par le président, il était également membre du conseil d'administration de l'IAS, l'Institute for Advanced Study (Institut d'étude avancée) de Princeton dans le New Jersey. Cet établissement privé, fondé en 1930, était unique en son genre, puisque contrairement aux grandes écoles et aux universités, il employait des scientifiques sans exiger d'eux qu'ils assument une charge de cours, donnent des conférences ou produisent régulièrement des publications. Ils étaient libres de se consacrer entièrement à leurs travaux de recherche et n'avaient pratiquement pas de comptes à rendre. L'IAS était surtout connu alors pour héberger depuis son émigration aux États-Unis en 1933 le savant le plus célèbre au monde : Albert Einstein. Le père de la relativité y jouissait de la tranquillité dont il avait toujours rêvé, à l'écart de l'émulation scientifique et des tumultes du monde.

Quand Robert avait visité l'institut en 1935, il avait certes eu des mots assez durs sur ce qu'il appelait « une maison de fous », dont « les lumières solipsistes brillaient séparément dans un isolement désespéré », qualifiant Einstein lui-même de « complètement cinglé » ! Toutefois, le poste de directeur qui lui était offert présentait de nombreux avantages. Il caressait tout d'abord l'espoir de refaire, quoiqu'un peu différemment, ce qu'il avait accompli à Berkeley : fonder une école américaine de physique théorique. Bien que l'institut ne dispensât pas de cours, il y aurait le loisir de recruter de jeunes chercheurs prometteurs et de leur permettre de poursuivre librement leurs travaux. Il insista tout de même pour pouvoir aussi prendre sous son aile quelques doctorants de l'université de Princeton – qui, bien que située dans la même ville, n'était pas associée à l'institut – et demanda le privilège d'une double nomination : non seulement comme directeur de l'IAS, mais aussi comme celui du département de physique théorique.

Son projet n'était pourtant pas de faire de l'institut un laboratoire exclusivement consacré à la physique ni même aux sciences, car la vocation interdisciplinaire de l'institution ne pouvait que séduire cet homme qui avait toujours cultivé l'éclectisme dans ses centres d'intérêt. Ses connaissances dans des domaines aussi variés que l'histoire, la littérature ou la psychologie pourraient ainsi être mises à contribution.

Autre argument non négligeable, ce poste lui permettait de poursuivre son travail auprès de la Commission à l'énergie atomique en le rapprochant de Washington, lui évitant les incessants trajets transcontinentaux (entre la Californie et la côte est) qui l'avaient tant épuisé depuis la fin de la guerre. Il lui donnait également plus de temps libre qu'un poste d'enseignant. Il y disposait en outre d'un logement de fonction prestigieux, un véritable manoir entouré de jardins où Kitty pouvait s'adonner à sa passion pour la botanique et où il put même élever quelques chevaux.

Après de longs mois d'atermoiements, il accepta donc de prendre en main ce havre de paix pour chercheurs d'élite, dont il devint le troisième directeur. Ses premières années à Princeton ne furent pas toujours de tout repos. Son caractère, qui pouvait toujours être tranchant, hautain et irritant, lui valut quelques accrochages, notamment avec les mathématiciens du lieu, des esprits supérieurs, mais des divas parfois aussi difficiles à dompter que certains de ses employés de Los Alamos. En particulier quand il avait affaire à des personnages aussi dominateurs que lui, comme ce fut le cas du Français André Weil (1906-1998), le frère de la philosophe Simone Weil. Mathématicien de génie, mais au caractère notoirement difficile, Weil s'était installé aux États-Unis après une sombre affaire de désertion puis de soupçons d'espionnage en Finlande pendant la Seconde Guerre mondiale. Selon lui, Oppenheimer était « un personnage complètement frustré » qui « voulait être Niels Bohr ou Albert Einstein et savait qu'il ne l'était pas », et dont « l'amusement était de pousser les gens à se quereller entre eux » ! Les deux hommes avaient pourtant des points communs, notamment leur passion pour le sanskrit et l'hindouisme, mais ils étaient sans doute trop semblables pour s'entendre.

Les relations avaient été meilleures avec son ancien consultant à Los Alamos, John von Neumann (auquel Weil succéda à sa mort en 1957), qui travaillait à la construction d'un des premiers ordinateurs de l'Histoire, inauguré à l'IAS de Princeton en juin 1952. Quant au logicien d'origine autrichienne Kurt Gödel (1906-1978), un autre génie excentrique qui avait bouleversé sa discipline par des théorèmes dont les répercussions ébranlaient jusqu'aux fondements des mathématiques, il vivait quasi reclus et ne parlait guère qu'à Albert Einstein, son collègue à l'institut et seul ami. Ce dernier, qui était évidemment une figure incontournable à Princeton, entretenait quant à lui des relations assez chaleureuses avec Oppie, mais leurs idées sur la physique restaient irréconciliables. Le nouveau directeur de l'institut s'était depuis longtemps rallié à la cause de la physique quantique telle que l'avait définie Niels Bohr et qu'Einstein n'avait jamais acceptée (ce qui explique peut-être que le jeune Oppie l'ait qualifié de « cinglé » dans une lettre à son frère en 1935).

Si les résidents permanents déjà en poste constituaient déjà un impressionnant panel de « cerveaux », la politique de recrutement dynamique d'Oppenheimer attira à l'institut de jeunes talents de la physique, comme le Néerlandais Abraham Pais (1918-2000) ou encore le Britannique Freeman Dyson (1923-2020). Il invita également pour des séjours ponctuels des sommités confirmées, comme Dirac ou Bohr. Il ne se cantonnait pas au monde scientifique. Il fit également nommer, à titre provisoire ou permanent, des personnalités aussi diverses que le poète américain T. S. Eliot, une de ses idoles de jeunesse (mais dont le séjour à Princeton fut une déception, pour lui comme pour Robert) ou encore l'historien médiéviste d'origine

Albert Einstein
et Robert Oppenheimer en 1947.

allemande Ernst Kantorowicz (1895-1963), auteur en 1957 d'un livre de référence, *Les Deux Corps du roi.* Ses choix étaient parfois partiaux et plus guidés par des affinités personnelles que par le pedigree scientifique ou académique des candidats. Il permit ainsi à un de ses plus vieux amis, Francis Fergusson, qui était devenu un critique littéraire reconnu, de travailler à l'institut à son projet de livre sur le théâtre.

Dirigeant un des centres intellectuels les plus admirés d'Amérique et conseillant les commissaires chargés de décider de la politique du gouvernement sur les questions relatives au nucléaire, Oppie était devenu, détrônant presque son nouvel « employé » Einstein, le physicien le plus connu au monde. En 1948, il eut les honneurs de *Time Magazine,* avec son portrait en couverture et un long article biographique dans le numéro de novembre. Un mensuel de physique nouvellement créé, *Physics Today*, qui visait aussi bien les savants professionnels que le grand public cultivé, n'eut même pas besoin de montrer son visage. En couverture de son premier numéro en mai de la même année, une photo de son désormais légendaire chapeau *pork pie hat*, posé sur le tuyau d'acier de ce qu'on devinait être un cyclotron, suffisait à le représenter. Il était adulé, célébré… peut-être un peu trop pour certains, qui n'acceptaient toujours pas de voir son désir de mettre un frein à la course aux armes nucléaires autrement que comme une preuve de sa collusion avec les Soviétiques. Ironiquement, c'est l'homme qui l'avait fait nommer à Princeton qui allait aussi précipiter sa chute.

Un homme à abattre

« On n'est jamais assez prudent dans le choix de ses ennemis », faisait dire à un personnage de son roman, *Le Portrait de Dorian Gray,* le grand écrivain irlandais Oscar Wilde. En choisissant mal (ou trop bien !) son ennemi – le père de son amant lord Alfred Douglas –, Wilde avait été traîné dans la boue, jeté au bagne pour son homosexualité avant de finir sa vie dans l'exil et la misère. S'il connut un destin bien moins tragique, Robert Oppenheimer ne fut pas plus heureux dans le « choix » de son ennemi. Lewis Strauss, qui était à la fois membre du conseil d'administration de l'IAS et commissaire à l'AEC, était un homme influent, ambitieux et terriblement rancunier. Il avait dans sa jeunesse embrassé le désir de devenir physicien, mais n'avait pu réaliser ce souhait faute d'argent. Gagnant d'abord sa vie comme commis voyageur pour le commerce de chaussures de son père, il s'était à force de travail et de ténacité hissé jusqu'aux hautes sphères de la finance, puis de la politique. Du *self made man*, Strauss (qui insistait pour que l'on prononçât son nom « straws », à l'américaine) avait l'impitoyable pugnacité et l'ambition sans scrupule, mais nourrissait aussi sans doute une forme de ressentiment envers ceux qui, comme Robert, étaient

Robert Oppenheimer défendant la Commission de l'énergie atomique face au sénateur Brien McMahon, le 26 avril 1954.

selon l'expression anglaise « nés avec une cuillère d'argent dans la bouche » et avaient pu suivre leurs passions. Malgré ses opinions politiques très conservatrices, ses relations avec Oppie parurent d'abord cordiales – c'était lui qui, après tout, lui avait transmis l'offre du poste de directeur de l'institut. Malgré cela, très vite des tensions apparurent, notamment lorsque Robert résista aux tentatives de Strauss, gestionnaire influent de l'institution qui l'employait, pour empiéter sur ses prérogatives de directeur.

Le 13 juin 1949, sous l'apparence d'un échange anodin pendant les débats de la Commission de l'énergie atomique, c'est une véritable déclaration de guerre que, sans en avoir conscience, lança Oppenheimer. Il se prononçait, en qualité de membre du Comité consultatif de l'AEC, sur une question soumise au vote des commissaires : fallait-il autoriser l'exportation de radio-isotopes, ces sous-produits des réacteurs nucléaires demandés par des pays étrangers à des fins de recherche ? Le seul des cinq commissaires de l'AEC à avoir opposé son veto était Strauss, qui craignait que ces éléments radioactifs puissent être utilisés dans un but militaire. Oppie, qui jugeait ses craintes ridicules, ne se priva pas de le faire comprendre à l'assemblée, sur un ton sarcastique qui mit les rieurs de son côté. Oui, reconnut-il, on pouvait utiliser ces isotopes pour produire de l'énergie atomique, mais au même titre qu'« une pelle » ou « une bouteille de bière ». Quand on lui demanda comment il évaluait l'importance stratégique de ces isotopes, il la jugea moindre que celle « des appareils électroniques », mais bien plus grande que celle « par exemple, des vitamines. Quelque part entre les deux ».

Ces remarques ironiques ne s'adressaient pas directement à Strauss, mais elles étaient évidemment dirigées contre lui, tournant en ridicule ses inquiétudes et pointant du doigt son ignorance des questions scientifiques. Robert fit certes beaucoup rire son public et, apparemment assez fier de lui, demanda à Joe Volpe, l'avocat de l'AEC : « Alors Joe, comment j'ai été ? », celui-ci lui répondit, affligé : « Trop bon, Robert. Beaucoup trop bon ! » Il n'avait pu, en effet, manquer de noter la réaction d'un membre de l'assistance qui ne riait pas du tout : Lewis Strauss. Plusieurs témoins présents remarquèrent également « le regard terrible » qu'il lança à Oppie, avec « une expression de haine qu'on ne voit pas souvent sur le visage d'un homme ». Il était clair que le commissaire, au caractère susceptible et rancunier, s'était senti humilié et ridiculisé par le physicien et que dès lors, il ne serait pas satisfait tant qu'il n'aurait pas eu sa revanche. Celle-ci mit cinq ans à venir, mais elle fut implacable. Les relations entre les deux hommes s'envenimèrent encore quand ils s'opposèrent sur une question brûlante : fallait-il, comme Edward Teller l'appelait de ses vœux depuis les débuts du projet *Manhattan*, développer la « super », cette bombe thermonucléaire à fusion aux possibilités destructrices effrayantes ?

Contre la « super »

Jusqu'alors, Oppenheimer avait toujours réussi à temporiser la question de la bombe H : il avait laissé Teller poursuivre ses recherches sur cette idée qu'il avait envisagée dès 1942 avec Enrico Fermi, et l'avait même encouragé dans ce qui était devenu une véritable obsession. Il ne s'agissait encore que d'une possibilité théorique et Oppie ne croyait guère alors à la faisabilité technique de cette bombe infernale. Mais tout se précipita lorsque, le 29 août 1949, l'URSS procéda en secret à son premier essai nucléaire (à fission) au Kazakhstan. Le 3 septembre, la signature des retombées radioactives de cette explosion fut détectée par un avion de reconnaissance météorologique américain. Oppenheimer participa au panel d'experts chargé d'examiner ces indices et qui conclut le 19 septembre qu'ils étaient bien la preuve que les Russes avaient procédé à une explosion nucléaire. La belle assurance de ceux qui, comme Truman

Ivy Mike, le premier essai thermonucléaire mené par les États-Unis sur l'atoll d'Eniwetok, dans le Pacifique, le 1er novembre 1952.

lui-même, croyaient que le monopole américain sur l'arme nucléaire avait de beaux jours devant lui s'effondra brutalement. C'est donc sur le fond de cette escalade dans la guerre froide que le projet de bombe thermonucléaire, toujours défendu par Teller, revint sur le devant de la scène.

Oppenheimer tenta bien de dissuader l'administration Truman de se lancer dans cette nouvelle course à la bombe. Il crut bien avoir gagné la partie lorsque l'AEC, par trois voix contre une (celle de Strauss), se rangea à l'avis du GAC (le Comité consultatif de la Commission de l'énergie atomique) qu'il présidait et qui proscrivait le développement d'une bombe thermonucléaire. Mais le président ignora cette recommandation et le 31 janvier 1950, il annonça le développement d'un nouveau projet mené au Laboratoire national de Los Alamos, destiné à concevoir une bombe à fusion.

Les premiers modèles conçus par Teller s'avérèrent défectueux et donnèrent raison dans un premier temps à Oppenheimer, qui n'aurait pas parié cher sur la réussite de son ancien collaborateur. Pourtant, le projet marqua une accélération spectaculaire quand le mathématicien d'origine polonaise Stanisław Ulam (1909-1984) proposa, sur la base de ses calculs, un autre schéma de fonctionnement. Une explosion initiale utilisant une bombe à fission au plutonium (de type « Fat Man », comme celles qui avaient explosé pour *Trinity* puis à Nagasaki) provoquait la fusion des noyaux d'hydrogène lourd, comme le prévoyait l'idée initiale de Teller. Mais c'étaient les radiations émises par la fission en chaîne, et non seulement la chaleur dégagée, qui déclenchaient la fusion. Et les deux compartiments de la bombe étaient suffisamment séparés pour que l'onde de choc de la première explosion provoque la compression et l'implosion de la bombe à fusion proprement dite. Ce modèle dit de Teller-Ulam fut breveté et communiqué aux scientifiques habilités en juin 1951. Oppie le salua lui-même comme *technically sweet*, « techniquement délicieux », laissant cette fois-ci le scientifique en lui l'emporter provisoirement sur l'humaniste. La réalisation matérielle de la « super » fut ensuite très rapide et le 31 octobre 1952, un peu plus d'un an après sa conception théorique, la première bombe à fusion thermonucléaire, baptisée « Ivy Mike » ou tout simplement « Mike », explosa dans l'atoll d'Eniwetok en Micronésie, au milieu de l'océan Pacifique, anéantissant toute l'île d'Elugelab. D'une puissance de 10,4 mégatonnes (presque mille fois plus que celle d'Hiroshima), la bombe n'était certes pas encore propre à être utilisée comme arme : avec ses 60 tonnes, elle n'était pas transportable par avion. En attendant, Teller avait enfin réalisé l'idée qui l'obsédait depuis dix ans et qui allait hanter les cauchemars des habitants du monde entier pendant toute la guerre froide.

Oppenheimer avait donc perdu son combat contre la « super », mais en s'opposant à cette nouvelle génération d'armes de destruction massive, il avait donné à Lewis Strauss l'occasion de liguer contre lui son collègue et ancien employé de Los Alamos, devenu un adversaire acharné. Le vent de l'Histoire allait tourner bientôt à leur avantage, leur offrant l'occasion qu'ils attendaient pour évincer Oppie des cercles du pouvoir.

Chapitre 8

LA DISGRÂCE ET LA CHUTE : LE « PROCÈS » DE 1954

Alors qu'Oppenheimer a perdu son combat contre le développement de la bombe thermonucléaire et que la conjoncture politique lui devient de plus en plus défavorable, ses ennemis passent à l'offensive. À la suite d'une audition partiale, sur laquelle plane l'ombre du maccarthysme, son habilitation de sécurité Q, qui lui donnait accès aux informations classées secret-défense sur les questions nucléaires, lui est retirée. Sa réputation en est à jamais entachée, et lui et sa famille souffriront amèrement de cette humiliation pendant les dernières années de sa vie.

Chasse aux sorcières

Depuis plusieurs années déjà, l'étau se resserrait autour du père de la bombe atomique et de ses relations avec l'extrême gauche. L'Amérique avait pénétré de plain-pied dans la guerre froide et la méfiance vis-à-vis de tout ce qui touchait de près ou de loin au communisme et à l'Union soviétique tournait à la paranoïa. Avant que le sénateur du Wisconsin Joseph McCarthy (1908-1957), dont le nom reste attaché à cette période, n'enflamme en 1950 la psychose anticommuniste en portant à son paroxysme la « chasse aux sorcières » au mépris des droits démocratiques fondamentaux, certains de ses précurseurs s'acharnaient déjà sur les membres ou sympathisants du parti. Dès 1949, l'HUAC – pour *House Unamerican Activities Committee*, la Commission de la chambre des représentants sur les activités antiaméricaines (plus littéralement : « non américaines » ou « inaméricaines », de la même manière que l'on dirait « inhumaines ») – avait déjà auditionné plusieurs des anciens élèves d'Oppie à Berkeley sur leur appartenance au Parti communiste et les soupçons d'espionnage autour du Rad Lab. Si aucun n'avait pu être condamné pour des faits d'espionnage avérés, ils avaient cruellement souffert de ces persécutions. Évincés de leurs postes d'enseignants, ils avaient eu le plus grand mal à retrouver du travail : bien qu'ils aient été finalement acquittés des charges qui pesaient contre eux, ils étaient de fait sur une liste noire, écartés du monde scientifique et comme pestiférés.

David Bohm, qui refusa de répondre aux questions de la commission en vertu du cinquième amendement qui garantit la liberté de parole et d'opinion pour lesquelles nul ne peut donc être poursuivi, dut partir à l'étranger, au Brésil puis en Grande-Bretagne, pour retrouver un poste. Poursuivi pour outrage au Congrès à la suite de ses déclarations devant l'HUAC, Giovanni Rossi Lomanitz fut finalement lui aussi acquitté en juin 1951, mais il dut se résoudre à trouver des emplois de travailleur manuel, hors du monde scientifique dont il était banni. Accusé de parjure pour avoir nié son appartenance au Parti communiste, puis acquitté, car les « preuves » à charge (notamment la transcription de sa conversation avec Steve Nelson espionné par le FBI) étaient irrecevables juridiquement (les écoutes du FBI étaient illégales), Joe Weinberg perdit également son poste à l'université du Minnesota. Il travailla pour une firme d'optique où il développa le premier verre progressif. Comme Lomanitz, il ne retrouva pas de poste d'enseignement ou de recherche avant 1959.

Le propre frère de Robert avait lui aussi été entendu par l'HUAC le 14 juin 1949 (le lendemain du coup d'éclat d'Oppie auprès de l'AEC sur les radio-isotopes, qui lui avait valu l'hostilité de Strauss). Frank avait alors reconnu avoir été membre du Parti communiste, mais cette déclaration semblait contredire celle qu'il avait faite deux ans plus tôt. Face à une série d'accusations outrancières lancées par un journal, il avait tout nié en bloc, sans préciser qu'elles contenaient un seul fait véridique : son appartenance au parti entre 1937 et 1940. Il fut donc accusé d'avoir menti et perdit son poste à l'université du Minnesota. Ernest Lawrence, qui l'avait accueilli à bras ouverts avant la guerre, la première fois que ses choix politiques avaient menacé sa carrière, lui tourna cette fois-ci le dos et alla jusqu'à lui interdire l'accès à son Rad Lab. Son frère lui-même, craignant sans doute d'être le prochain sur la liste noire, n'éleva pas un murmure de protestation. Ces persécutions mirent un coup d'arrêt à sa prometteuse carrière de physicien expérimentaliste et il dût se retirer dans son ranch du Colorado, embrassant pendant dix ans la rude vie de fermier.

Sans être réellement inquiété à cette époque, Oppie eut aussi à répondre plusieurs fois de ses activités et de ses connaissances gravitant autour du communisme. Le 5 septembre 1946, il avait été interrogé par le FBI sur « l'affaire Chevalier », et avait reconnu que les trois contacts qu'il avait évoqués dans son interrogatoire avec Pash en 1943 étaient une invention. Pour le reste, il s'en tint à la version donnée à Groves quand il lui avait révélé le nom d'Haakon Chevalier. Puis le 7 juin 1949, il avait été entendu par six membres de l'HUAC, parmi lesquels figurait un député de Californie du nom de Richard Milhous Nixon (1913-1994). Le ton n'était alors pas le moins du monde agressif et inquisitorial, les commissaires faisant au contraire preuve de déférence vis-à-vis du père de la bombe atomique, acceptant le retrait d'une question sur son frère à laquelle Oppie dit préférer « ne pas répondre », bien qu'il se déclarât prêt à le faire si on l'y avait obligé. Nixon lui-même éprouva le besoin de clore la séance en déclarant qu'il était « terriblement impressionné » par Oppenheimer et « très heureux de l'avoir à la position qui est la sienne dans notre programme [entendez : le programme nucléaire] ».

La face sombre d'Oppie

Durant cette audition, il tint aussi des propos qui ternirent durablement son prestige et le respect dont il jouissait au sein de la communauté scientifique et qui le discréditèrent par la suite lors de sa fatale audition de sécurité en 1954. Ils concernaient un de ses anciens étudiants, Bernard Peters (1910-1993). Juif originaire de Pologne, celui-ci avait ensuite vécu en Allemagne où il avait lutté contre le nazisme avant d'être déporté à Dachau, d'où il avait heureusement réussi à s'évader avant d'émigrer aux États-Unis. Sa femme Hannah rencontra Jean Tatlock pendant leurs études de médecine, et en 1937, alors qu'il travaillait comme docker sur la côte est, Jean leur présenta Oppie, qui l'encouragea à poursuivre des études de physique à Berkeley. Or à Los Alamos, Oppenheimer avait parlé de Peters à Peer de Silva, l'officier chargé de la sécurité du Laboratoire national, comme d'un « rouge » potentiellement dangereux. Oppie réitéra devant l'HUAC ce jugement qui équivalait pour ainsi dire à une dénonciation, précisant les « incidents » du passé de son ancien étudiant qui l'avaient amené à le croire enclin à passer à « l'action directe » : en Allemagne, il aurait participé à des combats de rue contre les nazis aux côtés des communistes et il se serait enfui de Dachau « par ruse ». Il affirmait en outre que Peters lui aurait fait part de sa méfiance et de sa déception envers le Parti communiste américain sous le prétexte que celui-ci était « trop constitutionnel » et n'incitait pas assez à renverser le gouvernement par la force !

Le lendemain, Peters, qui était alors professeur assistant à Rochester (État de New York), fut convoqué devant l'HUAC. Les paroles de son ancien mentor et ami ne lui furent pas rapportées, mais il nia catégoriquement être ou avoir été membre du Parti communiste, que ce soit en Allemagne ou aux États-Unis. Sur le chemin du retour, il passa voir Oppenheimer à Princeton pour lui demander comment s'était passée la veille sa propre audition, mais celui-ci, croyant peut-être que sa déposition resterait confidentielle, ne lui avoua pas l'avoir mentionné de façon aussi compromettante. Toutefois, une semaine plus tard, le 15 juin, un journal local de Rochester, le *Times Union* dévoila à la une ses allégations sur Peters et il se trouva bien embarrassé pour s'expliquer auprès de son ancien disciple et de leurs amis communs, dont plusieurs lui écrivirent des lettres où l'indignation le disputait à l'incompréhension. Face à Peters, venu lui demander des explications en compagnie de son frère Frank, Oppie ne put qu'avouer avoir commis une « terrible faute ». Il fit publier un démenti peu convaincant dans un autre journal de Rochester, mais le mal était fait. Heureusement pour Peters, l'université qui l'employait ne le renvoya pas et le promut même professeur titulaire, mais il ne parvint pas par la suite à trouver d'autres postes d'enseignement aux États-Unis et partit en 1951 en Inde, à Bombay (aujourd'hui Mumbai), où il poursuivit une brillante carrière de recherche dans l'étude des rayons cosmiques.

Comment expliquer que Robert ait ainsi sali et compromis, par des allégations aussi erronées – voire mensongères – qu'injustes un homme qui avait échappé de peu à l'horreur des camps, qui lui faisait confiance et croyait compter parmi ses amis ? Exprimait-il une haine, une rancœur ou une jalousie cachée ? Sa première dénonciation à De Silva ayant eu lieu alors qu'il venait d'apprendre la mort de Jean Tatlock, essayait-il de se défaire d'un de leurs amis communs ? N'avait-il cherché, comme dans le cas de l'affaire Eltenton-Chevalier, et avec autant de maladresse et aussi peu de réussite, qu'à brouiller les pistes et donner du grain à moudre ou des gages de bonne foi à des militaires à l'anticommunisme soupçonneux ? Son attitude vis-à-vis de Peters resta, quoi qu'il en soit, une tache indélébile sur sa conscience.

Sinistres présages

S'il semblait encore à peu près intouchable, et si aucun élément nouveau n'avait été ajouté à son dossier qui aurait pu conforter ses adversaires dans leurs convictions, plusieurs événements changèrent la donne et contribuèrent à raviver les soupçons sur sa personne. En septembre 1949, des communications interceptées par le contre-espionnage américain avaient permis d'identifier Klaus Fuchs comme un informateur au service de l'URSS. Arrêté et interrogé, le physicien britannique d'origine allemande passa aux aveux le 24 janvier 1950. Hoover et Strauss en furent informés avant que la nouvelle ne soit divulguée et ils espéraient tous deux que le prochain espion démasqué ne serait autre que Julius Robert Oppenheimer. L'affaire était d'autant plus sensible que non seulement Fuchs avait communiqué à Moscou des plans et des informations scientifiques sur différentes étapes de la fabrication de la bombe à fission sur laquelle il avait travaillé à Oak Ridge et à Los Alamos, mais également les premières étapes de la conception de la bombe H. Oppenheimer ironisa en disant que cette fuite était une bonne chose, car à ce stade de son développement le projet de Teller était voué à l'échec, et qu'en le suivant les Russes prendraient quatre ans de retard sur les États-Unis !

Klaus Fuchs, physicien allemand, l'espion qui a livré la bombe nucléaire à l'URSS.

Alors que la chasse aux sorcières s'intensifiait et que la crainte du péril rouge tournait à la paranoïa, Lewis

Strauss fourbissait ses armes avant de passer à l'offensive contre son ennemi juré. Il l'avait certes emporté sur le dossier de la « super », mais cette victoire sur le camp d'Oppenheimer n'avait pas apaisé son ressentiment vis-à-vis du physicien. Le jour même de l'annonce par Truman du projet de développement de la bombe à hydrogène, le 31 janvier, se trouvait être aussi l'anniversaire de Strauss. Il célébra par la même occasion la victoire des « pro-super », dont il avait mené l'offensive, et ses 54 ans. Oppenheimer était invité, mais il ne cachait ni son dépit ni son agacement. Lorsque Strauss le reconnut de dos et l'appela pour lui présenter son fils et sa belle-fille, Oppie ne daigna pas même se retourner et se contenta d'un salut de la main par-dessus son épaule. Son hôte en fut outré et blessé, et sa haine envers le physicien ne fit que redoubler. Un peu plus tard, un journaliste présent remarqua Oppenheimer en train de se morfondre à l'écart de la fête. Quand il lui demanda ce qui l'empêchait de se joindre aux réjouissances, il lui dit que, pour lui, la bombe H était « la peste de Thèbes ». Par cette allusion sibylline à la tragédie grecque, il voulait sans doute dire que toute l'humanité allait payer pour la « faute » des physiciens qui avaient lâché la puissance destructrice de l'atome sur le monde, comme la ville de Thèbes avait payé pour la faute d'Œdipe (l'inceste et le parricide). Il l'avait d'ailleurs clairement énoncé dans une conférence prononcée le 25 novembre 1947 au MIT de Boston sur « La physique dans le monde contemporain ». Dans un style dramatique qui n'avait pas été du goût de plusieurs de ses collègues, peut-être justement parce qu'il touchait un point sensible en éveillant leur propre culpabilité, il avait déclaré :

> « Dans un sens brutal, qu'aucune vulgarité, aucun humour et aucune emphase ne peuvent tout à fait étouffer, les physiciens ont connu le péché ; et c'est une connaissance dont ils ne peuvent se défaire. »

Bien plus tard, vers la fin de sa vie, il prétendit que le « péché » dont il parlait n'était pas le meurtre des civils innocents d'Hiroshima et Nagasaki, mais l'orgueil qui avait poussé les physiciens à s'écarter du but de la science, la connaissance désintéressée des lois de la nature, pour agir sur les affaires humaines. Quand il prononça alors ce mot, c'est pourtant bien comme un aveu de culpabilité qu'il fut entendu.

Après avoir été leur meneur, leur modèle et leur inspiration, Oppie était donc devenu comme la mauvaise conscience des scientifiques impliqués dans la recherche atomique. S'il avait perdu une bataille sur le projet de bombe thermonucléaire, les partisans de la « super » redoutaient encore qu'il use de sa célébrité, de son charisme et de son pouvoir de persuasion sur les décideurs et l'opinion publique pour en freiner voire en stopper la réalisation. Ces craintes n'étaient effectivement pas infondées, car parmi la communauté des physiciens qui avaient collaboré au projet *Manhattan*, bien peu avaient exprimé leur adhésion au développement de la « super ». Teller, le champion incontesté et infatigable de ce nouveau projet, n'avait réussi à gagner à sa cause qu'une poignée de collègues : Louis Alvarez, qui avait le premier annoncé à Oppenheimer la découverte de la fission en 1939 ; John Wheeler, qui la même année avait découvert avec Bohr que seul l'isotope 235 de l'uranium était fissible ; ou encore Ernest Lawrence, qui s'était de plus en plus éloigné de son ancien ami Oppie après la guerre. Non seulement l'inventeur du cyclotron était lui aussi partisan d'un développement rapide de la bombe H, mais il avait été en outre scandalisé en apprenant la liaison qu'Oppenheimer entretenait depuis des années avec Ruth Tolman, la veuve de leur collègue et ami commun Richard Tolman (1881-1948), et qui avait commencé plusieurs années avant la mort de ce dernier. Lawrence alla jusqu'à accuser cet amour adultère d'avoir causé la crise cardiaque qui avait été fatale à l'éminent savant américain !

La position de ces physiciens champions de la bombe H est assez étonnante quand on se rappelle qu'à l'époque du projet *Manhattan,* c'est Oppenheimer qui avait convaincu Teller de ne pas signer la pétition lancée par Szilárd contre l'utilisation militaire du « gadget » et en faveur d'une démonstration inoffensive. C'est encore lui qui avait persuadé Lawrence de l'inéluctabilité des bombardements atomiques sur les villes japonaises. Toujours est-il que la majorité des scientifiques chargés par Truman d'accélérer les recherches sur la bombe H étaient opposés par principe à ce projet et risquaient de traîner les pieds ; tandis que les quelques physiciens désireux de construire une bombe thermonucléaire – la plupart par crainte d'être devancés sur ce terrain par les Russes – n'étaient pas membres de l'AEC ni du GAC, les instances chargées de piloter ces recherches.

Front anti-Oppie

Strauss mobilisa donc son réseau de connaissances et approcha tous ceux qui pouvaient s'allier à lui dans sa campagne pour écarter Oppie et son influence des instances de décision. Il s'entretint fréquemment avec Hoover et les deux hommes recoupèrent leurs informations, constituant un véritable dossier d'accusation. Ils trouvèrent un allié de poids dans le monde scientifique en la personne d'Edward Teller.

Ce dernier avait en effet des mots de plus en plus durs envers son ancien employeur du projet *Manhattan*. Interrogé par le FBI à deux reprises les 10 et 27 mai 1952, il tint des propos accablants. Il l'accusait tout d'abord, sans doute à juste titre, d'avoir tout fait pour freiner ou contrecarrer le projet de la bombe H, lui faisant perdre selon lui plusieurs années. Tout en prétendant ne pas croire personnellement qu'il avait été déloyal envers son pays, il rapporta que « beaucoup de gens » pensaient que ses manœuvres hostiles au développement de la bombe H lui avaient été dictées directement par Moscou ! Il ajouta de plus qu'il ferait « tout son possible » pour l'évincer du GAC.

Pourquoi Teller s'acharnait-il ainsi sur Oppenheimer, alors même que les obstacles, d'abord politiques puis techniques, à la réalisation de la bombe thermonucléaire, avaient été levés ? Outre la rancune accumulée envers celui qui n'avait eu de cesse de lui mettre des bâtons dans les roues dans sa course à la bombe H, une autre raison le poussa à le discréditer. Bien qu'il méritât sans doute plus le titre de « père de la bombe H » que son rival celui de « père de la bombe A », contrairement à ce dernier, Teller n'a jamais été directeur du projet visant à construire la « super ». Il a même été plus ou moins écarté de la phase finale de sa réalisation, après en avoir fourni avec Ulam le plan détaillé. Amer de se voir ainsi relégué au rang d'exécutant, le physicien hongrois, à la susceptibilité légendaire, rumina alors un nouveau plan : la construction d'un nouveau laboratoire de recherche sur l'arme atomique, concurrent de Los Alamos. Il s'allia dans ce but à Ernest Lawrence, toujours aussi influent et habile à obtenir des financements, et qui avait résolument rejoint son camp, celui des pro-bombe H, et par conséquent des anti-Oppenheimer. Fort de ce soutien, il parvient à convaincre plusieurs personnalités haut placées de la nécessité de ce second laboratoire, arguant d'une part que la concurrence aiguillonnerait les chercheurs de Los Alamos, jugés trop lents – au moment même où la construction de la bombe H était passée à la vitesse supérieure – et d'autre part que le complexe situé au Nouveau-Mexique laissait à désirer sur le plan de la sécurité. Le bouc émissaire tout trouvé fut encore Oppie, bien qu'il n'y eût plus de responsabilités depuis la fin de la guerre, se contentant d'y faire des visites ponctuelles. Pour discréditer Los Alamos, Teller a donc cru devoir salir la réputation de son ancien directeur – qui faisait de plus partie des scientifiques opposés à la création d'un second laboratoire, un projet qui selon lui disperserait l'effort de recherche.

Teller parvint à ses fins : le 2 septembre 1952, le nouveau laboratoire, rattaché au Rad Lab, est inauguré dans la ville de Livermore, non loin de Berkeley. Une fois encore, la victoire aura un arrière-goût amer pour le Hongrois : après la mort de Lawrence en 1958, c'est le nom de l'inventeur du cyclotron et directeur du Rad Lab, et non le sien, qui sera associé à ce nouvel établissement. Le Lawrence Radiation Laboratory, qui en 1971 fut renommé Lawrence Livermore National Laboratory, deviendra un pôle scientifique majeur, notamment à la pointe dans la recherche sur la synthèse de nouveaux éléments lourds, et accueillera plusieurs futurs prix Nobel.

Quelques mois avant, en juin 1952, pressentant sans doute que le vent tournait et qu'il n'était plus en odeur de sainteté dans les cercles du pouvoir, Oppenheimer décida de ne pas demander le renouvellement de son mandat au GAC, qui arrivait à terme. Il dit, sans doute sincèrement, vouloir se consacrer de nouveau à la recherche scientifique et à ses fonctions de directeur de l'IAS de Princeton. On n'échappe pas toutefois facilement aux sirènes de Washington et il céda aux instances de ceux qui ne voulaient pas voir son influence sur la politique nucléaire américaine disparaître complètement. Il accepta donc d'intervenir en tant que consultant contractuel auprès de l'AEC, et pour ce faire, son habilitation de sécurité Q fut reconduite. Auparavant, le 28 avril 1952, il avait également été nommé dans un panel de consultants sur le désarmement du département d'État (l'équivalent de notre ministère des Affaires étrangères), qui l'élit aussitôt comme directeur. Il dut par la suite amèrement regretter de n'avoir pas à ce moment coupé tout lien avec le gouvernement. D'une part, sa lutte contre la bombe H était perdue : le 9 octobre, le Conseil de sécurité national de l'administration Truman rejeta une proposition de moratoire sur l'essai *Mike*, qui fut mené à bien le 1er novembre. Bien que cela dût être de peu de réconfort pour Oppie, Teller n'avait pas été du voyage dans le Pacifique pour assister à l'explosion de son « bébé ». Toujours tenu à l'écart du projet, il dut se contenter de suivre la signature des ondes de choc sur un sismographe depuis l'université de Berkeley.

Changements au sommet

Oppie n'aura décidément pas eu de chance avec les changements à la tête de l'État. Déçu et mis sur la touche par Truman, il va de nouveau pâtir de l'arrivée au pouvoir de son successeur, le général Dwight Eisenhower (1890-1969). Militaire et républicain, il avait tout pour inquiéter Oppenheimer. D'autant plus qu'il avait choisi nul autre que Lewis Strauss, son ennemi juré, comme conseiller à l'énergie atomique !

« Ike », ainsi qu'il était surnommé, ne lui fut pourtant pas d'emblée hostile et bien que Strauss l'ait poussé dès son investiture à sonner l'hallali sur l'ancien directeur du projet *Y*, il tempéra ses ardeurs. Le président, qui avait pourtant mis l'accent pendant sa campagne sur la stratégie de « représailles massives », qui consistait à tout miser sur le pouvoir de dissuasion de la bombe H et avait la préférence de l'armée, fut même un temps séduit par la politique d'ouverture et de franchise prônée par Oppie. Le président s'était ouvertement exprimé en ce sens, notamment dans un rapport du panel sur le désarmement qu'il présidait, ainsi que dans un discours prononcé à New York le 17 février 1953.

Cependant, tout espoir de voir le nouveau président adhérer aux vertus de la communication défendues par Oppenheimer s'évanouit irrémédiablement en août 1953, quand les autorités américaines réunirent les preuves irréfutables que l'URSS avait procédé à son premier essai d'une bombe thermonucléaire, moins d'un an après le succès de *Mike*. Bien moins puissante que sa grande sœur étasunienne, la bombe H soviétique ne dégagea « que » 400 kilotonnes, et les savants russes n'avaient pas encore réussi à percer le secret du modèle Teller-Ulam. Bien plus inquiétant était leur emploi comme combustible de fusion non pas de deutérium liquide comme les Américains, lequel nécessite un lourd système de réfrigération pour ne pas s'évaporer à température ambiante, mais de deutérure de lithium, qui rendait leur bombe potentiellement transportable. Plus question quoi qu'il en soit de franchise, d'ouverture, ni de moratoire : le triomphe de la ligne dure et le retour à la doctrine des représailles massives étaient de nouveau à l'ordre du jour.

Deux mois plus tôt, un autre événement projeta une ombre sinistre sur les perspectives d'apaisement. Le 19 juin 1953, les époux Julius et Ethel Rosenberg furent exécutés pour avoir transmis aux Russes des secrets nucléaires. Les enquêteurs avaient remonté la filière de cette affaire d'espionnage depuis Fuchs jusqu'à son contact Harry Gold, qui était aussi l'intermédiaire de David Greenglass. Ce dernier avait témoigné à charge contre sa sœur Ethel Rosenberg et en avait été quitte pour une peine de prison de quinze ans. Il avoua plus tard qu'il avait sacrifié sa sœur, faisant porter toutes les charges sur elle, pour épargner sa femme, elle aussi gravement impliquée, mais qui de fait n'avait pas été inquiétée. Oppie n'était quant à lui lié ni de près ni de loin à cette affaire, ce qui donnait tort à ceux, Strauss et Hoover en tête, qui brûlaient de le voir démasqué à son tour comme espion. Néanmoins, elle remettait sur la sellette la sécurité du secret militaire qui aurait dû entourer le projet *Manhattan*.

Eisenhower devait en outre faire face à la déferlante de la campagne anticommuniste lancée par McCarthy. Outrancier, sans scrupules et agressif, le sénateur du Wisconsin n'hésitait pas à accuser la Maison-Blanche et la nouvelle administration de complaisance envers les personnalités qu'il pointait du doigt comme des communistes avérés – et donc dans son esprit des suppôts de Moscou, membres d'une « cinquième colonne » soviétique qui menaçait selon lui d'infiltrer jusqu'aux plus hautes sphères de la politique, du spectacle et des médias. Le monde scientifique n'était pas épargné. Quand il apprit que McCarthy avait Oppenheimer dans le collimateur, Lewis Strauss fit pourtant tout pour l'en détourner. Non qu'il ait voulu protéger le physicien, bien au contraire : il craignait que le sénateur-inquisiteur, avec ses gros sabots, se ridiculise par des accusations extravagantes, gâchant le plan qu'il ourdissait depuis des années pour faire tomber son ennemi. Il savait que le moment était presque mûr pour passer à l'offensive, mais sans ignorer pour autant qu'Oppie était encore apprécié et influent, et qu'il ne serait pas une proie facile.

Après avoir orchestré dans l'ombre une campagne de presse pour rendre publics ses soupçons sur la loyauté d'Oppenheimer, il passa à l'offensive avec la collaboration de William Borden, qui jusqu'à la fin mai 1953 était directeur exécutif du Comité de l'énergie atomique du Congrès (une organisation distincte de l'AEC qu'elle était chargée de superviser). Ils échangèrent leurs dossiers sur Oppenheimer et, au mépris de toutes les règles, Strauss laissa Borden disposer de celui de l'AEC trois mois après la fin de son mandat. Pensant avoir réuni des charges suffisantes, Borden rédigea une lettre de dénonciation qu'il envoya à J. Edgar Hoover. Celui-ci la communiqua ensuite à Eisenhower et le 18 décembre 1953, Strauss fut reçu dans le Bureau ovale par le président et quelques-uns de ses conseillers – dont son vice-président Richard Nixon – pour discuter de la marche à suivre dans le « cas » Oppenheimer. Plutôt que de le traîner devant un comité du Congrès ou du Sénat, il fut décidé de suspendre son habilitation de sécurité et de lui laisser le choix : soit il renonçait à son contrat de consultant – qui avait été renouvelé, avec son habilitation Q, le 5 juin 1953 pour une durée d'un an –, soit il décidait de faire appel de cette suspension devant un comité qui serait nommé par Strauss. En attendant le dénouement de l'affaire et bien qu'il pense que le physicien en sortira blanchi, Eisenhower décrète qu'un « mur opaque » devra dans l'intervalle être dressé entre Oppenheimer et les secrets nucléaires américains. Son habilitation est donc suspendue avec effet immédiat.

Le 21 décembre, après l'avoir informé de cette décision et lui avoir donné à lire la lettre de Borden, Strauss impose à Robert un ultimatum : il doit lui signifier sa décision dans la journée. Le physicien temporise, prend conseil auprès de ses avocats Joe Volpe (l'ancien avocat de l'AEC) et Herbert Marks. Le 23 décembre 1953, une lettre écrite par Kenneth Nichols précise les faits qui lui sont reprochés. Nichols, qui était le second de Groves pendant le projet *Manhattan*, est désormais directeur général de l'AEC, et depuis la guerre, il s'est pris d'une haine farouche envers Oppenheimer. Il fait résolument partie des personnalités haut placées décidées à l'écarter des décisions et à ternir sa réputation. Le même jour, Robert et Kitty se rendent au domicile des Marks pour décider de la stratégie à adopter. Après de longues discussions, il rédige sa réponse avec ses avocats : il est résolu à faire appel, expliquant qu'une démission serait un aveu de culpabilité. Il ne veut pas que l'on croie que pendant plus d'une décennie au service des États-Unis d'Amérique, il s'est montré déloyal envers son pays. Il n'en est pas moins épuisé, abattu et proche de la dépression nerveuse. Le même soir, la lettre de réponse ayant été communiquée à Strauss, il se retire après le dernier d'une longue série de verres dans la chambre d'amis de la maison d'Herbert et Anne Marks. Son couple d'hôtes et Kitty, restés au rez-de-chaussée, entendent peu après un bruit sourd. Accourus à l'étage, ils essaient d'ouvrir la porte de la salle de bains, bloquée par le corps de Robert, qui a perdu connaissance. Ils finissent par parvenir à le pousser et à rentrer, puis le raniment et appellent un médecin. Il avait absorbé un somnifère qui, combiné à une forte consommation d'alcool, a provoqué son évanouissement. Rien ne permet de conclure à une tentative de suicide, mais il est évident qu'Oppie était alors à bout de forces. Les plus dures épreuves sont pourtant encore à venir. Le soir même de Noël, son domicile est perquisitionné pour y confisquer tous les dossiers classifiés qui seraient encore en sa possession.

Inquisition à l'américaine

Ce n'est donc pas à proprement parler un procès qui attend Oppenheimer ; mais s'il ne risque aucune condamnation, il ne bénéficie pas non plus des mêmes droits qu'un accusé. Strauss, dont le but évident et avoué (en privé) est non seulement d'écarter Robert de l'AEC, mais surtout de salir sa réputation et de le « griller » auprès des instances gouvernementales, va profiter au maximum de cette situation qui lui donne pratiquement les pleins pouvoirs dans l'organisation de l'audition prévue et lui laisse toutes les cartes en main. Ainsi, non seulement il décide seul de la nomination des trois membres du comité chargé d'examiner l'habilitation d'Oppie, mais il refuse aux avocats de ce dernier les autorisations nécessaires pour avoir accès aux dossiers classifiés sur le physicien. Roger Robb, l'avocat choisi par l'AEC, se voit en revanche accorder cette autorisation au bout de quelques jours. Il peut également utiliser des documents qui auraient été irrecevables face à une cour de justice, notamment tous les enregistrements des écoutes téléphoniques et des micros espions placés illégalement par le FBI. Strauss fourbit ses armes, montant le dossier le plus solide possible, alors que de son côté, Oppie et ses avocats préparent tant bien que mal sa défense dans le flou le plus total. Le 5 mars, il envoie à Nichols une longue lettre pour répondre à ses accusations sous la forme d'une autobiographie, expliquant son activisme pendant les années 1930, ses prises de position et les incohérences dans sa présentation de l'affaire Eltenton-Chevalier.

L'audition devant le comité présidé par Gordon Gray (président de l'université de Caroline du Nord et ancien secrétaire à l'Armée de l'administration Truman) commença le 12 avril 1954 avec la lecture de la lettre où Nichols précisait les charges justifiant la suspension de l'habilitation d'Oppenheimer, et qui fait donc office d'acte d'accusation. Outre ses sympathies communistes d'avant la guerre, et la bien embarrassante affaire Chevalier, son opposition à la construction de la bombe H lui est également reprochée. Puis Oppenheimer est entendu et résume la défense qu'il a présentée dans sa lettre autobiographique à Nichols.

Oppie est ensuite interrogé par Robb. L'avocat de l'AEC, agressif, impitoyable, est en possession de tout un épais dossier auquel ni Oppie ni ses défenseurs n'ont pu avoir accès (Strauss y a veillé !) – sans parler des informations que Strauss, qui a fait mettre son domicile sur écoute par le FBI dès janvier, peut lui fournir au jour le jour sur les stratégies de défense discutées par Robert avec ses conseillers juridiques. Il se comporte en véritable procureur, pousse le physicien dans ses retranchements, pointe ses contradictions. Contrairement à Lloyd Garrison, l'avocat choisi par Oppenheimer pour sa prestance,

Soupçonné d'être un espion à la solde de l'URSS, Robert Oppenheimer est auditionné devant la Commission de l'énergie atomique des États-Unis (1954).

Robb est rompu à l'exercice des procès. Or, malgré les apparences et les dénégations, c'est bien d'un procès déguisé qu'il s'agit. Après avoir semé le doute sur sa prise de distance avec le communisme après 1942, il frappe Oppie sur son point faible : l'affaire Chevalier et les contradictions entre ses interrogations successives. Il présente l'histoire des trois savants contactés et du mystérieux intermédiaire qu'Oppenheimer a avoué avoir inventé de toutes pièces, comme une tentative d'entraver l'enquête de Boris Pash en brouillant les pistes, plutôt que comme une stratégie malheureuse pour tenter de protéger Chevalier. Oppenheimer, qui sait bien avoir alors commis une grave erreur, s'enferme dans une contrition penaude. Sommé d'expliquer pourquoi il a inventé cette « histoire à dormir debout », il ne sait que répondre « parce que j'ai été un idiot ». Il semble dès lors de plus en plus distant, résigné, et comme étranger à ce qui lui arrive.

S'ensuivit l'audition des témoins, qui s'étala sur près de trois semaines. La plupart des personnalités entendues ne mirent pas en doute la loyauté d'Oppenheimer, mais dans la prudence des déclarations de certains, on sent peser la menace du maccarthysme. Groves notamment marche sur des œufs : c'est lui qui a engagé le directeur du projet *Y* et insisté pour lui faire délivrer une habilitation de sécurité malgré les réticences de certains de ses conseillers, Pash en tête. Depuis la fin de la guerre, il a surtout refusé de répondre aux enquêtes diligentées par le FBI sur Oppie, se portant garant pour lui. Avant le procès, Strauss et Hoover ont su lui faire comprendre que s'il couvrait le physicien, celui-ci risquait de l'entraîner dans sa chute. S'il réaffirme donc qu'il appuierait encore l'habilitation d'Oppenheimer dans les conditions qui étaient celles de 1942, il précise que les choses sont désormais différentes. Selon l'interprétation qu'il avance de l'Atomic Energy Act, la loi alors en vigueur, il n'accorderait pas d'accréditation de sécurité au physicien s'il était commissaire de l'AEC, non pas parce qu'il pense qu'il représente un danger avéré pour la sécurité, mais parce qu'il pourrait en représenter un. Derrière ces arguties juridiques, ce qui se laisse deviner est assez incroyable : Strauss, avec l'appui de Hoover et sous l'ombre menaçante de McCarthy, serait parvenu à intimider Groves lui-même ! Pour ne rien arranger, les souvenirs du général sont embrouillés et il persiste à identifier Frank Oppenheimer comme le mystérieux intermédiaire entre Eltenton et les chercheurs du Rad Lab, ce que Robert n'a jamais corroboré.

Seul John Lansdale, l'ancien officier chargé de la sécurité à Los Alamos pendant le projet *Manhattan*, a eu le courage de dénoncer la partialité du comité ainsi que « l'hystérie de notre époque vis-à-vis du communisme », qu'il jugeait « très dangereuse ».

Comme on pouvait s'y attendre, des ennemis jurés d'Oppenheimer comme Boris Pash (qui le soupçonnait déjà d'espionnage pendant la guerre) et William Borden (qui a rédigé la lettre d'accusations à l'origine de l'audition) l'accablèrent et mirent ouvertement en doute sa loyauté. Pash prétendit que sa prise de distance vis-à-vis du communisme juste avant la guerre n'était qu'une façade et participait d'une tactique courante chez les espions à la solde des Soviétiques.

La plupart des témoins, qu'ils soient militaires ou fonctionnaires, sont plutôt favorables à Robert et s'offusquent de la procédure humiliante à laquelle il est soumis. Quant aux scientifiques, ils font presque tous corps derrière leur confrère. Son ami de longue date Isidor Rabi, qui parle de plus en tant que nouveau président du GAC de l'AEC, s'interroge même sur le bien-fondé de l'audition : « Il est consultant, et si vous ne voulez pas le consulter, vous ne le faites pas, point à la ligne. » Il pointe ici du doigt l'incohérence de l'AEC, qui a renouvelé sans protester l'habilitation d'Oppie moins d'un an auparavant. Derrière cette mascarade, ses amis et lui comprennent bien que l'on veut le discréditer, l'évincer de Washington.

Ses espoirs de sortir de l'audition lavé de tout soupçon s'amenuisent et vont être encore amoindris par des témoignages à charge, car parmi les physiciens appelés à répondre devant le comité Gray, deux en particulier, convoqués par Robb, vont peser lourd sur l'issue de l'audition. Le premier est Edward Teller, dont les propos seront perçus par beaucoup de scientifiques comme un coup de poignard dans le dos. Reprenant dans les grandes lignes ce qu'il avait dit au FBI en mai 1953 –, mais dont ni Oppie ni aucun de ses défenseurs n'a pu avoir connaissance – il règle ses comptes avec celui qu'il a fini par voir comme un adversaire, voire un ennemi. L'accusant d'avoir délibérément freiné la recherche sur la bombe H et d'avoir fait perdre des années à ce projet, il tient par la suite un discours alambiqué. Visiblement gêné, il insiste lourdement sur le fait qu'Oppenheimer est un homme « compliqué », qu'il a souvent trouvé ses actions « difficiles à comprendre » et « confuses », et qu'il aimerait « voir les intérêts vitaux de ce pays dans les mains de quelqu'un qu'il comprend mieux et en qui par conséquent il a plus confiance ». Pressé par le président Gray, il conclut qu'il ne doute pas de l'honnêteté des intentions de Robert, mais que si c'est une question de « sagesse ou de jugement », alors « il serait plus sage de ne pas lui redonner son habilitation ». Décidément mal à l'aise, il coupe court à l'interrogatoire, ajoutant qu'il se sent lui-même « un peu confus sur cette question, en particulier en ce qu'elle se rapporte à une personne ayant le prestige et l'influence d'Oppenheimer ». « Puis-je m'en tenir à ces commentaires ? » supplie-t-il enfin. Le comité ayant accédé à cette requête, il se retourne vers Oppie, assis pendant toutes les auditions des témoins sur un canapé situé derrière la chaise où ils sont entendus, et lui dit simplement : « Je suis désolé. » Robert serre la main qu'il lui a tendue et lui fait cette réponse énigmatique : « Après ce que tu viens de dire, je ne vois pas de quoi tu parles. » Était-ce un trait d'ironie mordante ou peut-on y déceler l'esquisse d'un pardon

Robert Oppenheimer
et John von Neumann (1952).

sincère ? Faisait-il allusion à ce que Teller venait dire de son « prestige » et de son « influence » ? Quoi qu'il en soit, bien des amis d'Oppie ne seront pas aussi cordiaux avec le champion de la « super » : à Los Alamos, plusieurs refuseront dès lors de lui serrer la main et le traiteront en paria.

Un autre de ses anciens collègues l'accable, mais tout aussi prudemment : Luis Alvarez, qui comme la plupart des chercheurs du Rad Lab de Berkeley s'est rangé aux côtés de Teller et Lawrence. Il rapporte des propos que lui aurait tenus Oppenheimer quand furent menés les premiers tests en vue de la conception de la « super », espérant que ceux-ci échoueraient et attendant que le programme de la bombe H « meure de mort naturelle ». Ce qui revient à présenter son action comme un sabotage larvé. Quant à Lawrence lui-même, bien résolu lui aussi à témoigner à charge, il se désiste au dernier moment pour raisons de santé (une colite chronique qui lui sera fatale quatre ans plus tard). Le traitant de lâche, Strauss obtient tout de même qu'il rédige un témoignage écrit et accablant qui sera lu face au comité.

Un autre éminent scientifique va en revanche se révéler un soutien inattendu pour Oppie : « Johnny » von Neumann. Le génie mathématique d'origine hongroise est pourtant un partisan déterminé de la bombe H, à la réalisation de laquelle il a activement participé auprès de ses compatriotes Teller et Wigner, utilisant les prototypes d'ordinateurs de sa conception pour effectuer des calculs précis sur les premiers modèles théoriques. Souvent en désaccord sur les questions politiques avec Oppenheimer, qui est devenu son directeur à l'IAS de Princeton, c'est un anticommuniste convaincu depuis qu'il a été témoin des excès de l'éphémère régime de Belá Kun pendant sa jeunesse en Hongrie. Cependant, il a toujours entretenu de bons rapports avec Robert et il le soutient sans ambiguïté face à ses accusateurs.

Le même Von Neumann modélisera plus tard, dans le cadre de la théorie mathématique des jeux qu'il a contribué à développer avec l'économiste Oskar Morgenstern, la situation dans laquelle se trouveront les deux grandes puissances mondiales au plus fort de la prolifération des armes nucléaires. Elle sera baptisée d'une formule éloquente : « MAD » c'est-à-dire « fou », pour *Mutual Assured Destruction*, « Destruction mutuelle assurée ». Elle partait du principe que toute agression employant des armes thermonucléaires entraînerait une riposte équivalente, dans une course folle à l'anéantissement réciproque. C'était somme toute la version extrême de la doctrine de Bohr, défendue par Oppie lui-même à l'époque de la bombe A pendant et juste après la guerre : ces armes ne seraient pas utilisées, justement parce que leur utilisation équivaudrait à un suicide planétaire. Robert ne pouvait plus adhérer alors à cette logique démente, qui revient à faire un pari permanent sur la survie de l'espèce humaine. Son audition de sécurité aura d'ailleurs été l'occasion de clarifier tout à fait sa position sur ce point. Interrogé sur son opposition au projet de bombe H, il déclare qu'il avait « toujours pensé qu'il s'agissait d'une arme épouvantable. Même si d'un point de vue technique, c'était un travail exquis, adorable et sublime, j'ai toujours pensé que c'était une arme épouvantable ». Son exclamation lorsqu'il avait découvert le schéma de Teller-Ulam, le trouvant « techniquement délicieux », ne changeait donc rien à son opposition de principe au développement de cette bombe « génocidaire ».

L'actualité allait d'ailleurs lui donner raison : peu avant le début de son audition, le 1er mars, un nouvel essai de bombe thermonucléaire avait été mené dans l'atoll de Bikini. Baptisée « Bravo », cette bombe fonctionnait toujours sur le modèle Teller-Ulam, mais comme l'essai soviétique *Joe-4,* elle employait du lithium qui permettait de réduire sa masse et d'en faire une arme utilisable. À ceci près que, comme Oppie le martelait depuis des années, aucune cible n'aurait été assez grande pour son effrayante puissance de 15 mégatonnes, qui en fit la bombe la plus dévastatrice jamais déclenchée par les Américains – record qui ne sera dépassé que par les Russes avec l'essai *Tsar Bomba* de 1961, d'une puissance à peine imaginable, estimée entre 50 et 58 mégatonnes. Or les retombées de Bravo eurent des conséquences fâcheuses : l'équipage d'un bateau de pêche japonais qui se trouvait à plus de 100 kilomètres de l'explosion fut contaminé par un nuage de cendres radioactives. Les vingt-trois marins souffrirent tous du mal des rayons et l'un d'entre eux y succomba quelques mois plus tard.

Un amour trahi

Après l'audition des derniers témoins et un ultime interrogatoire d'Oppenheimer par Gray et Robb, l'audition se termine le 6 mai par la plaidoirie de Garrison, qui tente une dernière fois de défendre son client et de sauver son habilitation de secret-défense, sans laquelle il ne peut plus travailler pour l'AEC même en tant que consultant.

On peut se demander pourquoi cette accréditation d'accès au secret-défense revêtait une telle importance pour le père de la bombe atomique. N'avait-il pas exprimé son souhait de se retirer de la sphère politique ? Ne pouvait-il en profiter pour se consacrer à la science, à la recherche, à la direction de l'IAS ? Albert Einstein, qui depuis sa quasi-retraite de Princeton fut témoin du calvaire de son directeur, ne comprenait pas l'importance que celui-ci accordait à son rôle de conseil auprès des instances gouvernementales ou peut-être la comprenait-il trop bien, mais sans pouvoir la partager. Pendant la période où Oppenheimer se préparait pour son audition devant l'AEC, Einstein le vit un jour quitter son bureau, où il avait passé la matinée à préparer sa défense, pour regagner sa maison. Il le prit à part et lui dit qu'il pensait que l'attaque était si insultante qu'il estimait qu'il devait démissionner, ne pas se soumettre à cette chasse aux sorcières, et que si c'était ainsi que l'Amérique le remerciait pour ses services, il n'avait qu'à lui tourner le dos. Le père de la relativité était totalement réfractaire à tout patriotisme d'où qu'il vienne, à tout abus d'autorité et en particulier à la machinerie militaire. S'il était reconnaissant d'avoir été accueilli par les États-Unis après son exil d'Allemagne, il voyait avec une inquiétude grandissante la montée du maccarthysme, dont les plus éloquents fanatiques l'avaient depuis longtemps stigmatisé comme un dangereux subversif. Comme il le dit à un ami, « Oppenheimer n'est pas un tzigane comme moi. Je suis né avec une peau d'éléphant, personne ne peut me blesser. » Le vieux génie avait bien décelé la faille chez son collègue et directeur. Sous sa façade d'arrogance et de superbe, Oppie était toujours l'étudiant angoissé et isolé de Harvard et de Cambridge, voire même l'adolescent bizuté du camp de vacances. Cette profonde faille ne demandait qu'à refaire surface à la moindre crise.

Bien qu'Oppenheimer semblât avoir depuis longtemps perdu toute illusion, le couperet tomba avec la publication des attendus du comité Gray le 27, puis du verdict de l'AEC le 29 mai 1954 : par quatre voix contre une, les commissaires à l'énergie atomique refusaient de lui restituer son habilitation de sécurité. Sur les trois membres du comité d'examen de son habilitation, seuls deux avaient recommandé cette décision. Tous s'accordaient à reconnaître qu'il n'avait jamais été déloyal envers son pays – en d'autres termes qu'il n'avait pas espionné au profit de l'URSS. Selon les deux avis qui lui étaient défavorables, il était trop influençable (une allusion à ses revirements dans la dénonciation de Peters notamment), trop peu sensible aux exigences de la sécurité et, surtout, il avait de son propre aveu délibérément menti aux autorités militaires. C'étaient donc surtout ses affabulations pendant la guerre, lors de sa dénonciation d'Eltenton, puis de Chevalier, qui avaient scellé son sort.

Craignant que l'AEC, dont il était pourtant le président, désavoue cette décision malgré l'avis majoritairement défavorable mais uniquement consultatif du comité Gray, Strauss avait fait rédiger par Nichols un compte-rendu encore plus virulent qui n'en respectait pas les attendus. Jusqu'au bout, les ennemis d'Oppenheimer auront fait fi des règles de la démocratie et de la plus élémentaire décence. Strauss ira jusqu'à organiser une fuite volontaire de l'imposant compte-rendu de l'audition, prétendant l'avoir égaré pour justifier son impression sous forme d'un livre. Son acharnement n'eut pas l'effet escompté, car en faisant de Robert un paria, il l'éleva aussi au rang de martyr.

Lorsqu'il apprit le verdict de l'audition, Abraham Pais, qui était alors chercheur à l'IAS, vint trouver Einstein (dont il sera un des plus grands biographes) pour préparer avec lui la déclaration que la presse ne manquerait pas de solliciter. Face à un Pais interloqué, Einstein se mit à glousser. « Le problème avec Oppenheimer, c'est qu'il aime une femme qui ne l'aime pas en retour : le gouvernement des États-Unis. » Selon lui « tout ce qu'il avait à faire était d'aller à Washington, de dire aux officiels qu'ils étaient des imbéciles et de rentrer chez lui». Il n'en était pas moins peiné pour Oppie et communiqua aux journaux un message de sympathie.

Un homme brisé

À l'annonce de la nouvelle, l'opinion publique est en effet plutôt favorable au père de la bombe atomique. En voulant étaler sa disgrâce sur la place publique, Strauss et ses alliés vont en faire un symbole des excès du maccarthysme. La parodie de procès à laquelle ils l'ont soumis va se retourner contre eux. Des pétitions affluent à l'AEC qu'Einstein, outré par le verdict, renomme avec une ironie rageuse *Atomic Extermination Conspiracy*, «Conspirations pour l'extermination atomique». Deux cent quatre-vingt-deux scientifiques travaillant à Los Alamos, puis mille cent dans le pays entier, protestent contre la décision et l'audition inique qui l'a motivée. À Los Alamos encore, plusieurs physiciens tournent le dos à Teller, qui est dès lors considéré comme un Judas par une partie de leur communauté. Il n'en remplacera pas moins Oppenheimer auprès des médias dans le rôle du «professeur atomique». Son accent hongrois à couper au couteau et ses propos volontiers provocateurs en faisaient un bon client, et il ne montrait aucun des scrupules éthiques qui rongeaient tant son ancien directeur de Los Alamos.

De son côté, Oppie reçut des manifestations de soutien de nombreuses personnalités américaines et du monde entier. Malgré ces témoignages de sympathie, il était profondément meurtri par cette épreuve, par l'étalage de ses maladresses, voire de ses bassesses et de sa vie privée, et surtout par le désaveu qu'elle représentait de la part d'un pays qu'il a toujours servi loyalement. Quand George Kennan, un ancien ambassadeur en URSS et ami d'Oppie qui avait été un soutien pendant son calvaire, tenta de le rassurer en lui disant qu'il pourrait trouver des postes prestigieux n'importe où dans le monde, où les plus grandes universités seraient ravies de l'accueillir, il lui

Robert Oppenheimer entouré de ses enfants, Peter et Katherine, à Princeton.

répondit les larmes aux yeux : « Nom de Dieu, il se trouve que j'aime ce pays. » D'après sa fidèle secrétaire, Verna Hobson, « cet amour était aussi profond que son amour de la science ». Il ne choisit donc pas l'exil, d'autant plus que les administrateurs de l'Institut d'étude avancée avaient décidé de le réélire à sa direction le 1er octobre – faisant enrager Lewis Strauss, qui espérait l'éjecter aussi de ce poste.

Toutefois, la disgrâce de son audition de sécurité laissa sur lui une marque indélébile, qui rejaillit également sur sa famille. Kitty, qui avait pourtant fait montre d'un courage et d'une force morale exemplaires lorsqu'elle avait dû s'expliquer sur son passé communiste pendant l'audition, se laissant bien moins facilement intimider que son époux par le redoutable Robb, était de plus en plus portée sur la boisson. Souvent ivre, elle a parfois des accès de rage au cours desquels elle lance des objets à travers les pièces. Robert est physiquement marqué par l'épreuve qu'il a dû traverser. Vieilli prématurément, alors qu'il n'est âgé que de 50 ans, il n'est plus que l'ombre de lui-même. Ses cheveux ont blanchi et son visage est sillonné de rides. Quant à leurs enfants, Peter et Toni, pour lesquels ils n'étaient déjà pas des parents très présents ni chaleureux, ils subirent de plein fouet le battage médiatique autour de l'audition de leur père et les répercussions qu'elle eut sur le couple Oppenheimer. Peter, garçon sensible, mais pas aussi porté sur les études que son père, était déjà rejeté par sa mère depuis sa plus tendre enfance. Adolescent, il est aussi mis à l'écart par Robert et se replie sur lui-même, apparaissant aux visiteurs comme effacé. Toni fait quant à elle figure de fille modèle et docile, mais elle est profondément perturbée et émotionnellement fragile, en proie aux humeurs orageuses de sa mère et à l'indifférence de son père.

Après l'épreuve infligée à Robert, toute la famille part pour Saint John, dans les îles Vierges américaines, essayant d'oublier les tourments de Washington et la curiosité des journalistes. Sans compter la surveillance du FBI, qui ne s'est pas relâchée ! L'impitoyable Lewis Strauss a même demandé à la resserrer, craignant que les vacances d'Oppie sur les plages paradisiaques ne soient l'occasion de le faire exfiltrer par un sous-marin soviétique pour un exil de l'autre côté du rideau de fer ! Les Oppenheimer reviendront par la suite à Saint John plusieurs fois chaque année et se feront construire une maison en bord de plage en 1960. Peter finit par ne plus se joindre à ces escapades, préférant la cabane de Perro Caliente délaissée par son père, mais Toni tomba amoureuse du lieu, de ses habitants et de sa musique. Avec sa femme et sa fille, Oppie renoua avec une ancienne passion : la navigation. Les Oppenheimer profitaient de leurs longs et fréquents séjours à Saint John pour prendre la mer parfois pendant plusieurs jours d'affilée.

Tragédie ou farce ? Le drame d'une vie

Plus encore peut-être que le traumatisme de son bannissement des instances gouvernementales, c'est la culpabilité accablante qu'il ressent depuis Hiroshima et Nagasaki qui marquera ses dernières années. Il afficha pourtant une attitude ambiguë sur cette question. Il n'exprima jamais de regrets pour avoir participé à la construction des bombes atomiques qui provoquèrent la mort de près de deux cent mille personnes. Vers la fin de sa vie, répondant aux questions des auditeurs après une conférence qu'il avait prononcée à Genève en 1964, il déclara même que si l'occasion se représentait, dans les mêmes conditions, mais en sachant tout ce qui s'ensuivrait, il accepterait de nouveau de développer la bombe.

Comment interpréter cette nouvelle énigme du sphinx Oppenheimer ? Une clé se trouve peut-être dans la distinction qu'il faisait entre culpabilité et responsabilité, car dire qu'il assumerait de nouveau la direction du projet *Y* ne signifie pas qu'il ne portait pas le poids de ses conséquences. Dans une conférence donnée à Berlin en 1960, il revient sur l'enseignement du *Bhagavad-Gîtâ* où Vishnou explique au prince Arjuna que les scrupules qu'il a à tuer ses semblables sont vains et qu'il devrait se libérer des chaînes de l'attachement. « Si je ne peux pas être réconforté par les arguments de Vishnou à Arjuna », avoue le physicien pourtant féru de poésie sanskrite et de sagesse hindoue, « c'est parce que je suis trop juif, bien trop chrétien, bien trop Européen, beaucoup trop Américain[5]. Je crois au sens de l'histoire humaine, à notre rôle dans cette histoire et par-dessus tout, à notre responsabilité. » Assumer la responsabilité de ses actes : c'est peut-être là tout le sens de l'existence du physicien, et plus encore dans ses dernières années.

Oppenheimer devenu une figure publique et symbolique, son audition face à l'AEC a fait en 1964 l'objet d'une adaptation théâtrale par le dramaturge allemand Heinar Kipphardt (1922-1982) : *In der Sache J. Robert Oppenheimer*. D'abord diffusée à la télévision allemande, elle fut ensuite représentée dans plusieurs grandes villes allemandes et européennes où elle rencontra un certain succès. En

5. Le texte original comprend une gradation qu'il est difficile de rendre en français, mais qui s'avère très révélatrice de la personnalité d'Oppenheimer. Il ajoute chaque fois un degré dans les superlatifs (« *too much* », « *much too much* », « *far too much* »), laissant entendre qu'il est, plus que tout, Américain (et aussi qu'il est plus « chrétien » que « juif »).

découvrant ce texte, Oppenheimer avait été très agacé et même outré par une tirade à la fin de la pièce, où son personnage déclarait :

> « Je commence à me demander si nous n'avons pas peut-être été des traîtres envers l'esprit de la science quand nous avons livré le résultat de nos recherches aux militaires… Je ne travaillerai jamais plus sur des projets de guerre. Nous avons fait le travail du diable. »

Il écrivit une lettre offusquée à l'auteur, lui reprochant de lui faire dire « des choses que je ne croyais pas alors et ne crois pas maintenant ». Il lui rappela que la bombe atomique n'avait pas eu la primeur du meurtre de masse, précédée qu'elle avait été par les bombardements « classiques » à grande échelle et les camps d'extermination : « Il me semble que vous avez peut-être bien oublié Guernica, Dachau, Coventry, Belsen, Varsovie, Dresde, Tokyo. Moi non. » Il conclut sur un ton rageur : « Si vous trouvez nécessaire de mal comprendre et de mal représenter votre personnage principal, vous devriez peut-être écrire sur quelqu'un d'autre. » Il menace clairement Kipphardt et ses producteurs de poursuites judiciaires. Cet avertissement était sérieux. Lorsqu'il adapta le texte en français, Jean Vilar l'expurgea des passages dénoncés par Oppenheimer – dont un autre, dans lequel Kipphardt faisait dire à Robert que Bohr désapprouvait le projet *Y* en ce qu'il risquait d'asservir la science aux militaires, ce qui est historiquement faux – et s'en tint au texte de la transcription. S'il espérait qu'ainsi le résultat apaise le courroux d'Oppie, les critiques reprochèrent à Vilar d'avoir été « trop littéral », l'auteur original cria à la trahison et le spectacle eut peu de succès. L'année suivante, en 1965, Oppenheimer parvint à faire annuler deux productions de la pièce, l'une à Londres en février et l'autre à New York en octobre. Dans une lettre d'avertissement au producteur anglais, il ajouta qu'il trouvait les passages inventés par Kipphardt « antiaméricains » !

Une fois encore, son amour pour son pays semblait plus fort que tout, comme s'il craignait de se voir encore accusé de l'avoir trahi… L'adaptation anglaise finit cependant par être jouée à Londres puis à New York peu après, et remporta un grand succès. Dix ans après les faits, elle permit à une nouvelle génération de découvrir Oppie et son calvaire.

Non seulement les paroles que lui prêtait la pièce étaient apocryphes et n'apparaissent nulle part dans les transcriptions où elle puisait pourtant l'essentiel de son matériau – elle porte d'ailleurs le même titre que la version publiée des minutes de l'audition : *In the Matter of J. Robert Oppenheimer*, « Sur le cas de J. Robert Oppenheimer ». Elles lui paraissaient de surcroît inutilement mélodramatiques : « Toute cette satanée affaire était une farce et ces gens essaient d'en tirer une tragédie », se plaignit-il dans une interview au *Washington Post*. On ne peut lui donner entièrement tort car avec ses règles du jeu truquées, cet épisode crucial de sa vie eut tout d'une farce ubuesque, kafkaïenne, glaçante, mais néanmoins une farce. Pourtant, la fin de sa vie révéla aussi toute la dimension tragique de son personnage et de son destin.

Un autre dramaturge, bien plus célèbre, s'intéressa également à lui au début des années 1960 : Arthur Miller (1915-2005), l'auteur de la pièce *The Crucible*, « Les Sorcières de Salem » de 1953, une œuvre qui était devenue un symbole de la protestation contre la chasse aux sorcières de l'époque maccarthyste. Hanté par le souvenir d'Hiroshima, l'écrivain caressait alors le projet d'une pièce sur le thème de la bombe atomique. Il s'interrogeait notamment sur le dilemme moral qui s'était posé aux scientifiques du projet *Manhattan*. Ce n'était pas, selon lui, le simple sentiment de culpabilité qui l'intéressait, mais « le lien, ou l'absence de lien, que le scientifique établissait avec sa propre vie ». Après s'être entretenu avec Hans Bethe, il rendit visite à Oppenheimer à Princeton. Il décrivit plus tard dans son autobiographie un homme « visiblement déprimé », accompagné d'une Kitty « mourante » (sic !) et qu'il appelait encore « Dallet » du nom de son second époux, croyant peut-être qu'il s'agissait de son second prénom ! Pendant leur entretien, il trouva le physicien sur ses gardes, ne lui délivrant que des réponses neutres et vagues. Quand il lui demanda si « nous avions tendance à étouffer nos relations, et donc à fermer notre psychisme, aux actions qu'il nous était difficile de justifier », Robert lui répondit « visiblement ému » et « avec une expression » qui parut à l'écrivain « être celle d'une intense vulnérabilité », mais en le regardant droit dans les yeux « avec une calme détermination », que « ce n'était pas toujours vrai ». « En d'autres termes, il souffrait réellement », conclut Miller. Comme les pièces de Shakespeare qu'il admirait tant, son histoire avait peut-être elle aussi mêlé farce et tragédie, dans ce mélange inextricable de tragicomique qu'est le drame. Miller abandonna son projet de pièce sur la bombe, mais cette rencontre nourrit ses réflexions sur la différence entre culpabilité et responsabilité.

Une réhabilitation tardive

Avec le retour au pouvoir des démocrates à la suite de l'élection de John F. Kennedy (1917-1963) à la présidence en 1961, le besoin se fit sentir de réhabiliter Oppie et de laver l'affront qui lui avait été fait. Il fut même question de rétablir son habilitation de sécurité, mais l'administration Kennedy n'osa pas aller jusque-là. L'élection, remportée contre le candidat républicain Richard Nixon, ancien vice-président d'Eisenhower, avait été serrée et Oppenheimer avait encore des ennemis puissants, même si le premier d'entre eux, Lewis Strauss, était à son tour tombé en disgrâce. Il avait été remplacé à la tête de l'AEC en 1958 et son successeur avait réexaminé le dossier Oppenheimer. Cette contre-enquête avait fait apparaître les nombreuses irrégularités de l'audition de sécurité tenue quatre ans plus tôt. Or Strauss, qui devait être nommé secrétaire au Commerce par Eisenhower en 1959, dut se soumettre à son tour à une audition devant un comité du Sénat. Il subit somme toute la même épreuve qu'il avait infligée à Oppie, questionné sans ménagement et soumis à un examen serré de sa carrière. L'acharnement dont il avait fait preuve pour faire révoquer l'habilitation de sécurité de Robert, ainsi que l'iniquité de ses procédés dans cette affaire, pesa lourd dans le résultat du vote soumis au Sénat le 19 juin 1959 : la nomination de Strauss fut rejetée, mettant fin à sa carrière politique.

Lors d'une réception prestigieuse donnée à la Maison-Blanche en l'honneur de quarante-neuf lauréats du prix Nobel et à laquelle Robert avait été convié aux côtés d'autres sommités non « nobélisées », son ancien collègue Glenn Seaborg (1912-1999), qui venait d'être nommé président de l'AEC, l'informa qu'il avait toutes les chances de se voir restituer son habilitation de sécurité s'il acceptait de passer de nouveau devant un comité d'examen. Sa réponse fut sans appel : « Jamais de la vie ! »

Seaborg lui apprit également qu'il était pressenti pour être le nouveau lauréat du prix Fermi. Cette distinction délivrée par l'AEC avait été créée en hommage au physicien italien l'année de sa disparition, en 1954. Elle récompensait les chercheurs ayant œuvré au progrès de la physique nucléaire et avait été décernée à beaucoup des anciens employés et collègues d'Oppie à Los Alamos et à Berkeley : Fermi (à titre posthume), Von Neumann, Lawrence, Seaborg ou encore Bethe. Le prix devait lui être remis le 2 décembre 1963 par Kennedy en personne, mais celui-ci fut assassiné le 22 novembre, et c'est des mains de son vice-président et successeur par intérim Lyndon Johnson (1908-1973) qu'il reçut la médaille, la plaque et le chèque de 50 000 dollars qui lui étaient destinés. Il fut félicité par le lauréat de l'année précédente, qui n'était nul autre qu'Edward

En 1963, le président Lyndon Johnson décerne à Robert Oppenheimer le prix Fermi pour ses travaux et ses contributions « à la physique théorique en tant qu'enseignant et créateur d'idées, et pour la direction du laboratoire de Los Alamos et du programme d'énergie atomique pendant les années critiques ».

Le prix Fermi remis à Robert Oppenheimer

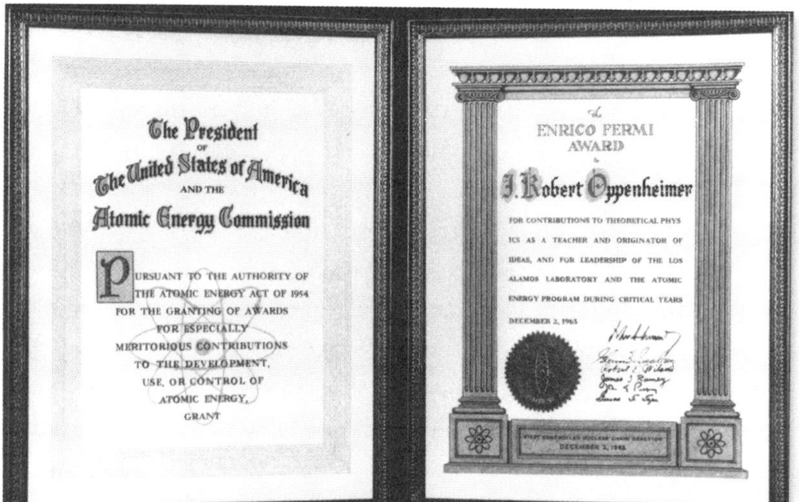

Teller. Sur une photo éloquente, on le voit accepter avec le sourire et une bonne grâce apparente la main tendue par le tempétueux Hongrois, comme il l'avait fait neuf ans plus tôt devant le comité de l'AEC. Kitty, qui se tient à ses côtés, fusille quant à elle du regard celui qui avait alors recommandé à ses juges de ne pas rétablir son habilitation.

Derniers feux scientifiques

S'il n'a plus voix au chapitre dans la politique nucléaire et militaire de son pays, Oppie reste une célébrité et un scientifique révéré. Libéré de ses charges auprès du gouvernement, il se consacre à l'IAS, donne des conférences dans le monde entier où il collectionne les honneurs et les doctorats *honoris causa*, publie nombre d'articles et participe à des émissions de télévision dont certaines contribuèrent davantage à sa célébrité que le projet *Manhattan,* Hiroshima, Nagasaki ou la révocation de son habilitation de secret-défense réunis.

La vulgarisation lui tient particulièrement à cœur, ainsi que la réunification d'une culture fragmentée par la spécialisation croissante. Ses discours abordent volontiers des sujets philosophiques ou psychologiques et il se livre même parfois, ce qui était très rare chez lui, à l'introspection.

Il évoque occasionnellement la question de l'armement nucléaire, mais jamais ses démêlés avec l'AEC et le scandale de son audition de sécurité. Ni revendicateur ni polémiste, il est bien loin de l'activiste qu'il avait été dans les années 1930. Il n'hésite pas à évoquer les dangers que continue de faire courir à l'humanité l'escalade dans la course aux armes nucléaires, mais il se tient à l'écart des mouvements antinucléaires proprement dits.

Certes, sa carrière scientifique est derrière lui. Après la guerre, il n'a cosigné que quelques articles avec des étudiants de Princeton qu'il avait pris sous aile. Il a surtout joué le rôle d'un « accoucheur » et d'un organisateur, d'un catalyseur, dans une des plus belles réalisations de la physique de l'après-guerre : la renormalisation de la QED, opérée indépendamment et presque simultanément par Julian Schwinger, Richard Feynman et Sin-Itiro Tomonaga – sans oublier le rôle déterminant joué par Freeman Dyson, qui ne partagea pourtant pas le prix Nobel avec ces trois physiciens. En organisant pendant trois années d'affilée, de 1947 à 1949, des colloques consacrés à cette question, il contribua à révéler les travaux de ces jeunes physiciens et à stimuler leurs discussions. Leurs efforts firent sortir l'électrodynamique quantique de l'impasse où elle se trouvait depuis sa première formulation par Dirac (dont Oppenheimer avait contribué à révéler les failles) pour l'élever au statut d'une des théories les plus solides et les plus efficaces de toute la science physique.

Un autre domaine sur lequel il aurait sans doute voulu pouvoir travailler davantage concernait la physique des particules, qui était au premier rang de ses intérêts scientifiques avant que le projet *Manhattan* ne l'accapare. Il se passionnait tout spécialement pour la nature mystérieuse d'une particule appelée méson, qui semblait narguer la sagacité des chercheurs. En 1934, le physicien théoricien japonais Hideki Yukawa (1907-1981) publia un article où il tentait de comprendre la nature de la force qui assure la cohésion des particules dans le noyau atomique. Il avait alors émis l'hypothèse que cette interaction nucléaire forte – dont le potentiel énergétique serait libéré avec la violence que l'on sait dans le désert d'Alamogordo, puis sur Hiroshima et Nagasaki – était « portée » par une particule encore inconnue, de la même manière que le champ électromagnétique était généré par les photons. Il prédit que cette particule devait avoir une masse située entre celles de l'électron et du proton et que l'on devait pouvoir la détecter dans les rayons cosmiques. C'est effectivement ce que crurent bien avoir réalisé Carl Anderson et Seth Neddermeyer l'année suivante avant même d'avoir eu connaissance

Oppenheimer dans son bureau de Princeton (1956).

des travaux de Yukawa qui, publiés dans une revue japonaise, échappèrent pendant plusieurs mois aux physiciens américains (à l'exception d'Oppenheimer, à qui l'auteur avait envoyé son article). À la suite d'une expédition dans les montagnes Rocheuses, ils avaient découvert dans les rayons cosmiques la trace d'une particule de masse intermédiaire entre l'électron et le proton. Baptisée d'abord « mésotron », puis « méson », il s'avéra que cette particule en cachait en réalité deux bien distinctes : celle détectée dans les rayons cosmiques fut renommée « μ-meson » (mu-méson), puis muon, tandis que sa jumelle, porteuse de l'interaction forte, fut rebaptisée « π-meson » (pi-méson), et finalement pion. À ces deux mésons vinrent encore s'en ajouter d'autres, dont les φ (tau) et τ (thêta) !

Il fallut encore des années pour démêler l'écheveau de ce qu'Oppenheimer appela le « zoo des sous-particules », dont les revues de physique semblaient faire une nouvelle moisson chaque mois. Le problème du méson devint pour lui une véritable obsession, qui fut brutalement interrompue par son immersion dans le

De gauche à droite : Niels Bohr, Hideki Yukawa, Sumi Yukawa et Robert Oppenheimer (1958).

projet *Manhattan*. Il joua cependant un rôle déterminant dans ce domaine de recherche par ses contributions personnelles, mais aussi en attirant l'attention de ses collègues sur les travaux de Yukawa. Après la guerre, il accueillit le savant japonais à l'Institut de Princeton pendant l'année 1948 et exprima un temps le souhait de collaborer avec lui à résoudre le mystère des mésons. L'année suivante, Yukawa quitta l'IAS pour l'université Columbia et fut en 1949 le premier Japonais à remporter un prix Nobel pour avoir prédit l'existence du méson (ou plutôt des mésons).

Le mystère qui entourait encore les mésons fut finalement éclairci par deux autres génies venus d'Asie, les Chinois Chen-Ning Yang (né en 1922) et Tsung-Dao Lee (né en 1926). Yang fut engagé par Oppenheimer à Princeton en 1949, où il fut rejoint en 1951 par son compatriote Lee, qu'il avait rencontré auparavant à l'université de Chicago. Si Oppenheimer ne collabora pas directement à leur succès, il était très fier de les avoir recrutés (Yang pour un poste de titulaire, Lee pour un séjour de deux ans) et de leur avoir permis de travailler ensemble. Ils partagèrent le prix Nobel de physique en 1957, le premier attribué à des scientifiques chinois.

Malgré le rôle qu'il avait joué dans toutes ces découvertes, Oppie ne put poursuivre personnellement ses recherches ni produire de nouvelles contributions significatives en physique théorique. Il restera sans doute un des plus grands physiciens à n'avoir jamais reçu le prix Nobel. Cette lacune, qui avait déjà été pointée par Groves au moment de l'engager dans le projet *Manhattan*, peut être attribuée à des causes multiples. D'une part à son tempérament, déjà noté par Pauli dans sa jeunesse, qui l'empêchait de « tenir en place », réalisant des percées fulgurantes et brillantes sur un sujet sans l'approfondir suffisamment avant de passer aussitôt à un autre. Outre son impatience flagrante, ce travers était peut-être aussi lié à une forme d'incertitude profonde : à peine avait-il énoncé une esquisse de théorème qu'il doutait aussitôt de sa valeur. Cependant, s'il ne fut pas « nobélisé », c'est sans doute aussi pour des raisons historiques et politiques : son statut de père de la bombe atomique, puis celui de paria soupçonné de sympathies communistes voire d'intelligence avec l'ennemi était trop sulfureux, trop embarrassant pour lui décerner le prestigieux prix. Lui qui n'était pas insensible aux honneurs et qui avait tout au long de sa carrière côtoyé une impressionnante collection de « nobélisés », actuels ou futurs, que pour certains il avait accompagnés dans la voie du succès, n'a pu que ressentir de l'amertume en manquant ainsi au palmarès. C'est peut-être aussi ce qui lui avait valu la critique acerbe et injuste d'André Weil lorsqu'il le présentait comme un second couteau aigri de la physique.

« Goodbye Pork Pie Hat[6] ! »

Oppenheimer finit par être épuisé par ses conflits avec Weil et certains de ses collègues qui lui reprochaient de vouloir « humilier les mathématiciens » en raison de la politique d'ouverture interdisciplinaire qu'il avait voulu appliquer à Princeton. Le 15 avril 1965, il annonça donc son intention d'abandonner la présidence de l'institut l'année suivante tout en conservant son poste au sein du département de physique. Malheureusement en février 1966, ses médecins lui diagnostiquèrent un cancer de la gorge. Un traitement de radiothérapie commencé en avril eut des résultats prometteurs et il fut libéré de ses fonctions de directeur en juin. Mais la maladie récidiva quelques mois plus tard et son état déclina alors rapidement. Il succomba dans son sommeil dans la soirée du 18 février 1967. Suivant ses dernières volontés, il fut incinéré et ses cendres jetées

6. Titre d'un standard du jazz enregistré en 1959 et écrit par Charles Mingus, en hommage au saxophoniste Lester Young, qui partageait les goûts d'Oppie en matière de couvre-chefs.

en mer au large de sa maison de vacances de Saint John dans les îles Vierges. La maison a été détruite, mais la plage qui la bordait a été rebaptisée « Oppenheimer Beach ».

Kitty, rongée par le chagrin et l'alcool, ne lui survécut que cinq ans. Alors qu'elle avait entrepris une croisière autour du monde en compagnie de Robert Serber, l'ancien étudiant et bras droit de son défunt mari, elle tomba gravement malade en pleine mer et dut être hospitalisée d'urgence à Panama City, où elle mourut le 27 octobre 1972.

Toni, qui se retrouvait orpheline et perdue, vécut une vie assez malheureuse et tourmentée. Très à l'aise avec les langues étrangères comme l'avait été son père, elle avait obtenu un poste provisoire de traductrice aux Nations unies en 1969, mais le passé familial l'avait rattrapée. Pour être titularisée, elle devait obtenir une habilitation de sécurité, qui fut rejetée par le FBI. Deux fois divorcée, en proie à de graves crises de dépression, elle finit par mettre fin à ses jours et fut retrouvée pendue dans la maison de vacances de sa famille à Saint John en juin 1977.

Peter se retira au Nouveau-Mexique où il travailla comme charpentier et où il passe aujourd'hui une retraite paisible. Père de trois enfants, il s'est toujours tenu éloigné du battage médiatique qui entourait son illustre père. Militant écologiste et anti-nucléaire, il a notamment lutté contre la contamination due aux déchets radioactifs dans sa région, intimement liée à l'énergie atomique.

Après dix ans passés à élever du bétail dans son ranch, Frank obtint de nouveau un poste en physique en 1959, à l'université du Colorado. En 1965, il se vit allouer une bourse pour poursuivre des recherches sur les chambres à bulles (des appareils qui permettent de suivre les trajectoires de particules élémentaires) à Londres. Il œuvra aussi beaucoup à faire découvrir la science au grand public. Il fonda avec sa femme Jackie un musée pédagogique, inspiré notamment par leur visite au palais de la Découverte fondé en 1937 à Paris. Inauguré à San Francisco en août 1969, l'Exploratorium proposait non seulement des expositions mais aussi des animations et des ateliers interactifs. Frank en fut le premier directeur et un promoteur enthousiaste de la science pour tous, montrant ainsi qu'il n'avait rien renié de l'idéal d'égalité et de justice sociale qui l'avait amené quarante ans plus tôt à s'inscrire au Parti communiste. Gros fumeur comme son frère aîné, après avoir été traité avec succès pour un lymphome en 1977, il succomba à un cancer du poumon en 1985.

Chapitre 9

QUE RESTE-T-IL D'OPPIE ?

« Je ne saurai jamais qui était Robert Oppenheimer. »
VIRGINIE OLLAGNIER, *Ils ont tué Oppenheimer* (2022)

Arrivés au terme de ce parcours de vie tortueux, trépidant et tragique, nous devons nous rendre à l'évidence : bien qu'il ait été l'un des scientifiques les plus suivis, scrutés, écoutés et enregistrés de l'histoire, Oppie demeure bel et bien une énigme. Au-delà du cliché – évidemment vrai, comme tous les clichés – qui veut que chaque être humain reste un mystère, le physicien est réellement plus difficile à décrypter que le commun des mortels. Il offre des visages contrastés, ses actions et ses discours semblent souvent se contredire, et s'il fut un personnage public autant qu'un homme traqué, il ne se livrait que très rarement sur sa personnalité intime, sa nature profonde.

Parmi les nombreux paradoxes qui dessinent ce portrait éclaté, cubiste pourrait-on dire, il y a le fait que ce pur théoricien, que la physique ne semblait intéresser que lorsqu'elle se mouvait dans les hautes sphères de l'abstraction, celle des rayons cosmiques et des particules élémentaires, ait été avant tout célèbre pour avoir dirigé la construction de la plus violemment concrète et de la plus cruellement « pratique » des réalisations de la physique du XXe siècle. Qu'après avoir eu tant de mal à fixer sa curiosité insatiable sur un sujet de recherche constant, il passa plus de deux ans comme dans un tunnel, tendu vers un but unique.

Une contradiction tout aussi saisissante est qu'il soit passé à la postérité comme le directeur d'un des plus colossaux projets scientifico-militaires de l'Histoire. Lorsqu'ils apprirent l'explosion de la bombe d'Hiroshima, les physiciens allemands qui avaient été impliqués dans le projet concurrent pour le IIIe Reich, dont Otto Hahn et Werner Heisenberg, et qui peu avant avaient été capturés et assignés à résidence en Angleterre, furent particulièrement abasourdis en entendant à la radio le budget englouti par le projet *Manhattan* : 2 milliards de dollars – ce qui équivaudrait aujourd'hui en tenant compte de l'inflation à plus de 25 milliards de dollars ! Ils comprirent alors que leur pays, dont les richesses étaient déjà accaparées par ses conquêtes militaires et sa démence exterminatrice, n'aurait jamais pu mener à bien une telle entreprise.

Mais Oppie ne fut pas, par ailleurs, un champion de cette Big Science dont son ami d'avant-guerre et collègue de Berkeley Ernest Lawrence avait été un précurseur, mais qui ne prit véritablement son essor qu'à Oak Ridge, Hanford, Chicago et Los Alamos. Il avait passé toute sa carrière dans la physique théorique, et pendant les vingt dernières années de sa vie, il avait été directeur et résident d'un institut qui se targuait d'avoir pour tout équipement des craies et des tableaux noirs, du papier et des crayons, et accessoire indispensable de tout théoricien selon Einstein, de grosses corbeilles à papier ! Seul John von Neumann fit exception à la règle avec son imposant ordinateur qui à l'époque occupait tout un laboratoire à Princeton. Par l'un de ces tours ironiques dont l'Histoire a le secret, c'est Eisenhower, dont la présidence représenta pour Oppenheimer le temps de la disgrâce et de l'humiliation, qui dans son discours de fin de mandat en 1961 avait introduit l'expression de « Complexe militaro-industriel » et mis en garde ses compatriotes contre le pouvoir croissant qu'il représentait. Sur ce point, les deux hommes seraient tombés d'accord, même si les progrès mêmes de la physique avaient rendu quasiment inéluctable l'hégémonie de la Big Science.

Dr Oppenheimer et M. Oppie

Quelle image retenir de cet homme aux multiples visages? Le respectable mais austère « docteur Oppenheimer » (en France, on disait plutôt « professeur Oppenheimer », le titre de « docteur » étant chez nous réservé aux médecins), avec ses répliques cinglantes et son habitude de couper la parole à tout le monde? Ou le débonnaire « Oppie » qui invitait sans cérémonie ses étudiants au restaurant ou à son domicile, l'archétype du « prof cool » qui conduisait comme un fou et s'amusait à doubler des trains avec sa voiture, au point d'avoir eu plusieurs accidents qui auraient pu être très graves?

Au moins peut-on rejeter quelques-uns des faux masques dont l'a affublé la légende populaire. Le « père de la bombe atomique »? Un raccourci bien commode, mais abusif, qui risque de faire oublier qu'il ne l'avait ni inventée, ni initiée, ni « accouchée » tout seul, loin de là.

En 1964 sortit le film de Stanley Kubrick *Dr Folamour* (*Dr Strangelove*, sous-titré *How I Learned to Stop Worrying and Love the Bomb*, « Comment j'ai appris à arrêter de me faire du souci et à aimer la bombe »), qui évoquait avec un humour noir dévastateur la possibilité d'un holocauste nucléaire. Adaptant un roman d'anticipation de Peter George, *120 minutes pour sauver le monde*, Kubrick et ses scénaristes y avaient ajouté le personnage titre qui n'apparaissait pas dans le livre. Il s'agissait d'un scientifique d'origine allemande dont le nom, Merkwürdige Liebe, avait été américanisé à la suite de sa naturalisation. Interprété avec toute sa géniale folie par l'acteur anglais Peter Sellers (qui incarne pas moins de deux autres personnages dans le film, dont le président américain), Folamour s'exprime avec un accent germanique caricatural et un rictus figé. Personnage inquiétant, sans scrupules ni sens moral, il est prisonnier d'un fauteuil roulant, porte des gants et des lunettes noires. Sa main droite esquisse un salut nazi dès qu'il en perd un instant le contrôle et il laisse échapper plusieurs « *Mein Führer* » en s'adressant au président des

Affiche de Toni Ungerer pour le film de Stanley Kubirck, *Dr Strangelove* (1964).

États-Unis. On comprend qu'il est donc un des savants allemands compromis avec le régime d'Hitler, puis « blanchi » en échange de sa collaboration avec les États-Unis alors engagés dans la guerre froide. Il s'agit d'une allusion limpide à l'opération *Paperclip*, qui avait consisté à récupérer ainsi les cerveaux du IIIe Reich.

Parmi les personnages qui auraient pu inspirer le sinistre et hilarant Dr Strangelove, le plus évident est Wernher von Braun (1912-1977), qui avait développé non pas l'arme nucléaire, mais les fusées V12, d'abord destinées à un usage militaire en permettant des bombardements ciblés à très longue distance. C'est d'ailleurs la seule inspiration que reconnut le réalisateur. Toutefois, certains spectateurs et critiques n'hésitèrent pas à deviner les traits d'autres scientifiques derrière ce personnage diabolique qui tire dans l'ombre les ficelles de l'apocalypse thermonucléaire. Les plus souvent évoqués sont John von Neumann et, surtout, Edward Teller. Tous les deux nés en Hongrie, ils avaient étudié et travaillé en Allemagne et leur accent pouvait présenter des intonations trompeusement germaniques. Naturalisés Américains, ils avaient fui l'Europe face à la montée du nazisme et ils détestaient autant le Reich hitlérien que la Russie soviétique. Il est vrai qu'ils avaient tous deux fortement contribué au développement de la bombe H et qu'ils affichaient l'un comme l'autre une absence totale de scrupules moraux face aux massacres qu'aurait engendrés l'utilisation de cette arme. Von Neumann était mort en 1957 et n'eut donc pas son mot à dire, mais lorsqu'on évoquait à Teller sa possible ressemblance avec cette figure de cinéma devenue culte, il se mettait dans une terrible colère…

Certains prétendirent également qu'Oppenheimer avait pu lui aussi inspirer le personnage de Folamour. Dans son cas, la ressemblance est encore plus discutable qu'avec les savants hongrois. Malgré l'origine germanique de son nom, il était un pur Américain, et s'exprimait dans un anglais impeccable. Juif, il n'avait jamais eu que révulsion pour le nazisme et s'était engagé dans le projet *Manhattan* pour que son pays dispose de la bombe atomique avant l'Allemagne d'Hitler. Surtout, s'il avait été le maître d'œuvre des bombes à fission qui furent larguées sur Hiroshima puis Nagasaki, et bien qu'il ait affirmé son absence de remords pour le rôle prépondérant qu'il y avait joué, il s'était fermement et constamment opposé au programme de construction de la bombe à hydrogène.

Malgré toutes les contradictions qui émaillent son parcours et les questions qui demeurent sans réponse, on peut en dégager une constante : il n'avait rien du « savant fou » inconscient, méprisant la morale du haut de son génie. Toute son éducation l'avait investi d'un profond sens du devoir moral et sa vie illustre la difficulté qu'il y a à faire les bons choix et à vivre avec les mauvais.

Dans son discours d'adieu au Laboratoire national de Los Alamos, qu'il prononça le 16 octobre 1945 alors qu'il venait d'être libéré de son poste de directeur du projet *Y*, Oppenheimer exprimait sa préoccupation croissante pour le contrôle des armes nucléaires et son souhait d'une coopération internationale et d'une communication ouverte entre les grandes puissances sur ces questions. Alors que l'heure était encore au triomphe, mais déjà au questionnement, il prophétisa que :

> « Si les bombes atomiques devaient être ajoutées comme de nouvelles armes à l'arsenal d'un monde en guerre, ou aux arsenaux des nations se préparant à la guerre, le temps viendra où l'humanité maudira les noms de Los Alamos et d'Hiroshima. »

C'est peut-être ce qui rend si difficile et si trouble notre image de ce physicien unique en son genre et de cet individu complexe. Il reste

Robert Oppenheimer recevant le prix Army Navy « E »
au laboratoire de Los Alamos en 1945.

l'homme de Los Alamos, l'homme d'Hiroshima, et l'on sait que malgré son opposition à la bombe H, celle-ci n'est que la grande sœur, monstrueusement amplifiée, du « gadget » de *Trinity*, de « Little Boy » et de « Fat Man ». La menace d'une destruction totale de l'humanité que faisait peser la puissance destructrice de l'arme thermonucléaire, et qui avait amené Oppie à se battre pour empêcher sa construction, plane encore sur notre monde. Par deux fois au moins, pendant la guerre froide, le monde est passé à un cheveu du scénario catastrophe. Une première fois pendant la crise des missiles de Cuba en 1962, un officier de la marine soviétique, Vassili Arkhipov (1926-1998), refusa de lancer une ogive nucléaire en riposte aux bombardements d'un navire américain. Une seconde fois le 26 septembre 1983, une défaillance des systèmes antimissiles de surveillance par satellite de l'URSS faillit conduire à un désastre – évité de justesse par le sang-froid et le bon sens d'un homme, Stanislav Petrov (1939-2017), officier de la défense antiaérienne qui convainquit ses supérieurs qu'il s'agissait d'une fausse alerte. Le docu-fiction *Guerre froide : l'homme qui sauva le monde* (2014) retrace son incroyable histoire.

Si la fin de la guerre froide a marqué le reflux de la course aux armements nucléaires, elle a aussi mis un terme à l'équilibre de la terreur entre les deux « blocs » et au calcul précaire de la « MAD » (Destruction mutuelle assurée). Les menaces sont plus nombreuses, moins identifiables et traçables, entre les « États voyous » et les organisations terroristes qui pourraient chercher à se doter d'armes de destruction massive, sans plus aucune garantie qu'elles ne seraient pas utilisées. Récemment encore, la guerre en Ukraine et les tensions qu'elle a entraînées entre la Russie et les autres pays d'Europe ont vu le spectre d'une attaque nucléaire ressurgir dans les sinistres menaces lancées par le président russe Vladimir Poutine.

Toutefois, même si Oppie n'a pas découvert la fission ni la fusion nucléaire, pas plus que la réaction en chaîne, s'il n'a pas conçu les systèmes de déclenchement des bombes (balistique, à implosion ou de Teller-Ulam), il reste comme l'emblème du savant ayant ouvert la boîte de Pandore de la destruction nucléaire. Malgré son engagement ferme contre le développement de la bombe H, qui lui a coûté en grande partie son habilitation de sécurité et l'a écarté des instances politiques, son erreur a peut-être été de croire qu'il pouvait agir uniquement au sein du système, mais jamais contre lui.

L'absence de son nom parmi les signataires du manifeste Russell-Einstein est à cet égard éloquente. Présentée lors d'une conférence le 9 juillet 1955 par une des idoles de jeunesse d'Oppie, le philosophe et mathématicien Bertrand Russell, cette pétition mettait en garde contre les dangers que l'arme nucléaire faisait courir à l'espèce humaine et appelait les nations à œuvrer pour la paix. Elle avait été signée par de nombreuses sommités scientifiques – dont Albert Einstein, qui y avait apposé son nom peu de temps avant de mourir le 18 avril 1955, mais aussi Max Born, l'ancien maître de thèse de Robert, son camarade de Caltech Linus Pauling, le Japonais Yukawa, dont il avait fait découvrir les travaux sur le méson et qu'il avait plus tard recruté à Princeton, ou encore Józef Rotblat, le seul physicien à avoir démissionné de Los Alamos quand il comprit que la course à la bombe avait été gagnée contre l'Allemagne nazie.

De même, son refus de participer aux conférences Pugwash, ainsi qu'au mouvement du même nom qui en émana dans l'élan du manifeste Russell-Einstein, a certainement contribué à ternir son image pour la postérité. Nommées ainsi d'après la ville de Nouvelle-Écosse (Canada) où la première s'était déroulée en 1957, ces réunions réfléchissaient aux moyens d'éradiquer les armes nucléaires. Si le prix Nobel de physique a toujours manqué à son palmarès, il ne reçut pas davantage le prix Nobel de la paix, contrairement à son homologue russe Andreï Sakharov (1921-1989). Ce physicien devenu l'un des dissidents les plus célèbres du régime soviétique, lauréat du prix en 1975, avait pourtant été le maître d'œuvre de la construction de la Tsar Bomba, l'arme la plus destructrice jamais testée, en 1961. Józef Rotblat reçut également le prix conjointement avec le mouvement Pugwash en 1995 et auparavant, l'ancien ami d'Oppie, Linus Pauling (lauréat 1962, qui avait refusé de rejoindre le projet *Manhattan* pour des raisons éthiques avant de lutter contre les essais et la prolifération nucléaire). Oppenheimer ne fit pas non plus preuve de la même lucidité qu'un Leó Szilárd, qui avait pourtant contribué plus que tout autre à la conception de la bombe A, mais s'était démené pour qu'elle ne se retourne pas contre des civils. Le Hongrois s'était en outre toujours méfié des militaires (ce que ces derniers lui avaient bien rendu, en particulier le général Groves, qui aurait voulu le faire interner jusqu'à la fin de la guerre !).

Peut-être en assumant la direction de toute l'entreprise qui conduisit à *Trinity*, et surtout à « Little Boy » et « Fat Man », Oppenheimer avait-il aussi accepté de porter le poids de cette responsabilité écrasante. Si ce fut le cas, on peut dire qu'il ne s'est jamais dérobé à celle-ci. Deux jours avant le premier essai nucléaire de l'histoire à Alamogordo, il aurait récité ces vers tirés des *Triple Centuries* (ou « Trois siècles »), un recueil sanskrit du ve siècle de notre ère, attribués à Bhartṛhari. Selon sa réponse à l'enquête d'un magazine en 1962, celui-ci figurait parmi la liste des dix livres ayant le plus contribué à « forger ses attitudes dans sa vocation et sa philosophie de vie » (aux côtés entre autres des *Fleurs du mal* de Baudelaire, de *L'Éducation sentimentale* de Flaubert, de la *Divine Comédie*, de *Hamlet* et évidemment du *Bhagavad Gîtâ*) :

> « Dans la bataille, la forêt, dans le précipice parmi les montagnes
> Sur la grande mer verte, au milieu des javelots et des flèches,
> Dans le sommeil, la confusion, dans les affres de la honte,
> Les bonnes actions qu'un homme a accomplies le défendent. »

À chacun d'entre nous de placer sur les plateaux de la balance les bonnes actions et les erreurs de cet homme qui, quoi que l'on pense de lui, s'est élevé au rang d'un mythe américain, quelque part entre Faust et Prométhée, Frankenstein et Œdipe.

N.B. : Le 16 décembre 2022, le gouvernement de Joe Biden a officiellement annulé la décision de la Commission de sécurité de 1954 qui avait révoqué l'habilitation de sécurité de Robert Oppenheimer.

Crédits iconographiques

p. 4 : Ph. © Bridgeman Images ; p. 16 : Ph. © Corbis Historical / Getty Images ; p. 24 : Ph. © Frank Oppenheimer, courtesy of AIP Emilio Segrè Visual Archives – DR ; p. 38 : Ph. © AIP Emilio Segrè Visual Archives – DR ; p. 49 : Ph. Archives Larbor ; p. 71 : Ph. Coll. Archives Larbor ; p. 75 : Ph. © AIP Emilio Segrè Visual Archives – DR ; p. 84 : Ph. AM Fotografi APS Coll. Archives Larbor ; p. 90 : Ph. © AIP Emilio Segrè Visual Archives – DR ; p. 99 : Ph. © AIP Emilio Segrè Visual Archives – DR ; p. 102 : Ph. © AIP Emilio Segrè Visual Archives – DR ; p. 123 : Ph. © Lawrence Berkeley National Laboratory, courtesy of AIP Emilio Segrè Visual Archives – DR ; p. 137 : Ph. © United States Department of Energy (DoE) – DR ; p. 139 : Ph. © Galerie Bilderwelt / Bridgeman Images ; p. 148 : Ph. © Atomic Archive / Washington D.C : U.S. Government Printing Office – DR ; p. 150 : Ph. © Los Alamos National Laboratory Archives – DR ; p. 151 : Ph. © Atomic Archive – DR ; p. 179 : Ph. © Atomic Archive / Washington D.C. : U.S. Government Printing Office – DR ; p. 181 : Ph. © United States Department of Energy (DOE) – DR ; p. 183 : Ph. © United States Department of Energy (DoE) – DR ; p. 188 : Ph. © National Archives – DR ; p. 193 : Ph. US Force Army/ Coll. Archives Larousse ; p. 194 : Ph. © National Archives, Washington – DR ; p. 199 : Ph. © National Archives, Washington – DR ; p. 210 : Ph. Coll. Archives Larbor ; p. 212 : Ph. © Bettmann / Getty Images ; p. 215 : Ph. © Commission for the Comprehensive Nuclear-Test-Ban Treaty Organization (CTBTO) – DR ; p. 224 : Ph. © The National Archives UK – DR ; p. 235 : Ph. © Atomic Archive – DR ; p. 239 : Ph. © Alan Richards, courtesy of AIP Emilio Segrè Visual Archives – DR ; p. 245 : Ph. © Mrs. J. Robert Oppenheimer, courtesy of AIP Emilio Segrè Visual Archives – DR ; p. 252 haut : Ph. © Picture-alliance / dpa / photononstop ; p. 252 bas : Ph. © United States Department of Energy (DoE) – DR ; p. 255 : Ph. © National Portrait Gallery, Smithsonian Institution – DR ; p. 256 : Ph. © Niels Bohr Archive, courtesy AIP Emilio Segrè Visual Archives – DR ; p. 264 : Ph. © Christie's Images / Bridgeman Images – DR ; p. 266 : Ph. © Los Alamos National Laboratory Archives – DR.

Direction de la publication
Carine Girac-Marinier

Édition
Véronique Tahon

Recherches iconographiques
Valérie Perrin, assistée d'Eléa Cohen

Mise en page et couverture
Ma petite FaB – Laurent Grolleau

Fabrication
Rebecca Dubois

Les Éditions Larousse utilisent des papiers composés de fibres naturelles, renouvelables, recyclables et fabriquées à partir de bois issus de forêts qui adoptent un système d'aménagement durable. En outre, les Éd itions Larousse attendent de leurs fournisseurs de papier qu'ils s'inscrivent dans une démarche de certification environnementale reconnue.

ISBN : 978-2-03-605117-1

PAPIER CERTIFIÉ

LAROUSSE s'engage pour l'environnement en réduisant l'empreinte carbone de ses livres. Celle de cet exemplaire est de : 1,7 kg éq. CO_2
Rendez-vous sur www.larousse-durable.fr

Achevé d'imprimer en Espagne par Macrolibros SL
Dépôt légal : juillet 2023
333893/01/11052929 - juin 2023